薄荷实验

Think As The Natives

[土] 佳内·厄兹登-席林 著
Canay Özden-Schilling

袁俊 译

张雅君 审订

电力消费社会

The
Current
Economy

Electricity Markets and
Techno-Economics

华东师范大学出版社
·上海·

图书在版编目（CIP）数据

电力消费社会 /（土）佳内·厄兹登－席林著；袁俊
译.—上海：华东师范大学出版社，2024
ISBN 978－7－5760－4713－4

Ⅰ.①电… Ⅱ.①佳… ②袁… Ⅲ.①电力工业—消
费—研究—土耳其 Ⅳ.① F437.461

中国国家版本馆 CIP 数据核字（2024）第 031697 号

电力消费社会

著　　者	［土］佳内·厄兹登－席林
译　　者	袁　俊
审　　订	张雅君
责任编辑	顾晓清
审读编辑	郑絮文
责任校对	姜　峰　时东明
封面设计	登出计划

出版发行	华东师范大学出版社
社　　址	上海市中山北路 3663 号　邮编　200062
网　　店	http://hdsdcbs.tmall.com/
客服电话	021－62865537

印　刷　者	苏州工业园区美柯乐制版印务有限公司
开　　本	890×1240　32 开
印　　张	9
版面字数	169 千字
版　　次	2025 年 5 月第 1 版
印　　次	2025 年 5 月第 1 次
书　　号	ISBN 978－7－5760－4713－4
定　　价	79.80 元

出　版　人　王　焰

（如发现本版图书有印订质量问题，请寄回本社市场部调换或电话021-62865537联系）

目 录 |

致　谢

　　当我最初萌生研究电力经济的念头时，我正就读于麻省理工学院的历史、人类学与科学、技术与社会的博士项目（HASTS）。在这个被大家亲切地称为 HASTS 的项目里，我有机会和优秀的导师一起工作。多年来，迈克·费希尔（Mike Fischer）在很多方面开阔了我的眼界，并且教授我学术思维模式，我只希望能加以效仿。斯特凡·黑尔姆里希（Stefan Helmreich）不知疲倦地帮我将思考打磨成论点，并鼓励我成为一个更好的思考者，我对此感激不尽。从苏珊·西尔比（Susan Silbey）身上，我学到了学术研究的方法。最后，从我在纽约大学研究生院的第一天起，蒂姆·米切尔（Tim Mitchell）就鼓励我对重要问题保持好奇心。在 HASTS 的成员中，我一直感谢戴维·凯泽（David Kaiser）、希瑟·帕克森（Heather Paxson）、哈丽雅特·里托沃（Harriet Ritvo）、克里斯·沃利（Chris Walley）和苏珊·威尔金森（Susan Wilkinson）对本书的阅读，以及对我的支持和鼓励。我与凯伦·加德纳（Karen Gardner）的友谊就像她在行政工作中对我的指导一样不可或缺。

　　在麻省理工学院和大剑桥地区，我有幸拥有一个人能在研究生阶段所希望拥有的最可爱的朋友。施里哈什·凯尔卡（Shreeharsh Kelkar）每天都带来乐趣和欢乐，希拉·施穆利（Shira Shmuely）将永远是我的姐妹，阿沙瓦里·乔杜里（Ashawari Chaudhuri）和卢卡斯·穆勒（Lucas Müller）一直给予我源源不断的理解和体贴，阿玛·埃多（Amah Edoh）和玛丽·伯克斯（Marie Burks）知道我在剑桥的那些年有多依赖他们。还有一大群研究生同学知道我的研究什么时候需要更多的文献或更多的啤酒。感谢曾经参与过或现在正在参与HASTS 项目的人们，他们是奥基德赫·贝赫鲁赞（Orkideh Behrouzan）、蕾妮·布莱克本（Renée Blackburn）、基南·道恩斯（Kieran Downes）、泽克·弗勒利希（Xaq Frohlich）、埃米·约翰逊（Amy Johnson）、克莱尔·金（Clare Kim）、格蕾丝·金（Grace Kim）、妮可·拉布鲁托（Nicole Labruto）、克里斯特尔·李（Crystal Lee）、李佳惠（Jia Hui Lee，音译）、李蓝（Lan Lee，音译）、林曦（Xi Emily Lin，音译）、丽萨·梅塞里（Lisa Messeri）、提阿塞尔·缪尔-哈莫尼（Teasel Muir-Harmony）、彼得·奥维亚特（Peter Oviatt）、路易萨·赖斯·卡斯特罗（Luisa Reis Castro）、贝思·塞梅尔（Beth Semel）、戴维·辛格曼（David Singerman）、埃兰·斯佩罗（Ellan Spero）、米塔利·塔科尔（Mitali Thakor）、麦克拉·汤普森（Michaela Thompson）、内特·德希穆克·托尔里（Nate Deshmukh Towery）和本·威尔逊（Ben Wilson）。除 HASTS 项目外，阿斯利·阿尔帕克（Aslı Arpak）、伊金·库尔提奇（Ekin Kurtiç）、安迪·罗辛（Andy Rosing）和斯蒂芬·塔普斯科特（Stephen Tapscott）、艾图·沙什马兹（Aytuğ Şaşmaz）和王孟奇（Mengqi Wang，音译）都使剑桥成为了一个对我来说更好的地方。

此外，多亏了许多慷慨的人，这本书的研究才得以成为可能。感谢市场分析师、交易员、工程师、市场参与者和公民活动家，他们在漫长的对话中为市场赋予了生命。特别感谢玛丽亚·伊利奇（Marija Ilić）和她的团队在匹兹堡接待我并无私地帮助我。我在西弗吉尼亚州和伊利诺伊州的活动家朋友赋予我新的批判性思维技能，并教会我一路上要开心。一想到未来将继续与他们对话，我就感到无比兴奋。感谢温纳-格伦人类学研究基金会（Wenner-Gren Foundation for Anthropological Research）为这项研究提供了资金支持。

多年来，我觉得自己很幸运，能通过受邀开展讲座、研讨会和发表期刊文章的方式，与优秀的听众讨论和分享这本书的关键论点。特别感谢西蒙娜·艾布拉姆（Simone Abram）、哈亚尔·阿卡苏（Hayal Akarsu）、安德烈亚·巴列斯特罗（Andrea Ballestero）、多米尼克·博耶（Dominic Boyer）、斯蒂芬·科利尔（Stephen Collier）、伊丽莎白·费里（Elizabeth Ferry）、斯蒂芬妮·弗里德（Stephanie Friede）、格切·居内尔（Gökçe Günel）、希拉·贾萨诺夫（Sheila Jasanoff）、莱克萨·李（Leksa Lee）、米里亚姆·波斯纳（Miriam Posner）、安提纳·冯·施尼茨勒（Antina von Schnitzler）、布里特·罗斯·温特雷克（Brit Ross Winthereik）和凯特琳·扎鲁姆（Caitlin Zaloom）。在有机会听我介绍这个研究的听众中，我想特别感谢新加坡国立大学社会学系，我很高兴能加入这个系成为一名教员。在斯坦福大学出版社，我很荣幸能与米歇尔·利平斯基（Michelle Lipinski）和玛戈·欧文（Margo Irvin）一起工作。我也对匿名审稿人令人难以置信的高效和慷慨的评论感到敬佩。不用说，这本书中所有的错误都由我负责。

第二章引用了这篇文章：《市场的基础设施：从电力到电子数据》（Canay Özden-Schilling，"The Infrastructure of Markets: From Electric Power to Electronic Data," *Economic Anthropology* 3(1):68-80）。另外，引言中引用了《电力经济》（Canay Özden-Schilling，"Economy Electric," *Cultural Anthropology* 30(4): 578-588）这篇文章的部分内容。

这本书是我在约翰斯·霍普金斯大学进行博士后研究期间在巴尔的摩写的。在霍普金斯大学，我拥有与三位杰出的学者合作的宝贵机会，开展了令人振奋的索耶研讨会（Sawyer Seminar），讨论了"数据世界中的精度和不确定性"。纳维达·汗（Naveeda Khan）的智慧、热情和备受赞赏的幽默仍然无可替代。我将永远珍惜我从微依那·达斯那里学到的负责的、具有关怀的治学模式，还有她带给我的支持和温暖。杰里米·格林（Jeremy Greene）在用他丰富的学识（和大量的跑步）激励我之外，还赠予了我这本书的书名。山姆·戈梅斯（Sam Gomes）的专业行政协助使我们四个人的研究和研讨会得以顺利进行。我还要感谢亚历山德罗·安杰利尼（Alessandro Angelini）、迈克尔·德加尼（Michael Degani）、尼洛法尔·黑里（Niloofar Haeri）、克莱拉·韩（Clara Han）、妮可·拉布鲁托、阿南德·潘迪安（Anand Pandian）、德博拉·普尔（Deborah Poole）和瓦莱里娅·普罗库佩兹（Valeria Procupez），他们让人类学系成为一个受欢迎的地方。在修订的最后阶段，与哈亚尔·阿卡苏（Hayal Akarsu）和施里哈什·凯尔卡的写作讨论对我来说是友情和寄托的重要来源。

在巴尔的摩，许多朋友对这本书做出了巨大贡献，他们让我在学术细节上畅所欲言，并给了我很多期待休息的理由。特别感谢玛吉·埃普斯（Maggie Epps）、妮可·阿兰达（Nicole Aranda）和她们的家人，是他们让我在巴尔的摩感到宾至如归。我迫不及待地想与你们一起生活，互相支持，无论顺境或逆境。

我的父母艾图尔·厄兹登（Aytül Özden）和埃尔詹·厄兹登（Ercan Özden）总是毫无理由地相信我知道自己要用这一生做什么。我一直依赖他们无条件的信任，为此，我心存感激。这些年来，我的核心家庭不断壮大，加入了许多优秀的新成员。我感谢席林大家族，他们是如此有趣的伙伴，是如此令人安心的存在。特别感谢盖尔·席林（Gail Schilling），当我快要完成这本书时，他教给了我儿子关于花的知识。

我仍然惊叹于自己的好运，它让我与我最喜欢的人、我的重心和目的地，以及我在所有事情中的伴侣汤姆·厄兹登－席林（Tom Özden-Schilling）一路同行。他总是能那样支持我、爱护我和关心我，这让我很吃惊，但他总能找到办法，没有例外。如果没有他坚定不移、顽强的鼓励，这本书是不会有成果的，为此，这本书要献给他。最后，当这本书还处于早期阶段时，利奥在我的肚子里为我欢呼。他的生命与这本书的写作和修订工作重叠在一起。无论我写了多少书，当我试图描述他的爱给我带来多大支持时，总是感到语言的匮乏。我们每天都在一起成长，没有比这更重要的了。下一本书是为你而写的，我可爱的儿子。

引　言

电力经济

电力是寻常之物。已经习惯电力全覆盖的人们往往认为电力的持续供应是理所当然的，而当电力中断，比如停电或限电时，人们会感到震惊。[1]但电力也是不同寻常的，这不仅是因为在引入电力不到一个半世纪的时间里，它为城市空间（Nye 1992）和家庭（Cowan 1983）的社会生活体验带来了变革性的影响。电力是一种特殊的**商品**——不是经济学教科书中用来证明所谓的供求规律的那一类商品。

首先，电力很难储存。电力不可能像衣服和容易腐坏的食物那样，可以不同程度地在仓库储存一段时间，同时消费者或是做出购买决定，或是等待更合适的价格。目前，业界正在加速以低成本制作足以存储发电厂产电量级别的第一代大容量储能电池。与此同时，由于电能难以大量存储，发电厂生产的大部分电能几乎需要随发随用，以免过度的电能输送或突发的电能损失导致线路功率不平衡而造成损坏（或进一步引发停电故障）。其次，电力的输送方式很特殊。为了寻求更低的成本，许多商品都可以通过多种方式进行运输。买方和卖方的运输选择可以从空运到海运到陆运，从普通托运到不同运输方式下的特殊托运。与之不同的是，在某天电力发展到电能可以被存储、装箱、车载运输之前，电力都与输送电力的基础设施——电网——紧密相连。此外，负荷通常被经济学家认为是"没有弹性的"，这意味着它几乎不随价格变化而变化。毕竟，当停电时，消费者很难想象有什么能作为电力的替代品。

至少到 20 世纪下半叶，电力还只是教科书上的一个例子，用来说明某些商品是不可能有市场的（Ulbrich 1991）。在讨论电力时，常规观念认为"电力的市场竞争是不切实际、不便捷、根本行不通的"（McConnell 1960，引自 Ulbrich 1991：179），以及"明显不经济的"（Samuelson 1958，引自 Ulbrich 1991：179）。就像其他被认为是公用事业的业务（水、天然气和邮递业务）一样，对许多竞争对手来说，电力基础设施的初始投资太高，令人无法承担。根据这些教科书中的表述，以上每一种公用事业都需要一种"自然垄断"——由国家或政府许可和监管的为指定地区服务的单一企业。电力行业是典型的自然垄断，这是 20 世纪 80 年代初经济学界的普遍看法。当时麻省理工学院研究电力企业监管的经济学家理查德·施玛伦塞（Richard Schmalensee）与他的同事保罗·乔斯科（Paul Joskow）一起，与罗纳德·里根政府的官员进行了一次对话。在对话过程中，这些官员令施玛伦塞和乔斯科感到震惊，他们随口说出了在电力行业"放宽监管"的想法——打破垄断，启动市场竞争。由许多生产商在同一地区以相互竞争的方式来销售电力，而不是由一家垂直整合的公司独自生产、传输和配送电力，这有可能实现吗？

2013 年，我与施玛伦塞在他的办公室进行了一次对话，这位经济学家还记得自己和乔斯科当时难以置信的激动心情："等等，什么？不，它们是自然垄断企业！我的意思是，只有一组电线，你不能铺设与之竞争的其他电线！"说到这里，他想起了官员们的回答："你确定吗？这在其他地方都奏效了。"[2]当时，美国的其他基础设施系统——如航空公司、卡车运输、通信——正在或已经以前所未有的速度解除监管。在那次对话后的一两年里，乔斯科和施玛伦塞撰写了世界上最早深入探讨放宽电力监管可能性的著作之一，并谨慎地提出了一条允许发电竞争的道路（Schmalensee and Joskow 1983）。

不到十年，在 1992 年，美国通过了《能源政策法案》（Energy Policy Act），其中的条款允许各州打破电力垄断。今天，在美国的 16 个州，电力可以由不同商业实体生产、传输和零售。在 1996 年和 1998 年，美国联邦能源管理委员会（Federal Energy Regulatory Commission，下文简称为 FERC）采取了进一步措施，使开放电力交易成为现实。它要求所有输电运营商在不歧视的前提下，向新成立的买方和卖方开放电网的使用权。它还规定了输电运营商经营电力市场的规则。"市场"具体指的是商品交易，就像棉花、小麦或原油的商品交易一样，电力价格是通过定期评估每兆瓦电力海量的投标和报价来确定的。此后，美国有 7 个电力市场陆续上线。这些电力市场覆盖了美国本土大约三分之二的面积。换句话说，电力的地区垄断如今在美国电力行业中只占据了一小部分。此外，随着我们的日常电子产品——从电动汽车到空调——开始与这些电力市场对接，消费者开始在电力市场中发挥更积极的作用。电力市场曾被认为是不具有任何经济学可能性的典型案例，但现在已经成为一个明确的现实。

在这过程中发生了什么？如果电力与我们现有的市场观念如此不一致，那么建立电力市场需要什么？或者说，建立、维护和适应市场涉及哪些工作和专业知识？我们能从当代资本主义体系下市场建设的雄心壮志中学到什么？在 21 世纪的美国，过去由非市场因素支配的社会生活领域是如何变成由市场支配的，或者说，是谁在过去不存在市场的领域创造并维护了新的市场？从交易商到日常消费者，不同的行为主体如何在这些新市场里生存？本书旨在回答这些问题。

当人们开始与熟悉电力市场的人交谈时，电力作为一种商品的特殊性就很快显现了。当我作为人类学博士生最初对电力市场产生兴趣时，我参加了麻省理工学院工程系统专业开设的一门关于电力监管的研究生课程。在那里，几乎每堂课都围绕一个与电力物理学相关的独特问题展开，这些问题使得电力市场与其他大部分商业形态都不同。例如，电力是沿着电阻最小的路径通过电网的。"没有所谓的——比方说，'蓝电'①这种东西。"讲师说道。

---

① "Blue electricity"在这里是一个比喻性表达，指的是电力本身没有可见的区分特征，比如颜色，用户无法直接选择他们的电能来自哪个特定的发电厂，因为电力在电网中遵循最小阻力路径流动。这种说法强调了电力市场的独特性，即电力是一种无法物理区分来源的商品，而不像实体商品可以按品牌或颜色选择。——编注

他是一名已经成为市场监管者的电气工程师。"你不能说，我希望我的电来自某某电厂。"从那以后，我开始在波士顿的"欢乐时光"①与电力交易员和市场分析师见面。我注意到，他们也经常提起电力的特殊性及其在日常生活中的重要作用——他们总是面带微笑，宣扬自己对电力交易的着迷。例如，他们会谈到自己需要怎样在每年的超级碗比赛之前校准他们的价格模型，以应对比赛期间因全国范围内同一时间运行电视而激增的大量负荷。从电的物理特性到数据科学，再到优化，这些专家各自有不同的关注领域，但对他们所有人来说，他们的专业知识都是由电力的特殊需求决定的。渐渐地，我也发现日常电力消费者会抗议电力市场所鼓吹的基础设施扩建项目。他们谈到了他们的地产所有权意识，这种所有权意识同样受到电网布局的影响，例如那些向我描述输电线路离他们的农作物有多近的农民。

本书是对设计、维护和评论电力市场的几类组织的民族志工作的报告。每一章都是研究本书核心问题的组成部分，即电力市场是如何在看似不可能的情况下形成、维持和存在的。在整个过程中，我记录了几种不同的实践（包括专家的和非专家的），这些实践都以电力为对象。其中包括工程师-经济学家团队的工作，他们从理论层面为市场制定定价公式，以尊重电力的物理特性；数据工作者创造了电力的计算表征，使参与者能够进行远程交易；优化和行为研究专家发明了更好的平衡电力供应和需求的方法；公民活动家在电网方面的经验使他们要求设

---

① "Happy hours"，指酒吧减价的时间段。——编注

立更公正的电力交易机制。为了探索**自然**垄断时代是如何被遗忘的，本书将带领读者进入各种以电力为中心的群体的**文化**环境中。我认为，这些文化正是今天的电力市场得以形成的根源，使其以一种富有多样性、争议性，但又明确而真实的方式存在着。

本书的英文标题"The Current Economy"有两方面的含义。一方面，它表明本书是专门针对电力市场的。在民族志层面，本书展示了当代美国围绕瞬息万变的电流所建立的强劲而活跃的经济。另一方面，本书指向了当代资本主义一个更大的现象，关于这个现象，电力市场有很多值得我们学习的地方。本书勾勒出了我们目前所身处的经济轮廓——一种由特定的工作者团体从技术层面上建立和维系的经济。我试图证明，新的经济推理、建造市场的雄心和专业知识都源于不同的技术领域。此外，当代市场的这些关键方面很少是从对**明确**意识形态的**明确**借鉴或渗透发展而来的。换句话说，我们也生活在电气工程师、数据专家和优化专家经济想象力的产物之中——而不仅仅是政策制定者或经济学家的想象之中，虽然他们的专业知识在当代经济秩序的大众和学术评论中得到的关注要多得多。通过对美国电力经济的民族志研究，本书试图探索当今经济专业知识、想象力和愿景的异质性及其技术驱动的特征。

工作文化

这是星期一的早上9点。我走进马萨诸塞州北安普敦市一家高档酒店的宴会厅，这里布置得像一间教室，长长的桌子正对着投影仪屏幕。在签到台，一位面带微笑的女士递来我的名牌、一个装满打印材料的厚厚的活页夹和一个计算器。像我周围的几十个人一样，我找到一个座位，并将在这一周的密集日程中占据这个座位。很快，来自新英格兰独立电力系统运营商（Independent System Operator of New England，下文简称为ISO-NE）的代表将相继上台，解释他们是如何运营电力市场的。他们运营着美国7个电力交易市场和北美9个电力交易市场的其中一个，这在当时还是一个新的创举（在撰写本书时，电力市场机制仅有大约20年的历史）。我们在房间里走动着，进行自我介绍。我发现，除我和另一位研究员（经济学研究生）外，每个与会者都是因为他们在工作上与新英格兰的电力市场有生意往来而来到这里。

与会者中，有在不同的电力市场交易过后正转向新英格兰市场的电力交易商，也有来自州监管机构的监管人员，还有电力公司的工程师，他们对这一周里偶尔出现的电网设备怀有极大兴趣。还有一些会计师，其中一位在与我们一起吃午餐时不好意思地承认自己很难跟上"技术讨论"的节奏："我只是想匹配那些数据。"坐在我右边的二十多岁的交易员一边听讲师讲课，一边紧盯着他的手机。在整个会议过程中，坐在我左边的一位心怀不满的发电厂工程师向我小声地说起他对电力市场还未出现的日子的怀念。我们每个人都带着不同的专业知识、关注重点和信念来到这个房间。因此，当讲师们谈论到电力市场这一现象的不同面向时，我们会相应地感到格格不入。也许一位来自发电公司的经理的总结最能阐明我们的共同目标——"我来这里是为了了解我们是如何赚钱的。"我们在这里是为了了解在21世纪的美国，在一个复杂的新经济形势中，电力和货币是如何相互作用的。

但我们并不总是能很好地理解课程内容。我们中的许多人经受住了那些简化了的价格计算练习的考验，有些人甚至乐在其中。会计师在这方面尤其擅长。尽管如此，通过与会者在整个星期里不同会议上的评论可以发现，很明显，许多与会者一直为一个简单但客观存在的问题所困扰——电力市场为何最初能够存在。我们都非常清楚地明白自己在消费电力服务时处于一种多么下意识和自发的状态。一位与会者喊道："我的冰箱不想只在电价低的时候工作。"另一个人以一种戏剧性的姿态走到房间的电灯开关前，关掉灯，稍显大胆地问，市场将如何解释这短暂微小但意想不到的需求变化？我左边的交易员仍然盯着他的手机，对这些抗议不以为然，他认为任何东西都有可能有市场。当他听到一些他真的不理解的事情时，比如当谈到发电厂的燃料类型如何设定价格窗口时，他终于放下手机，坐直身子，举起了手。但房间里的发电厂工程师们并不理会他，这只是关于电力生产的物理学知识。但随后，这些工程师就被电力市场为何以及如何允许虚拟交易（在纸上进行买卖，进而实现盈利）的问题所困扰。他们感到疑惑，电力交易的全部意义不就是生产和消费电力吗？

这一场景展示了电力市场中人们对事情的优先级的认知，以及对专业知识的掌握都是参差不齐的。这也反映了建造电力市场所需的多种工作。正如下面几章所呈现的，这项工作或多或少是和谐的。20 世纪 90 年代的政策制定工作——比如消除电力交易壁垒的法案——只是整个过程的一小部分。直到今天，施玛伦塞还记得里根政府的那些"天真的理论家"，那些官员只是觉得放宽监管和自由市场听上去很不错，他们天真地认为市场的模式是通用的，认为竞争可以从企业复制到企业，从航空航天复制到卡车运输，从通信复制到电力。但是，照搬是行不通的。有几个群体的工作文化围绕电力和为应对电力的特殊属性而开发的特定工具包展开，这些群体已经使电力进入市场并流通，且将继续塑造电力经济。

为追踪激活这些电力市场的专业知识的来源和轨迹，我建议研究人员进入实验室、办公室和教室——专业知识在这些地方产生和传递。我认为，只有在实验室、办公室和教室中，学者们才能辨别使市场运转的知识和实践是否是直接从政策制定或经济学圈子里引进的。当在电力领域进行这样的工作时，我们会遇到独特的经济推理模式，它并不完全契合主流意识形态。我们看到的是这样一群专家：他们在没有政府提供稳定资助或技术支持的情况下，通过设计和维护具有广泛影响力的市场体系，在日常生活和工作中实践自己的经济推理。我猜想，这种原创性并不是电力专家和电力市场的建立所独有的。

换句话说，我建议深入研究各种"工作文化"，以寻找关于当代市场建设和维护实践的答案。我将这些文化定义为在特定工具包（无论是电表、电子数据表格，还是应用数学）的辅助下，持续探索物质及其相关特性的文化。这些工具包使专家能够诊断出社会世界中特定类型的问题，并且随着时间的推移做出相应的行动来处理那些被察觉的问题。工作文化本身具有技术性。当行动者对某些物质的特殊属性做出反应并设计干预这些物质的社会生活时，工作文化就会出现。有时，这些干预措施具有**经济**特征，即有着在社会层面分配和再分配资源或财富的潜力。

近几十年来，在人类学和科学技术研究中，人们对"专家"这一类人物的兴趣激增，专家在技能和专业知识上的权威性也对社会产生了影响（相关评论请参见 Carr 2010）。我在本书中使用"工作文化"而不是"专业知识文化"（Boyer 2008：44），不是为了表明工作和专业之间的绝对差异，而是为了强调我在田野调查中的许多交谈对象对待工作的谦逊和平常心。就本书而言，这一概念包括其他形式的技术劳动，这些劳动在专业知识的批判性研究中往往被赋予较少的专业认知权威，比如电力交易的数据库工作人员，或那些被莉莉·伊拉尼（Lilly Irani 2015）称为"数据管理员"（data janitors）的工作人员的劳动。这项工作也可以包括所谓的家庭事务——家庭、土地和房产管理工作，和我交谈过的许多公民活动家把这些工作带入了他们对电力市场的理解中。然而，也许比界定这些工作者是谁以及他们的工作内容更重要的，是我在本书的每一章中提出的经验性问题——我发现，阐述"工作文化"中"文化"的部分（或"专业知识文化"）是很重要的，这在关于专家的学术研究中往往很少被视为一个研究问题。当我们说"专家"，或"工作者有他们自己的文化"时，我们指的是什么？

抓住"文化"的部分是有价值的，尤其是在 20 世纪人类学的自我反思之后，这些反思已经明确地提醒我们注意"文化"这一概念在维持殖民权力动态关系中的潜在作用（Clifford 1988，Fischer 2007）。通过这些自我反思，文化有了新的实用定义，比如玛丽琳·斯特拉森的定义，她在探讨如何通过新的生殖技术重新思考亲属关系时写道："文化存在于让想象成为可能的意象中，存在于我们用来表达经验的媒介中。"（1992：33）通过许多这样的意象和媒介，人们认识到在社交场中什么是可接受的、好的或重要的，而这些意象和媒介也随着工作环境中的实践变得鲜活和丰富。

在本书中，我将这些意象和媒介称为专家的**工具包**（tool-kits）。根据定义，工具包是多种多样的。工具包可能包括任何东西，从旨在以可单独区分的比特（bit）来表征世界的电子数据表格，到随着时间的推移越来越受专家重视的特定数学公式。工具包部分是通用的（即可以从一个环境被转移到另一个环境，如电子表格），部分是特定物质所独有的（如电表），使其用户能够以特定的方式识别世界上的问题——这些问题可以由他们能够获得的和已掌握的工具包来解决。在提出这种以工具包为基础的文化概念时，我深受社会学家安·斯威德勒（Ann Swidler 1986：273）的影响，她写道："文化不是通过提供行为所指向的终极价值来影响行动的，而是通过塑造一个由习惯、技能和风格组成的集合或'工具包'，人们可以从中构建'行动策略'。"斯威德勒所说的工具包指的是"符号、故事、仪式和世界观，人们可以配置不同类型的工具包来解决不同类型的问题"（Swidler 1986：273）。虽然马克斯·韦伯和追随韦伯脚步的帕森斯社会学理论通常侧重于一个群体假定的集体价值观和需求，但斯威德勒认为，一个特定群体所使用的工具包能够解释其成员通常采取的一系列行动。同样，在本书里，我把电表、电子数据表格，以及各类应用数学方法视为工具包的一部分。通过这些工具包，我的访谈对象们围绕诸如社会问题的本质以及如何解决这些问题达成了口头和非口头的共识——这些社会问题里充斥着意象和媒介，它们对身处文化中的人来说是有意义的。在接下来的章节中，我将这一过程视为一种文化、工作或其他事物的出现和演化。

对文化的坚持也就是对民族志田野调查和人类学的坚持。多米尼克·博耶（Dominic Boyer）在他对专业知识人类学（an anthropology of expertise）的方法的思考中指出，我们与专家建立的联系，应该超越其专业知识的物理空间。比方说，除了在办公室讨论专业知识外，还应花时间一起相处——一起放松和社交，避免把他们仅仅描绘成专业逻辑的理性主义追随者。简而言之，我们要看到其"人性"的一面（2008：45）。正是在与我的访谈对象漫无目的的日常相处中，我逐渐注意到，在当今的美国，市场建设的动机和专业知识往往并不来自一种明确的、将市场视为社会福祉之源的意识形态。在匹兹堡和波士顿"欢乐时光"的谈话中，那些我认为是专业的市场建设者和维护者的交谈对象会不经意地对那些本身就曾对市场主导治理方式持犹豫态度的政治家表示支持，却似乎没有注意到其中的矛盾。我们或许可以把这种行为解释为认知失调，不过前提是我们所讨论的政治行为的范围仍然处于同一种意识形态之下。这样一来，本书的论点也来源于我在田野中对访谈对象们的"沉默"（Das 2006：9），以及对话中那些被他们"略去不表"的内容的观察——只有在与访谈对象在访谈之外持续接触，并开始期待他们说出某些话语时，这种观察才有可能发生。通过文化的行为和话语以及话语的沉默和缺失来看待文化，可能会使我们"下沉"（descent）——用微依那·达斯（2006：15）的话来说——到一种政治的日常性维度。在那里，成为一个市场建设者并不必然意味着相信市场是解决社会问题的答案。

技术经济学

电力的特殊性或许不同寻常，但毕竟每种商品都有其独特属性，而人们正是试图利用这些属性来建设和改造新经济体系。沿着这个思路，我们可以描绘出一片行动的场域，这是当代经济体系形成的关键，而对电力的研究可能帮助我们阐明这一点。在此，我提出一种理解商品的方法，即不要将它们——无论是像电力这样的无机过程，还是像牲畜（Blanchette 2020）、植物（Besky 2014）或微观生物（Paxson 2008）这样的非人生物——仅仅视为人类设计的被动容器。我的方法是将人类置于他们把物质商品化和市场化的努力中，甚至是像电力这样有些奇特的物质。这一研究进路迫使我们将能动性视为一种"交互作用"（intra-acting）或"演成"（enactment），而不是"某人或某物拥

有的东西"（Barad 2007：214）。从这个角度来看，能动性不仅
涉及人类，也涉及人类以外的事物，尤其是在科学和技术领域，
人们的工作所围绕的对象通常是像电这样的非人力量。用卡
伦·巴拉德（Karen Barad）的话说，在这些领域，"有一种'世
界反击'的感觉"(2007：215)。借鉴蒂莫西·米切尔（Timothy
Mitchell）的"技术政治学"（techno-politics）概念——"人与
非人、物和思想的混合体"(2002：42–43)，以及开放式的、"有
意的"或"无意的"互动的全部组合——我把这个研究领域称
为"技术经济学"（techno-economics）。

实际上，电力可能会迫使我们重新思考社会理论中关于物
质性和能动性的概念。无论是那些持数字（digital）和物质二
元对立观点的人（Negroponte 1995），还是那些批评这种二元对
立的人（Boucher et al. 2019），"物质"通常被认为是在"原子
世界"中运作的（Boucher et al. 2019：11）。严格来说，电力不
是一种物质，而是一种流动。作为一种（电子的）流动，它并
不明确属于原子的范畴。那些争论能动性特征的人经常把物质
说成是"东西"（Callon 2005，2005a），并在其论证中使用与原
子关系更直接的物质，如汽车（Miller 2005b）。在本书里，我
确实认为电力既具有物质性，也是一种物质实体，因为电力是
人类在经济活动中与之紧密相连的一种实体的非人存在。在我
所描绘的技术经济领域，物质性也许不是一个关于原子的问题，
而是关于能动性的问题。电是一种在与人类"相互作用"时会
"反击"的物质（Barad 2007：214–15）。

技术经济学回应了经济人类学领域中的长期对话及其在技

术领域的问题。正如比尔·莫勒（Bill Maurer 2006a）指出的，经济人类学家长期以来一直在对卡尔·波兰尼（Karl Polanyi 1944）提出的"大转型"范式进行再造。跟随波兰尼所谓的实质主义学派的经济人类学家将他们的注意力转向了被认为在市场关系之外的交换系统，包括那些基于互惠、再分配和生存（subsistence）的系统（Bohannan 1959，Dalton 1965，Halperin 1977，Polanyi 1947，Taussig 1980）。他们认为，市场从西方市场社会的社会关系中脱嵌，以及由国家支持的西方货币使其他不可通约的对象和活动变得可通约化（Simmel 1907）。另一方面，经济社会学家，特别是马克·格兰诺维特（1985）和"新经济社会学"的其他支持者，试图通过假设经济行为在西方以及其他地方的社会关系中的持续嵌入性来恢复市场研究（另见 Krippner 2001）。有趣的是，格兰诺维特与合著者帕特里克·麦奎尔（Patrick McGuire）（1998）专门挑选电力行业来说明他们的观点。他们认为电力行业依赖于对社会网络的持续动员，这证明了在西方，行业并不总是完全遵循理性的技术指令，相反，这些行业是社会建构的。然而，这种表述只是重申了组织经济领域的社会和技术方式之间的对立，并通过赋予它从较小到较大的嵌入性梯度来维护"大转型"范式（相关批评请参见 Mitchell 2008）。

现在，波兰尼的枷锁被挣脱了，研究经济生活的学者开始研究全球的市场结构——从金融市场（Beunza and Stark 2004；Zaloom 2003）到投资银行（Ho 2009）——不用担心如何区分经济生活的社会和技术方面。这部分归功于科学技术研究

（Science and Technology Studies，下文简称为 STS）学者，他们把科学和技术逻辑环境当作文化来研究，把科学家视为市场创造者，而不仅仅是研究报告人。这对经济专业知识的影响是，它也在构建现实中发挥着作用，尽管它声称仅仅是在描述现实。根据 J. L. 奥斯汀（J. L. Austin）在语言哲学方面的著作（1962），米歇尔·卡隆（Michel Callon）特别指出了经济学家在构建市场中的作用，并称之为"经济学的操演性"（performativity of economics）（1998）。他引发了学者们对教科书式的经济学和金融市场之间关系的全面而有力的研究（Callon and Çalışkan 2010，Lépinay 2011，MacKenzie 2006）。操演性的研究进路有效地彻底驳斥了社会学研究者的观点（尽管他们似乎不以为然），即市场是不证自明且自发的，并展示了社会学研究中经济领域的技术细节。

在描绘技术经济学领域时，我以技术经济学理论体系为基础，该理论体系在市场研究中连接了社会和技术领域，但我的侧重点有所不同。"经济学的操演性"这一范式促使学者们主要研究那些有经济理论主张的专家，例如经济学家（MacKenzie，Muniesa，and Siu 2008）。在本书里，我的目标是将注意力从那些对经济理论有明确主张和意图的人身上，转向在与电力这种技术商品的密集互动中出现的经济推理。我试图探讨那些对经济知识的生产或把市场建设作为政治目标不感兴趣的行动者的经济工作，他们在经济的设计和维护中发挥的作用可能比经济专家或政策制定者发挥的作用更重要。我相信，奥斯汀细致入微的理论为认识行动和话语之间的不协调，以及两者之间脆弱的联系提供了空间（Das 2006：178）。

这种技术经济的研究方法将进一步延续受到经济影响的美国人类学界当下的关注点。美国人类学对资本主义进程的接受方和施加方都有丰富的描述，比如，它记录了去工业化在"铁锈地带"①对个人生活的影响（Walley 2013）、劳动者在适应20世纪80年代以来制造业工作岗位流失的过程中所面临的负担（Martin 1994），以及使群体陷入贫困或剥夺其自主权的种族化经济（Cattelino 2008）。根据我们对许多参与这些过程的专家的了解，他们通常被社会化为将资本主义的财富增长视为一种常态。我们知道，超级富豪通过教育机构向下一代传递自己对其当之无愧的财富和荣誉的理解（Khan 2012）。我们也知道，在投资银行家和其他享有特权但还算不上超级富有的金融系统维护者看来，金融业的高员工流动率有助于人才培养，他们进而将这一理念传播到美国的各行各业（Ho 2009）。

但是，对于美国市场的创造者和维护者来说，是否存在其他的社会化环境呢？甚至当他们还没有表现出想要去创造和维护市场的意愿时，他们可能会在哪里学习设计市场来解决社会问题呢？我认为，我们可以研究技术文化。在这种文化中，个人学会操作特定的工具，发展相应的"经济学想象力"（Appel 2014），并开始参与市场建设和维护活动，且在这个过程中，个人尚不需要思考或阐明该活动的政治含义。我们还可以研究在日常消费场所中以及与公共基础设施的接触中，人们是如何

---

① Rust Belt，指美国工业衰退地区。——译注

被推动发展经济学想象力的。在我研究的文化中，支持市场的态度具有不明确和隐蔽的特性。这一特性可能有助于解释美国市场建设和维护活动所具有的广泛影响力——即使是那些在政治上不认同市场建设和维护的人也致力于这项活动。或许，即使在市场、技术和整个资本主义的意义明显是开放的和多样化的情况下，在工作文化中也存在一种技术经济共识：传播市场信息。

我设想的是，技术经济学能够助力将能源流动理论化的尝试，特别是能源流动在现代性的形成中所扮演的角色。这类研究大部分是由人类活动造成的气候变化的灾难性发展所推动的。例如，安德烈亚斯·马尔姆（Andreas Malm）认为，现代资本主义是"化石资本"或是从化石中提取的能源所推动的，这使得统治阶层（比在早期生产模式中）更广泛地使劳动者处于从属地位（2016）。马尔姆的观点促使一些学者重新思考所有的生产模式作为利用能源的方式，包括奴隶制和资本主义的纠缠历史中的"人类能源"（D. Hughes 2017）。本着同样的精神，多米尼克·博耶提出了一种新的现代权力谱系，与米歇尔·福柯提出的生物权力相同，它解释了人们在人类世（Anthropocene）的生活中大量使用电力和燃料的原因（Boyer 2014）。

我同意能源和政治经济有一个相互交织的轨迹，适合进行理论研究。蒂莫西·米切尔（2011）就曾对原油及其在 20 世纪的劳工组织瓦解、高密度城市生活和大众民主中的作用进行了理论研究。电力尤其适合这项研究任务，它在能源学术界受到的关注比原油少得多，尽管后者在全球消费数据中所占份额相对较小。（Jones 2016）然而，我所呼吁的理论化并不是跨历史的。我并不打算只描绘一种**电力资本**的图景，因为电力在坦桑尼亚城区的临时基础设施中的社会生活与印度农村的人道主义电气化项目中的社会生活明显不同（Cross 2013）。即使在同一个国家、同一时期，研究电力工作文化也会发现经济交换的不同愿景。

　　研究技术经济学让我们置身于更具体的实例中，在其中，对能源流动问题的重新定位有助于推动新经济模式的出现。正如下文所阐述的，在历史上，美国许多此类经济模式都与电力生产和消费的试验密切相关，从自然垄断到规模经济。这些模式与技术经济领域的活动紧密相连，当人们试图调整电力流向，必然会有电力产生的反作用力。

电的历史

　　要对技术经济领域进行分析，则需要追踪那些与我们的访谈对象纠缠在一起的物质。当然，了解电力的方式有很多，例如 1750 年本杰明·富兰克林在暴风雨中放风筝时所做的。富兰克林证明了正负电荷之间会产生一种力（他对电子云特别感兴趣），并提出电是正负电荷的运动，而不是像许多自然哲学家先前假设的那样是以太中的流体运动所导致的（Isaacson 2004：129–46）。本书关注的电力并不在富兰克林的云里，尽管它与闪电产生的那种电力也并非完全无关。

虽然在物理学和电气工程学中许多与电荷相关的不同现象都被认为是"电",但我在下文中讨论的电,是以基础设施能否产生、交换和使用电荷来区分的——这种基础设施被人类学家定义为"使其他物质能够移动的物质"(Larkin 2013:329),并"为人类社区和经济提供重要服务"(Carse 2012:540)。我讨论的电是一种标准化商品,由发电机生产,并以消费者在邮件中收到的电费单来衡量。在工程师眼中,这种电通常被称为"电能",或者用更具体的工程术语来说,"电磁场能量"。它的价格以"千瓦/小时"为单位,并在标准电压和频率的交流电(AC)下输送。[3]与富兰克林的电不同,我讨论的电是电力的同义词,因为它作为商品的可取性是来自其为电器供电的能力。

在美国,在市场出现之前,早期的电力领域和现在的一样具有技术经济性;它同时促成了 20 世纪美国管理资本主义的兴起,并以此为支撑。在 20 世纪上半叶,电力被规划成一个"大电网"(Özden-Schilling 2019a),这个电网通过自然垄断的方式将财富集中在一小部分生产商手中。大电网最先依靠的是将市民转变为消费者。这个最初的电网和围绕其所产生的各种关系形成了一个技术经济领域。电气工程师、计算机程序员、数据科学家、行为研究人员和其他人正在忙着拆解和分析这个领域。正如本书所展示的,一个新的技术经济领域正在取而代之,在这个领域中,电力流动被重塑成一个市场,其中充满了大大小小的计算和竞争。

让我们先回顾一下大电网的出现,以理解我们所身处的当下时刻的特殊性。电力历史学家大卫·奈(David Nye)写道,美国的城市居民"见识了不同形式的电气化":作为博览会上的奇观,作为重组了公共空间的公共交通工具,甚至作为一种尚待揭示奇效的医学治疗手段(Nye 1992:138)。有趣的是,电力**本身**实际上并不是电力工业最初的主要商品。乔治·威斯汀豪斯(George Westinghouse)和其他最初的工业参与者通过向市政府和工业制造商出售电力生产设备来赚钱。在当时,交易的商品本身就是一种物质生产资料。然而,到了19世纪末,随着托马斯·爱迪生的新商业计划,电力的"多样的面纱"(Nye 1992:138)被揭开了。爱迪生没有出售生产设备,而是围绕他的中央发电站建造了一个电网,目的是向消费者销售家用照明装置(T. Hughes 1993)。爱迪生把电力这种转瞬即逝的东西作为一种可供交易的实用商品,从而开创了我们如今所知的电力消费时代。

正如在爱迪生的电网中那样,电力并不是当时的政治经济学家可以直接归类和解释的商品。回顾一下卡尔·马克思的《资本论》,他用棉花来说明商品如何获得交换价值(1977[1867]:293–302)。或者想想新古典主义经济学的先驱阿尔弗雷德·马歇尔的《经济学原理》,该书最著名的点在于书中的一个脚注中首次以图示呈现了供需曲线——当时的例子是刀具(1890:432)。棉花和刀具等实用型物品有助于强化这样一种概念,即生产和消费以及供应和需求是相互独立的力量,会随着时间的推移相互作用,直到两者之间达到平衡。当生产者和消费者重新评估他们的买卖决策时,这些商品可以被放在仓库里等待。然而,电力的情况却截然不同——直至今日也是如此。就电力而言，建立平衡的时间窗口被限制在几秒钟内，这是为了保持电网完好无损和正常运行所制定的时间限制。如果供电突然中断（比如发电站跳闸），大范围停电可能随即发生。同样，如果输电线路承受的功率大大超过其承载极限，输电线路也可能发生故障。

从电气化的一开始，使电流成为商品的话题就引起了电气工程师的注意。在爱迪生早期电报工程经验的基础上，他的工程师们设计了电磁装置，即调节器和激励器，用于在电力供应发生轻微偏差时稳定电网（T. Hughes 1993：43）。爱迪生的中央协调系统只使用一个发电厂，而且在已知灯泡数量（大约一万个）的情况下，预测需求（或者用电气术语来说是"负载"）并不是一个难题。但是爱迪生的电网是为了扩张而建造的。由于利润来自小型消费者，只有当电力成为家庭日常生活的必需品，并且越来越多的消费者被说服使用电力时，电力输送才会变得有利可图。到 20 世纪初，小型公司运营的小电网越来越多地通过合并和购买的方式被整合到大电网中，连接不同类型的发电站，并对交流电进行远距离输送。

类似于电网建设的网络建设工作从 20 世纪开始改变了资本主义的面貌。出售其他基础设施服务的公司（如铁路运输和电报）逐步建立起复杂的管理层级来组织这些商品的流通——一些学者称这种组织结构和运作方式为"管理资本主义"（Chandler 1977）。它们通过整合运输、通信和依赖电力的工厂技术（如流水线），把以前由小型、单一用途公司提供的各种生产和分配任务结合在一起。像电力公司这样的自然垄断企业推行了大规模生产和分配模式，以前要通过许多竞争对手之间的市场协调才能完成的不同任务，现在被纳入其自身的运营体系。在电网体系中，电力公司至今仍将其任务分为三类：发电、输电和配电。发电指电力的生产；输电指通过高压输电线路输送电力，这些输电线路通常架设在高耸的高塔上，并在变电站内进行电压升降；配电是最后一步，高压电流被转换为低压电流，进入终端消费者的住宅，为我们的电器供电。一个垂直整合的自然垄断企业会同时提供这三项服务。

　　研究技术经济领域意味着我们不能将技术发展视为社会经济变革的被动接受者，反之，也不能把社会经济变革当作技术发展的被动接受者。电力行业不仅仅是管理资本主义的一个例子，尽管它在很大程度上促进了管理资本主义的崛起。电力实业家们在推进大电网的努力中提出了经济理论，并为主流经济学做出了贡献。塞缪尔·英萨尔，英国人，他最初是爱迪生的门徒，后来是芝加哥一家小型电力公司的负责人。他从过去的经济著作中挖掘出"自然垄断"的概念，并建立了一个电力帝国——联邦爱迪生电力公司（Commonwealth Edison），吞并了芝加哥地区绝大部分的竞争对手。早在 19 世纪中期，约翰·穆勒就曾提出，在具有高启动成本和高需求的行业中，只有一家公司能够在满足特定地区市场需求的同时保持盈利（Seavoy 2006：269–71）。而直到英萨尔的商业策略重新挖掘这一观点，穆勒的这一理论才成为他最杰出的理论之一。

　　为了使自己的垄断主张合法化，英萨尔通过大量投资电器研究来创造电力需求。例如，当时电力公司招募了大量家庭经济学家，让他们在美国各个城市地区敲门，告诉家中的妇女们，出色的家务工作离不开家用电器（Goldstein 1997）。随着电网中加入了像冰箱这样昼夜不停运转的家用电器，电力公司的管理者们试图解决电力生产中昼夜需求不均衡这一具体问题，而这对机械装置来说是个难题（Goldstein 1997）。在电力公司本身的日常运营之外，英萨尔利用穆勒的论点来说服州政客，让他的公司免受反垄断法的约束，并获得了电网的独家使用权。这一期间，他曾为州政客的竞选活动提供资金支持。令支持自由企业和自由竞争的美国照明行业的其他实业家震惊的是，英萨尔宣布支持允许垄断活动的州法规（McDonald 1958）。"自然垄断"的概念在 20 世纪中期才作为既定事实进入新古典主义经济学教科书（Mosca 2008），而在此之前，尽管有争议，但英萨尔成功地将自然垄断概念作为其电网建设工作的经济学依据。当英萨尔尝试从转瞬即逝的电流中获利时，那些美国经济生活中的主导经济模式正在形成。

通过无数的兼并，英萨尔帝国开创了电力行业的"规模经济"模式。在这种模式下，产量增加，成本的节约程度增加，利润也随之增加（T. Hughes 1993：216）。在最初的几十年里，像英萨尔的联邦爱迪生电力公司这样垂直整合的垄断企业遇到了来自市政府、合作社和联邦政府等公共力量的抵制，这些公共力量通过基于消费率的法律诉讼对其进行抵制。然而，在第二次世界大战之后，随着凯恩斯主义下的福利国家和社会国家成为传统观念，美国联邦政府与大型、一体化的公司达成和解。在战后时期，政府成为了企业的客户，以此来帮助自己履行承诺——维持充分就业和高总需求（Chandler 1977）。管理资本主义的技术经济项目似乎基本未受质疑，而"自然垄断"的概念则不仅在新古典主义经济学中成为了经典理论，也成为了整个电力行业中的主导逻辑。

简而言之，从电气化开始到20世纪最后十年，在围绕电力的技术经济领域中，供应商稳步增长且最终成为垄断者，并通过规模经济获取利润。近几十年来，随着不同的经济逻辑——比如精确计算、精细匹配和竞争等市场逻辑——逐渐占据主导地位，这个领域被稳步拆解。

现状、章节概要和研究方法

今天，电力的运行方式取决于承载它的基础设施，它通过基础设施移动；使电流能够移动的硬件和软件设备的整体，被供应商、市场和政府抽象地称为电网的基础设施。[4]这一基础设施由较强和较弱的输电线路以及这些线路交汇的节点（如变电站）组成，这些节点控制电力的注入或输出。从这个意义上说，电网是多个重叠电网的混合体。因此，我们可以在许多不同的规模上谈论电网，而不必排除其中某个特定的电网，这取决于我们选择关注经济、政治，又或是金属层面上的联系。美国本土的电网由三个频率和相位同步的电网组成（西部互联、东部互联和德克萨斯互联），它们联系不强，仅通过一些在极端情况下才会使用的直流（DC）输电线路直接相连。每一个互联网络都承载着由非营利输电运营商运营的另外几个电网。

这些电网都发挥着经济实体的功能，因为它们负责电力交易的日常市场进程。20 世纪 60 年代，在美国第一次大停电发生后（Nye 2010），各个独立电力公司逐渐习惯于结成联盟，共享服务区域，以此来预防区域性电力故障。这在以前被称为"电力库"（power pools）模式，在 FERC 将这些组织定义为非营利性输电运营商后，它们在 20 世纪 90 年代被重新命名为独立系统运营商（Independent System Operators，下文简称为 ISO），并被赋予电力市场的运营职能。在这些市场中，个体参与者会在每个预设的时间间隔（通常是每天）提交每兆瓦电力的投标和报价来买进和卖出电力，并在预设的时间公布对每个参与者都有约束力的价格。第一个电力市场于 1998 年在加利福尼亚州上线，如今全美国共有 7 个电力市场，而每一个都有数百家发电商和电力公司参与其中。

第一章"监管"从放宽监管历史的早期阶段开始，阐述了为新市场制定规则是一项卓越的技术经济活动。这一章以对电气工程师和能源经济学家的口述史访谈为基础，他们在 20 世纪 80 年代和 90 年代参与了将电力放宽监管从一个抽象的亲市场构想转变为现实的过程。他们对电力市场特有的定价机制进行理论研究，让这个定价机制尊重边际成本理论和电力物理学，从而使供需平衡点与电线的承载能力相匹配。该过程的一位参与者向我描述了这项理论化工作，并称之为"经济学和工程学的粘合"。因此，这一章致力于阐述电力监管的经济人类学。在本书中，我将监管（以及监管子类别和放宽监管）视为初期的市场建构活动。因为监管总是同时涉及人和物质，我认为电压监管和市场监管不应被视为完全不相干的活动。

从那时起，电力批发市场在地理覆盖范围和电力交易量上都有了很大增长。发电厂自由地参与出售它们的电力，而电力公司则代表消费者自由地购买电力。虽然在电力市场范围内可以不需要经过市场结构，而是通过双边协议买卖电力，但这些协议中的价格受到市场价格的很大影响。换句话说，这个行业的任何一个参与者都不能忽视市场。例如，ISO-NE（上文介绍过其培训课程的 ISO）在 2019 年的报告中称，其市场有 500 多个买方和卖方的参与，他们共同交易了价值 76 亿美元的电力，平均价格为每兆瓦 30.67 美元。[5] 参与市场的公司实体通常有特定的交易团队负责与 ISO 对接。此外，还有越来越多的没有资产的交易公司，他们以套利为目的进行纸上的电力交易。就像在任何其他的成熟市场中一样，现在有大量的研究来判断什么是好的电力交易。在这个过程中，收集信息、提供交易咨询的第三方公司，即市场咨询公司，也在电力行业中出现且迅速增长。围绕电力交易而逐步建立的信息基础设施把千里之外的参与者联系在一起，并日益扩大了电力市场的范围。

第二章"表征"阐述了日常电力交易的核心内容。电力市场从一开始就是电子化和远程化的，不需要交易者亲临交易场所。21 世纪以来，信息工作者逐渐接管了电力交易，并将其重塑为一种数据创建、管理和分析的综合实践。这些专家关心的是如何在电子数据库中尽可能详细地捕捉世界，或者更确切地说，将电网以及与电网相关的每一个人和每一件事物捕捉进电子数据库，以优化他们的价格预测模型。即使无法证实更多的信息必然能够带来更多的利润，但信息工作者仍在不断推进数据化进程。在这一章中，我的报告以对一家名为恩泰克的市场咨询公司的观察为基础，[6]该公司的主要服务是提供电力交易咨询。这是一个由创造、维护和管理信息的人员组成的地方，这些人员包括数据经理、计算机程序员、软件开发人员以及更基础的数据库工作人员。在恩泰克公司，我参与了一个制图项目，并完成了 ISO-NE 为期一周的市场培训。本章表明，在电力交易领域，市场参与者的工作被重新定义为提供对世界的粒度（granularity）表征（而不是像过去的公开叫价交易那样依赖于对彼此肢体语言的解读）。这种数据劳动已经产生了相应的效果，即排斥那些没有能力去追求和建立这种粒度的数据库的市场参与者。我认为，这种劳动正在逐步将其他类型的工作者和专家挤出电力经济。

当前的经济在电力批发交易——生产电力的发电商和代表终端消费者购买电力的电力公司之间的大宗电力交易——层面运作稳定。然而，一些人对电力市场未来的形式和功能抱有不同的期望。例如，虽然消费者可以在一些"放宽监管"的州（在撰写本书时为 16 个）自由选择电力公司，但零售电价基本上是固定的，每年只调整一到两次。这就是"智能电网"的愿景开始发挥作用的地方。智能电网指的是利用先进的通信技术来改善电网。它可以响应各种需求，包括提升安全性和增强的线路坚固性。在美国最近的一次大规模停电事件（2003 年美国东北部大停电）后，这些需求变得尤为迫切。作为当代电网的一个更强大的版本，智能电网的设计者期望它能够作为一个市场平台，为普通消费者提供动态调整的零售电价，并实现价格信号的高效传递。智能电网这一议程受到多方力量的推动，包括国家实验室、高校研究团队和行业参与者，各方都希望通过提升电网内部的信息交流能力来减少浪费（从而降低成本）。

第三章"优化"关注的是一群专门研究电网运营，尤其是电网优化的电气工程师。他们关心的是通过配置充足的通信设备来优化电网，使供需关系尽可能地精准匹配，并且让这种优化在我们的生活中不会引起注意。对优化工程师来说，让电网本身成为一个市场将使传统的独立电力市场近乎被淘汰。这些专家还在心理学家和其他决策科学家的帮助下，探索如何让人类用户更自然地融入**电网市场**的运作之中。基于对匹兹堡卡内基梅隆大学优化实验室的民族志研究，我找到了我所描述的"优化文化"，这种文化根植于 20 世纪中期的系统科学和不确定性科学（sciences of systems and uncertainty），并可追溯至早期电网科学的发展。在对该实验室进行田野调查之前，我还于 2011 年担任了实验室负责人的暑期研究助理，为她关于葡萄牙亚速尔群岛电网优化模拟的项目考察当地的电力消费文化。这让我有机会观察到亚速尔群岛的电网优化项目这些年来所经历的从研究制定到数据收集，再到论证的不同阶段。这一章旨在描绘一种关于优化的经济人类学。在这一章里，我引导读者去思考：分散的、模块化的和日常经济形态的扩展，并非仅仅是技术发展的结果，而是源于一种近年来才在多个专业领域中浮现的特定工作文化——一种以优化为核心的工作文化。

当前的电力交易以市场为基础，而在此之前，电网的基础设施是以垄断的方式扩张的。现在，基础设施的数量仍在增长，但是是以一种能够使远程参与者之间进行远距离交易的方式增长的。作为非营利性输电运营商，ISO 本身并不直接建设新的输电线路，但它们有权审批出于电网可靠性而必需建设的输电线路项目，这意味着基础设施扩建项目的成本随后将均摊到整个 ISO 市场范围中的消费者基础上。然而，关于电网的指数式增长仍存在争议，正如接下来的章节所展示的那样，并不是每个人都对电力经济的运作方式感到满意。

第四章"抗议"记录了两个对输电扩建项目不满的公民团体的抗议历程——它们是全美反输电线路运动的先驱。这两个团体一个在西弗吉尼亚州，另一个在伊利诺伊州北部，当得知输电扩建项目将穿过他们的社区和土地时，他们第一次对电力系统有了意识。不过，他们的抗议并未止步于反对项目选址，而是进一步对电力专家在公共生活中的输电设计进行了深刻批判。在公共活动和法庭上，这些活动人士针对为促进远程交易而扩大长途输电的做法提出了质疑。在这个过程中，他们阐述了一种基于公民权利和私有财产神圣性的反经济学（counter-economics）。在这里，我扩展了"工作文化"的概念，承认我的访谈对象在主要由女性领导的斗争中所承担的财产所有权、家庭管理和农业工作。技术经济学再次超越了笼统的意识形态划分，因为尽管在其他政治问题上的立场不同，但这两个团体发展了一种共同的电力政治观。这一章将引领我们探索基础设施的经济人类学。我把我们所占据和使用的公共基础设施理论化为"经济社会化（economic socialization）的环境"。在这种环境中，我们学会建构经济推理，形成经济愿景和想象。我认为，正是在与基础设施的日常互动中，以及在围绕它们展开的批判性思考中，变化才得以渗透到我们经济生活的肌理中。

我于 2013 年进行了本书的民族志田野调查，并为其争取了最大化的时间跨度。在田野工作之前和之后的几年时间里，我也进行了相关调查与跟进，并且跨越了多个空间。有很多文章提到，当地点和文化不能相互重叠或穷尽时，多点民族志是不可或缺的（Marcus and Fischer 1986）。如果今天人类学界没有普遍接受跨地点工作，那么电网的民族志将是无法想象的。即便如此，用乔治·马库斯的话来说，"方法论焦虑"并不容易被抛诸脑后（Marcus 1995：99）。如果要依靠我在为本书进行研究的过程中所选择的地点来呈现，或者说至少是提供进入我所要分析的工作文化的切入点，那么地点的选择需要合理论证。这种论证要求人类学家为了区分例外情况而走过更多的地点。这类工作是在本书的写作过程中未被说明的。我旁听了无数次学术报告，在恩泰克的办公场合与市场分析师度过了许多"欢乐时光"，我还追踪了许多反输电团体，这些团体自从我进行第一阶段的田野调查工作以来就开始在美国各地不断涌现。虽然没有一本书可以声称是对电网这种无处不在的体系的详尽研究，但我相信，你手中的这本书是关于正在逐步市场化的美国电网的代表性调研报告。最重要的是，这本书考察了电网所承载的、专家和用户所塑造的，以及电力所传递的多种经济想象。这是一张电力经济的地图，而我们作为电气世界的公民正置身其中。

第一章

监　管

理查德·施玛伦塞在电力市场出现伊始就关注其发展，并在推动其落地过程中发挥了重要作用。许多电力市场专家向我称赞他是最了解电力及其行业的经济学家之一——这类称赞尤其来自那些有工程背景的电力专家，他们喜欢调侃经济学家对行业知之甚少。考虑到他在电力市场上广受赞誉的专业知识，我想他一定不会对电力市场有太多困惑。然而，在他位于马萨诸塞州剑桥的麻省理工学院办公室里，在我们的一次长谈临近结束的时候，他却在沉思电力市场从何而来，又将走向何方。[1]"我觉得其中的意识形态很有趣。"他说。他的神情是研究人员欣赏一个真正的谜题时眼前一亮的样子，即使还无法解决这个谜题。在美国，被认为是自由派[2]的州在电力市场化方面往往完成了所有"市场友好"改革——颁布了放宽监管的法规、把电力纳入市场运营体系，以及几乎没有公有的电力生产商。大多数在市场友好性方面落后的州往往是美国最坚定的保守派阵地。

我很快在脑海中画了一张美国地图，上面有熟悉的红色和蓝色——分别表示投票给共和党和民主党的州，[3]并将其叠加到我脑海中另一幅关于电力市场和放宽电力行业监管的州的地图上。其中似乎有一种关联（德克萨斯州是一个例外，它是一个政治上的保守州，但有着强劲的电力市场）。"在最支持共和党的内布拉斯加州，没有私营电力公司。夏威夷是最倾向民主党的州了，却没有公有电力公司。"施玛伦塞把手举到空中说。"落基山脉西部和东南部地区"至今都没有表现出"走向市场"的意图，而"在东北部的蓝色自由州，我们相当低调且顺畅地进入了电力市场化"。当然，这个悖论挑战了我们对美国意识形态运作方式的常识性直觉。自由派的左翼政策制定者通常被认为会对市场持谨慎态度，并倾向于加强监管，而保守派右翼政策制定者通常被认为会信任市场，并致力于减少监管。然而，在电力领域，这种直觉显然并未奏效。第一个电力市场在蓝色的加利福尼亚州上线，其造成的早期后果是灾难性的，我将在本章的后面对此进行介绍。

我赶紧插话问道："你有什么可以解释这种现象的理论吗？"有很多理论——也许太多了——来解释为什么每个州都有自己的选择。也许内布拉斯加州的农业历史和强大的合作社文化削弱了私营电力生产商的影响力，而私营企业的存在本身就是竞争环境的先决条件？也许在怀俄明州，廉价煤炭的供应打消了人们对改变现状的兴趣？"也许只是历史的偶然？"施玛伦塞笑着承认他没有理论——至少没有解释一切的理论。"那种红蓝之分的说法有点太简单了。"他总结道。

从 20 世纪 80 年代开始，在美国和其他地方，经济学家和形形色色的工程师携手合作，研究如何在电力行业实现竞争性定价。其中一些人，比如施玛伦塞和乔斯科，对此有充分的意识，并被相关政策努力所激励。另一些人则根本不认为自己或自己的工作与放宽监管有关，他们只希望寻找一种更高效的方式来优化电网资源的利用。他们是工程师和经济学家，他们学习对方的语言，以努力写出既符合教科书上的经济学，又符合教科书上的物理学的电力定价规则，并且这些规则也需要使电力供应保持在电网的承载能力范围内。例如，电力在城市等高需求地区通过电网时会造成电网拥堵，专家们认为，这应该反映在价格上。此外，从不同发电厂的燃料类型到升压时间等物理特性，也都应该相应地反映在定价机制中。一位专家在与我的交谈中形象地将在同一个框架内处理物理和经济的优先事项的活动称为"经济学和工程学的粘合"。

　　这项活动更常见的名称是"发明监管"。经济监管是对经济活动进行的具有法律约束力的规则制定，可强制执行，无论是由政府还是非政府行动者实施。因此，监管也应该包括针对**竞争性**经济活动的规则制定。在本章中，我认为监管可能源于密集的科学和技术传统、合作以及议程，例如本章所讨论的"经济学和工程学的粘合"这部分内容。市场塑造的轨迹——它涉及什么、起源于何处、由谁来推动——并不能完全由意识形态来解释。用施玛伦塞的话来说，"意识形态是有趣的"，但事实上它无法解释市场偏好和行为。一张有关投票行为的地图无法解释像电力这样的商品的市场是如何、为什么以及在哪里形成的。相比之下，关于具体技术约束和科学合作的故事能提供更好的答案。

因此，监管是一种技术经济现象，它是专家的科学议程和技术技能的产物，而不是对政治议程的直接转化。在这一章中，我追踪了一些专家，他们起草了电力竞争性定价的规则，因而在美国电力市场的历史上扮演了重要角色。一些经济学家，如施玛伦塞和乔斯科，在开始他们的工作时就考虑到了电力行业潜在的竞争问题，但条件是这种竞争潜力只能通过电力传输物理特性和行业具体情况来评估。在放宽监管的争论开始变得激烈之前，一些工程师并没有将他们的工作与放宽监管的争论联系起来，例如电气工程师弗雷德·施韦普（Fred Schweppe）领导的基础研究团队。他们当时的目标包括着手推进控制理论研究，以追求电力生产和消费之间更精细的平衡——他们称之为电力公司的"动态平衡"。渐渐地，这些工程师开始采用经济学语言，并与经济学家合作，向更多的公众传达他们的想法。这些专家联手创造了新的数学模型和抽象概念，旨在为未来有竞争力的电力买卖双方提供工具，以便他们可以在保证电力供应和电力基础设施完好无损的情况下对转瞬即逝的电流进行交易。我认为，从技术经济的角度来理解，监管工作超越了政策层面，延伸到了技术领域，这种技术领域被专家的学科任务和他们所使用的技术的实际需求所影响。

认为监管适用于竞争和市场或许是反直觉的。学者们已经成功地削弱了这样一种观念，即"自由市场"是一个显而易见的实体，一旦某些监管障碍被消除，它就会依靠一只"看不见的手"进行自我组织（Harcourt 2011）。但人们仍然很容易回到对监管和市场的固有看法，即认为监管和市场是对立的力量——将一方的收益视为另一方的损失。削弱这种看法也是为了把我们的注意力重新集中到监管上，将其视为一项与经济规则制定相关的活动。监管者是对公平和理想的经济活动有其自身理解的规则制定者；监管是他们认为适合在现实中实现这些理解的行动方案。

我将从本章介绍的人物之一伊格纳西奥·佩雷斯－阿里亚加（Ignacio Pérez-Arriaga）那里借用一个例子，他是电力监管方面的专家和名师，曾在多个国家任职，并在麻省理工学院教授研究生课程多年。我要举的这个例子是在我参加他课程的两年中他喜欢提起的众多丰富多彩的例子之一。佩雷斯－阿里亚加会对他的学生说，想象一场在职业运动员和小学生之间进行的篮球比赛，这会是一个非常不平等的竞争环境，而竞争将毫无意义。为了让比赛更有可竞争性，你要做的工作就是监管——引入新规则，改变现有规则。当然，监管并不总能达到预期效果。如果你的措施只是减少比赛时间，那么毋庸置疑，职业选手仍然会轻松击败小学生。也许更好的方法是让职业选手在比赛中行动受限，这肯定会改变比分。佩雷斯－阿里亚加会说，这就是好的监管与坏的监管之间的区别。

诚然，"放宽监管"这样的词并不能帮助人们理解监管和市场之间的对立关系。"放宽监管"一词意味着取消监管，通常用来表示在以前没有竞争的行业出现竞争的情况。学者们再次成功地争辩说，放宽监管是一种"系统"，在这个"系统"中，"公共监管被废除，取而代之的是对市场交易的完全依赖"这种说法不过是"对（所谓放宽监管的情况下）所发生之事的不准确描述"（Kearney and Merrill 1998：1324–25）。"放宽监管"可能是一个被不恰当地创造出来的词汇，但这并不是不研究这个错误用词背后的现象的借口。首先，从实证的角度出发，电力行业的许多专家通常使用"重组"这一更具描述性的词来表示20世纪90年代发生在美国的有利于竞争的法律变革。当他们有意无意地提到"放宽监管"或"受监管的州与放宽监管的州"时，只是出于语言习惯，而并非表明他们认为市场是不可控的野兽。事实上，佩雷斯－阿里亚加曾经向我解释过他多年来对教授市场监管课程的兴趣，他提到，自放宽监管或者说重组以来，"监管（有了）更多的内涵"。

将我们的注意力重新集中在放宽市场监管的规定上是具有理论价值的。这提供了一种重新思考新自由主义的方式，"新自由主义"这个概念在人类学中经常被描述得过于宽泛——这忽略了植根于特定工作文化的经济活动的技术逻辑结构。学者通常将放宽监管理解为规则和监管的倒退，把它当作新自由主义的一个警示信号——一种导致资本主义失控的无法律约束状态（对这种视角的批评，见 Özden-Schilling 2018）。这类学术研究很容易忘记的是，不公正不仅仅会因为缺乏规则和条例而发生，成文的规则和条例也会延续受压迫者的不公正遭遇。然而，我认为，对新自由主义的这种粗糙的应用的批评，不应该仅仅满足于对"放宽监管"这一概念的驳斥。相反，本章的理论目标是为监管的经济人类学研究确定其技术经济术语——这是一种将监管视为规则制定技巧的人类学，这些技巧随着工作文化中可应用技术的变化而变化，而不是政府控制、受托人特权或限制竞争的某种代名词。这里想提出的疑问是，佩雷斯－阿里亚加想象中的监管者是如何想出减少比赛时间或适度限制技术更好的球员能力的方法的？为什么他们认为比赛率先应该在这两个群体之间开始，并且以一种可以被视为具有竞争性的方式进行？

我对监管的理论化也为"经济学的操演性"（Callon 1998）范式提供了一个对照，该范式旨在说明经济学家如何将经济理论中的假设付诸实践。我所讲述的故事则通常呈现相反的特点，即科学研究在物质技术和学科承诺限制的影响下逐渐呈现出经济面貌，正如弗雷德·施韦普和他的同事所说，创造市场的活动主要由"通信和计算领域的革命性发展"驱动（Schweppe et al. 1980：1151）。在这一叙述中，经济议程源于技术专家圈子内部，经济学家更多扮演促进交流的角色，而基础的（微观）经济学则作为不同专家之间交流的通用语言。监管的目标并非将经济理论转化为现实，而是让人和物定期地为规则制定者提供他们所期望的结果，这些结果也表现为有利于改善竞争或促进公平。不过，这种（经济学和工程学的）"粘合"并非理所当然，因为人和物并不那么容易屈服于意识形态的意愿和奇想。

下面，我首先回顾美国电力监管的思想史，以探究意识形态动机在构建当代电力市场中的局限性。然后，我将聚焦施韦普在20世纪80年代领导的研究团队（这是最早对电力行业的变化进行理论化的团队之一）的历史，来研究由动态平衡驱动的工程思维如何逐渐转化为关于市场和放宽监管的经济对话。

接着，我举例说明了这种对话是如何在全球范围内传播的，并指出市场构建的全球传播也依赖专家团队的全球行动，而非设想中肆意席卷全球的一股新自由主义浪潮。最后，我通过对电力市场历史上一个早期的失败案例——2000 年至 2001 年的加州电力危机——的讨论提出这样一个问题：当这种粘合解体时会发生什么？

监管者可以监管什么？

首先，让我们来辨别一下经济学家在哪些方面塑造了放宽监管，以及在哪些方面没有。正如在引言中提到的，理查德·施玛伦塞和保罗·乔斯科对里根政府早期一些不知名官员随意提出的放宽监管的建议大吃一惊。这两位原本支持竞争的经济学家之所以对放宽电力监管的想法如此震惊，是因为美国经济学界长期以来的一种既定认知，而这种认知本身就是由美国电力监管的历史塑造的。这段历史可以追溯到 1935 年的《公用事业控股公司法》(Public Utility Holding Company Act，下文简称为 PUHCA)——该法案诞生于美国政府扩张和大力投资公共工程的时代，也就是众所周知的罗斯福新政时期。1992 年的《能源政策法案》和随后 2005 年的《能源政策法案》针对的就是 PUHCA。如果有专家认为放宽监管就是取消监管的话，那是因为后两个法案取消了 PUHCA 中的部分条款，并最终废除了 PUHCA。然而，PUHCA 既不是美国电力监管的起点，它被废除也不意味着监管的结束。

"不可能出现输电线路的竞争！"施玛伦塞在听到放宽监管的建议时心想。但事实上，在 20 世纪初美国电气化的最初几十年里，确实出现了输电线路的竞争，当时的街道上布满了新兴电力公司为互相竞争而搭建的电线（Nye 1992）。正如我们所看到的，小型电力公司的逐渐消失和大型垄断企业的崛起，通常被归结于诞生自英国的美国商业巨头——塞缪尔·英萨尔。英萨尔最初是托马斯·爱迪生的得意门生，他在 1892 年搬到芝加哥，领导芝加哥爱迪生公司，这是一家苦苦挣扎着的小型电力生产和输送公司。英萨尔来的时候，芝加哥有一百多家这样的公司（Rudolph and Ridley 1986）。但是在 20 年内，除英萨尔的公司（现已更名为联邦爱迪生电力公司）外，再也没有其他公司了。英萨尔公司通过兼并的方式获得了巨大的发展，成长为芝加哥电力帝国，同时也让英萨尔在美国全国范围内赢得了声誉，他的成就也受到了广泛认可，例如登上了 1926 年的《时代》杂志封面。

英萨尔也应当被视为监管领域的先驱，尽管他提倡的监管是自利的、反对竞争的那种类型。事实上，在英萨尔之前，几乎没有关于电力公司应该如何运作的规定——这些提供着日益重要的服务的企业开始被称为"电力公司"，但是否应受到特定规则的约束，无论其是否是私营企业，当时还尚无定论。英萨尔需要在确保不违反反垄断法的同时依靠法律的帮助来消除竞争。他在游说上的努力开创了一个以州为基础的监管机构的时代——州监管机构将确保公平的电价和服务的质量。这些机构的存在意味着英萨尔可以通过个人关系影响机构的监管，并最终影响州立法。他因此能够确保法律承认他的垄断是受法律保护的"自然垄断"（McDonald 1958）。也因此，"自然垄断"在成为经济学教科书的经典概念之前是监管实践的产物（McDonald 1958）。

随着合法竞争的减少，联邦爱迪生电力公司（现在覆盖了三个州）增加了向其消费者收取的费用。20 世纪 20 年代，消费者走上街头抗议，这是前所未有的消费者权益保护活动（Rudolph and Ridley 1986）。英萨尔的电力帝国用不合理的方式来进行扩张，并且经营资金严重不足。1933 年，在大萧条时期经历了毁灭性损失后，英萨尔的控股公司违约，约 60 万名股东的投资（Rudolph and Ridley 1986）化为乌有。在美国安然能源公司的丑闻爆发前几十年，英萨尔成为了企业贪婪的代表，可以说是美国经济史上的第一人。后来，英萨尔因腐败和不合理的高电价被送上法庭，但最终被无罪释放。奥逊·威尔斯后来指出，他在 1941 年的经典电影《公民凯恩》的灵感来自"他在芝加哥的那些日子"，尤其是塞缪尔·英萨尔（Welles and Bogdanovich 1998：49）。

英萨尔的无罪释放并没有让政治家富兰克林·罗斯福感到满意。在 1932 年的总统选举中，罗斯福大力地抨击了电力行业的过度行为。他有效地调动了公众对电力行业的情绪，当选总统，并最终通过了 PUHCA。该法案反映了罗斯福政府对于尽管有州监管机构的监督，但消费者端仍需支付高额电价的根本原因的理解。这些公司一直在根据它们在其他州的子公司的成本向消费者收取费用，而这些子公司的燃料成本都比较高（Rudolph and Ridley 1986）。因此，PUHCA 规定公司只能在一个州进行注册，且不能拥有一家以上的电力公司——这一规定将由证券交易委员会和联邦电力委员会（FERC 的前身）执行。这一规定的初衷是加强对企业的州级监管，以此来延伸监管体系——讽刺的是，该体系是英萨尔帮助建立的。后来，1992 年的《能源政策法案》废除了 PUHCA 对跨州电力买卖的限制。

当时，PUHCA 的出台并非针对违法行为，而是针对某种合法却令人质疑公平性并引发公众不满的商业行为。在许多方面，它并没有改变由英萨尔本人开创的由各个州主导的监管原则。这种监管原则鼓励公司与它们的州监管机构建立密切关系——正如施玛伦塞告诉我的那样，这种关系至今仍存在于美国西部的山地地区，那里是政治上的保守派，其州立法机构也没有表现出对市场竞争的兴趣。在随后的几十年里，英萨尔的"自然垄断"概念持续存在，并在经济学教科书中占据了一席之地，甚至得到了进一步发展，尽管它始终受到州监管机构（往往对其颇为宽容）的约束。电力公司继续垂直整合，在各自的销售区域提供所有三种电力服务——发电、输电和配电。但是，PUHCA 是好的监管吗？也就是说，它是否实现了为消费者降低开销的目标？"1970 年前后，人们开始怀疑，监管带来了什么好处吗？"施玛伦塞对我说，引用的是那些影响他思考同样问题的经济学家的话。

其中真正值得注意的是乔治·斯蒂格勒，他是"芝加哥经济学派"的杰出人物——美国新自由主义的思想根源以及 1982

年诺贝尔奖获得者。在 1962 年发表的一篇题为"监管者能监管什么？"的文章中，斯蒂格勒和克莱尔·弗里德兰（Claire Friedland）以电力行业为例，揭示了普遍存在的监管失灵。如果监管的目标是以某种方式降低消费者的电价，那它就是失败的，因为正如斯蒂格勒和弗里德兰所揭示的，自美国出现州监管机构后，电价没有发生显著变化（Stigler and Friedland 1962）。斯蒂格勒在 1971 年发表的一篇文章中进一步指出，监管是反民主的，因为它剥夺了公民投"经济票"（economic votes）的自由，换句话说，剥夺了公民在消费中进行选择的自由和权利（Stigler 1971：10）。

另一位具有影响力的学者是阿尔弗雷德·卡恩（Alfred Kahn），他是一名经济学家，从 1947 年起一直担任康奈尔大学经济系的主任，直到 2010 年去世。卡恩自己也担任过监管者，先是纽约公共服务委员会专员（1974—1978 年），然后在吉米·卡特总统的压力下担任现已解散的民用航空委员会主席（1978—1985 年）。再往后，他领导放宽了航空业的监管，被称为"航空业放宽监管之父"（Hershey Jr. 2010）。有记录显示，卡恩曾在与航空公司高管共进晚餐时被邀请发表演讲，但他对此并没有什么热情："我分不清一架飞机和另一架飞机之间的区别，对我来说，它们都只是有翅膀的边际成本。"（Dudley 2011：10）

斯蒂格勒和卡恩对施玛伦塞和乔斯科的影响，以及他们最终在 1983 年出版的那本书，能说明经济学和经济学家在电力放宽监管中的角色吗？斯蒂格勒的影响能够证明新自由主义是这一切背后的知识驱动力吗？正如斯蒂芬·科利尔深入探讨的，乔治·斯蒂格勒与另一些人（如理查德·波斯纳、哈罗德·德姆塞茨、萨姆·佩尔茨曼）一样，属于新自由主义思想中的"微观传统"。他们特别关注监管的实际成效，并最终在 1970 年的《贝尔经济学与管理科学杂志》中找到了发表其观点的机会（2011：222–23）。重要的是，斯蒂格勒等人在该杂志上抨击的不一定是监管本身，而是对经济学中的公共利益理论的抨击。他们认为，公共利益理论体现了一种未经充分论证却被过度推行的"监管欲望"（Stigler and Friedland 1962：1）。

斯蒂格勒等人经常主张，公共利益理论认为监管具有显而易见的好处，这种好处不容分析或指责。为了反对这种态度，在《贝尔经济学与管理科学杂志》（即后来的《兰德经济学杂志》）上发表的文章通常有一个简单的实证目标，即比较在特定监管、不同监管或无监管情况下的成本和价格。像芝加哥学派的其他经济学家一样，斯蒂格勒和其他新自由主义监管理论家将国家、企业和公众视为独立的、有计算能力的行动者，能够依据现有的激励措施做出不同的反应（Collier 2011：218–24）。然而，除了共享的工具包，这种理论只属于"微观传统"，远远不能代表芝加哥学派的整体关切或结论。科利尔评论说，"因此，芝加哥学派的新自由主义理论家确定为放宽监管做出了贡献，但作为一场政治运动，放宽监管并非仅仅源于新自由主义，也无法被定位在政治光谱的某一点上"（Collier 2011：223）。

斯蒂格勒和他的同事确实在经济学领域留下了超越了新自由主义微观传统的深远影响。他们通过将监管者视为像其他一样对激励措施做出反应的、善于计算的能动者，引发了一种对监管者的不信任感，即行业可能会与监管者过从甚密，以获得有利的监管待遇——这种现象被称为"监管俘获"（Collier 2011：221）。这里的监管者，在严格意义上指州监管机构董事会或 FERC 的成员，他们从事公共事业的行为监管。"监管俘获"这一观察与历史学家对英萨尔与监管机构关系的评估没有什么不同，但斯蒂格勒的著作使其在经济学家中盛行。施玛伦塞多次向我说，监管者的职位可能自弗雷德·卡恩以来就没有吸引过真正的人才。我也曾听到许多经济学家带着若隐若现的优越感，漫不经心地称监管者的职位"没那么令人兴奋"。

这并不是因为自放宽监管以来规则和条例被舍弃了，而是可执行规则的制定——也就是监管本身——的核心工作已经转移到了其他地方。自从发电的相互竞争开始以来，监管发电竞争的相关规定一直是由 ISO 制定的。尽管 ISO 设计部门的工作人员不会被称为"监管者"，但他们无疑在制定电力行业可依法执行的法规，这些法规管理着大部的分电力交易。ISO 的工作人员对联邦监管机构（即 FERC）负责，后者也负责监管州际输电（因为 PUHCA 被废除，州际贸易现在成为可能）。但众所周知，FERC 主要是一个随和的监督者，把大部分错综复杂的市场设计留给了 ISO，只在发生州际分歧的时候进行干预。在这种情况下，州监管机构的监管工作在很大程度上被限制在配电层面，而在配电层面上，价格变化的频率要低得多，风险也普遍较低。我在 ISO-NE 接受市场培训时，州监管人员在课程期间一直是最安静的——没有一个人发表过争议性的言论。自从放宽监管以来，州监管者的角色确实被边缘化了；这往往让那些希望抨击监管本身被边缘化的批评者的言语攻击变得更容易。

斯蒂格勒和卡恩的影响让施玛伦塞和乔斯科做好了对电力监管进行批判性分析的准备，但并没有像里根政府的一些官员那样主张彻底废除监管。斯蒂格勒和卡恩都不是"天真的理论家"，他们的工作鼓励施玛伦塞和乔斯科把放宽电力监管视为一种值得认真思考的可能性。但要想在长期运行的电网现实条件下想象这种可能性会是什么样子，则完全是另一回事了。在那次交流结束时，官员们向施玛伦塞和乔斯科提供了能源部的资金，用来对电力行业放宽监管的影响进行研究。他们接受了这一资助。《电力市场》（*Markets for Power*）是美国第一部专门讨论电力行业放宽监管问题的著作，于1983年出版。这本书给两位经济学家带来了"放宽监管的倡导者"这种多少带点讽刺意味的名声——正如施玛伦塞对我说的那样，这是"没读过这本书的人"给他们的评价。在这本书里，他们采取了谨慎的态度，并建议电力行业缓慢而渐进地摆脱当时的状态。在序言中，他们解释了研究这一问题的动机："尽管我们意识到，大量且不断增长的文献和经验表明，在大多数行业中，竞争优于经济监管，但我们并不清楚能否将在这些背景下吸取的经验教训直接应用于电力行业。"（1983：ix）

在书中，施玛伦塞和乔斯科评估了一个与斯蒂格勒所追寻的相似的问题：竞争是否会降低电力行业中不同部分的电力服务的买卖双方的成本？他们一一分析了使用不同燃料的发电商——主要是核能、煤炭和天然气——因为这些发电商的运营成本可能取决于完全不同的因素。例如，核电站的盈利能力可能取决于其运营的连续性，因为核电站的升压和降压需要很长时间。因此，施玛伦塞和乔斯科不是像弗雷德·卡恩那样把飞机视为带翅膀的边际成本。他们认识到，每个发电厂都可以根据其物理特性来要求特定的待遇。他们写的这本书是谨慎的，但也是乐观的，他们得出结论，如果处理得当，放宽监管可以降低电力买卖双方的总成本。施玛伦塞提到自己最初对完全和无条件放宽监管的想法感到不安，他向我解释了他们的想法是如何演变的："显然，你不能放宽对电线的监管，但你或许可以放宽对发电商的监管。"他对放宽监管后出现的电力市场的态度是一样的："如果你设计了好的市场，那么，市场会证明它是**可行**的。"

那么，经济学家在哪些方面促成了电力行业放宽监管，又在哪些方面没有促成对监管的放宽？我们在这里讨论的经济学家在解决垄断性监管问题上发挥了重要的沟通作用。此前，即使是最对竞争持友好态度的专家也认为垄断性监管是理所当然的。这里所说的沟通，指的是几件事。例如，卡恩的沟通工作——通过学术和政治活动——向可能在电力问题上提出相同问题的业内人士呈现了另一个完全不同的行业中放宽监管所取得的成就。另一个例子是，施玛伦塞和乔斯科通过他们的学科权威将电力行业的具体情况反馈给政策制定者。并且，施玛伦塞和乔斯科持续着这项沟通工作，他们在 21 世纪也在为几个电力市场委员会提供建议。社会学家丹尼尔·赫希曼（Daniel Hirschman）和伊丽莎白·波普·伯曼（Elizabeth Popp Berman）

在探究"经济学是最有影响力的社会科学"这一普遍观点时发现,"在现状被认为是技术性问题时,以及在不确定性因素迫使决策者寻找新的解决方案的情况下,经济学家最有可能成为有影响力的建议者"(2014:780)。还有一种更通俗的沟通方式,即非经济学家的技术专家(例如下文讨论的电气工程师)借用经济学家语言的简化版本,向工程师以外的人传达他们的解决方案和愿望。

这种沟通工作不应该被认为是无关紧要的,但我们应该认清它的价值,而不赋予它过度冗余的含义。赫希曼和伯曼指出,社会科学领域存在一种倾向,即认为经济学在美国政策圈有很大的影响力,因为经济学家"在行政和立法部门的每个部门都有职位",而且在白宫还有一个顾问办公室(2014:779)。他们评论说,即使在那时,"每个经济学家……都知道即使这种影响力真的存在,也是非常有限的"(2014:779),因为政治家不一定听从他们经济顾问的建议。至于新自由主义经济学家在放宽监管方面的具体影响——正如上文提到的——斯蒂芬·科利尔评论说,放宽监管不能归结于某一类经济学家的理论(Collier 2011:223)。如果经济学家并没有握有许多批评者所认为的那把"钥匙",那么,监管规定是如何制定的,我们应该向哪个权力机构寻求答案?赫希曼、伯曼以及科利尔会将目光投向经济学家和政策制定者在历史上偶然组成的联盟。也就是从这里开始,我的关注点与他们的产生了分歧。我认为,不为人知地掌握权力的,是那些特定物质领域的专家,他们在政策辩论中的地位是潜在的、间接的,甚至是不存在的。

经济规则的制定意味着物质必须与人一样参与合作，而将物质纳入可能会产生一些不容易被识别为经济活动的实践。为电力批发创建定价算法对电力交易来说至关重要，并且仅靠经济学家或理论家是无法实现的。现在，我要把关注点转向一群在 20 世纪 80 年代为此奋斗的工程师和经济学家。

经济学和工程学的粘合

从 1966 年到 1988 年去世，弗雷德·施韦普一直是麻省理工学院的电气工程学教授，他和许多其他电气工程师一样专门研究控制理论——这个领域专注于动态系统（如电网）中的反馈和同步，以实现稳定性。从 20 世纪 70 年代末开始，他在麻省理工学院领导的四人研究团队专注于开发定价机制，用于重构消费者和电力公司之间的关系。这一研究最终促成了 1988 年出版的《电力现货定价原理》一书，该书在施韦普去世后几个月后出版，如今在市场参与者中近乎是一个传奇，并且被大量引用。当四人团队最初开始这项工作时，他们并不认为他们的工作是放宽监管过程的一部分，他们认为他们正在开发一种机制，让垄断的、受监管的电力公司向消费者收取"现货价格"，这一价格会根据每小时发电成本的变化而变化。[4]最终，他们的方法激发了放宽监管最成功的载体——电力市场——的成形。

我们在这个故事中看到的是，创造市场的尝试根植于一个工程团队，受到"通信和计算机领域的革命性发展"的推动，而当代政治发展的推动作用则少得多。我们也看到他们最初的目标——"开发一个高效的、可自我校正的控制方案"（Schweppe et al. 1980：1151）——如何在经济圈和决策圈开始探讨电力市场相关议题后，最终变成开发一个能与放宽监管的相关讨论进行对话的"市场"。他们的例子阐明了电力逐渐获得其经济特性的技术经济环境。为了了解这个故事，2015 年，我拜访了施韦普的团队成员理查德·塔伯斯（Richard Tabors），并在他马萨诸塞州波士顿的办公室里进行了交流。他现在领导着一家与电力和天然气公司合作的咨询公司。

施韦普在遇到塔伯斯时已经是一位受人尊敬的工程师。到 1970 年，施韦普已经为电力公司开发了"状态估计器"（Schweppe 1969；另见 Monticelli 2000）——一种对电网当前状况的数字化呈现和总结，供发电公司的控制室使用。状态估计器囊括了生产方做出决策所需的充足信息，比如向电网注入电力或调整电压，同时不破坏电网其他部分的稳定。它很快成为行业标准，提升了垄断性电力公司之间的通信效率，使之共享资源去服务（同一）用户群体。对施韦普来说，在状态估计器之后，合乎逻辑的下一步是将这些通信优势进一步扩展至电力公司和用户的关系。

1978 年，施韦普发表了一篇题为"电力系统 2000"的文章，介绍了 2000 年的电网状况。在文章中，他将电网描绘成一个由人类和计算机共同操控的复杂的互联控制系统。他写道："需求是存在的，技术是可供取用的，使用技术所带来的回报足以证明投入的合理性。"这个控制系统按"等级"划分，从 0 级的

"本地自动控制的直接作用装置"到 3 级的协调中心的决策委员会（即今天 ISO 的前身）（Schweppe 1978：42）。基于出色的通信和控制，这个整体系统将让其组件相互适应，而不是让一个组件支配另一个组件的动作。这一原则最直接关系到电力公司和消费者之间关系的未来。施韦普感叹道，在 1978 年，消费者在这种关系中占据上风，迫使电力公司无论其运营情况如何，都无条件地、即时地满足消费者的用电需求。施韦普甚至使用了"主人与仆从"这个令人不安的类比来描述消费者与电力公司之间的不平衡关系。[5] 他预言，"到 ［2000 年］，电力公司和客户将是平等的，二者将通过能源市场相互交易"（Schweppe 1978：44）。在塔伯斯加入麻省理工学院后，施韦普将在其职业生涯的下一个阶段，以研究团队的方式，着手研究如何实现这样的电力市场。

理查德·塔伯斯于 1976 年来到麻省理工学院能源实验室，此前他获得了雪城大学的地理和经济学博士学位，并在哈佛大学设计研究生院担任教员。他被招募到由美国能源部资助的一个项目中工作，该项目是关于电力公司如何部署光伏发电——或者将太阳能转换成电能。这是一个对太阳能这样的可再生能源的兴趣刚刚被点燃的时期。1973 年石油危机后，美国能源部开始资助研究型大学的可再生能源研究，包括光伏研究。尽管这个项目资金充足，多年来给了塔伯斯在追求知识上的自由，但对能源实验室的管层来说，它并不是研究重点。实验室借此机会向塔伯斯介绍了施韦普，据塔伯斯说，施韦普的观点"在想法上很有趣，但在组织和管理上弱了一些"。

两人启动了电力公司系统项目，施韦普担任学术负责人，塔伯斯担任行政负责人。这将是一个兼收并蓄的团队，每个人在粘合工程学和经济学的过程中都扮演着不同的角色，但控制理论作为一个带有经济学意味的核心专业领域而盛行。很快，塔伯斯在哈佛大学的两位前同事加入了他们团队：迈克尔·卡拉马尼斯（Michael Caramanis），哈佛大学控制论和运筹学的博士，辅修微观经济学，他以研究科学家的身份来到能源实验室；罗杰·博恩（Roger Bohn），本科毕业于哈佛大学应用数学专业，曾与塔伯斯合作开发经济学项目，后来以博士生的身份来到麻省理工学院斯隆商学院，开始与施玛伦塞合作。塔伯斯和他两位早期的合作者很高兴被介绍给施韦普，他们知道施韦普是状态估计器的发明者。

在塔伯斯的复述中，他们的合作像一个学术上的化学反应；他们追求他们认为"前沿"的想法。但什么被认为是前沿的，以及在他们合作的过程中这种定义是如何变化的，值得深思。最初，他们在控制论（cybernetics）和控制理论的熟悉领域（对电气工程师来说）找到了灵感。他们称他们的项目为"电力服务的同态调节应用控制"，这也是他们在 1980 年发表的一篇文章的标题。塔伯斯记得自己只是简单地"玩"了一下"动态平衡"（homeostasis）的概念，尽管鉴于团队成员的背景，这个概念会成为团队的理论框架似乎并不是巧合。"动态平衡"最初是一个生物学概念，指的是一个有机生物的稳定状态，后来被诺伯特·维纳（Norbert Wiener）借用，并应用于跨越机器和动物的所有通信和控制（Rodolfo 2000；1948）。施韦普的团队延续了控制论的传统，从生物学中借用"动态平衡"一词来解释非生物现象。当被应用于电力行业，"动态平衡"是"一个试图维持供需之间内部平衡的总体概念"（Schweppe et al. 1980：1151）。

更具体地说，电力服务的同态调节应用控制意味着"根据供需关系持续更新电价，并由电力公司将变化的电价持续传达给客户"（Schweppe，Tabors，and Kirtley 1982：44）。施韦普的团队再次着重关注消费者和电力公司的关系，将"电力服务的同态调节应用控制"构建为一种超越"供给服从需求"或"需求服从供给"范式的方法——旨在为满足电力供给和需求创造一个更平等的环境（Schweppe et al. 1980：1152）。在这个阶段，动态平衡对他们来说已经是一种经济学的表述——描述的是系统各部分之间供需的平衡状态，与热交换之类的过程无关。虽然是一个经济概念，但它并不受围绕市场或放宽监管的具体想法的束缚。那篇文章尝试在政治背景上作了一个非常简短和模糊的处理，文章中提到，通过动态平衡方法，"设备故障、石油禁运、矿工罢工和天气变化等因素的影响程度可以降到最低"（Schweppe et al. 1980：1151）。

塔伯斯认为，团队成员的不同兴趣"相对高效地演变为了现货定价的想法"。在塔伯斯的光伏项目中，议题一直关注如何补偿电网中的太阳能发电商（假设电网中包含太阳能发电）。这个问题在 1978 年的《电力公司监管政策法》（Public Utility Regulatory Policies Act，PURPA）通过后变得更加突出。该法案允许可再生能源生产厂商作为独立的发电商，从而为垂直整合的电力行业创造了一个例外。尽管该法案是针对当时刚刚起步且规模极小的可再生能源行业，但它启发了像塔伯斯这样的经济学家，并让他们认为对其他类型的发电商来说，竞争也是可能的。塔伯斯承认，太阳能发电商会有不同的成本结构——通常有非常高的启动成本，而其中一部分可能由政府补贴。

但关键的是，塔伯斯认为，如果要让太阳能发电商参与这个行业，就意味着他们提供的每单位电力必须被视为与现有电力供应商提供的单位电力价值相等。他告诉我："**显然**，我会根据被挤出电网的那部分电力的边际价值来衡量（他们的补偿）。"换句话说，考虑到任何来源的电力在功能方面本质上都相同，太阳能电力的价格应该是它所取代的电力的价格。在这个推论中，塔伯斯似乎呼应了现代经济学的原则。正如社会学家理查德·斯威德伯格指出的，市场的抽象概念（即市场不一定是地理意义上的商品交换场所，如农贸市场或贸易路线）在 19 世纪末随着新古典主义经济学的兴起而出现。新古典主义经济学是由阿尔弗雷德·马歇尔等人首创的专业化、数学化视角的经济学（Swedberg 1994）。新古典主义经济学的一个概念创新是将市场设想为一个假想的场域，在这个场域中，相同的商品，或被假定为相同的商品，其价格应当一致。塔伯斯准备在团队的"电力服务的同态调节应用控制"工作中突出这一新古典主义原则。

就施韦普而言，他似乎受到他接触的经济学家所使用的概念工具的影响。和很多人一样，他当时的博士生伊格纳西奥·佩雷斯-阿里亚加也记得施韦普是一个不断发明创新的人，他喜欢和校园里工程师以外的人交谈，希望为他的工程问题找到工程学以外，但仍然是数学领域内的答案。塔伯斯和施韦普的兴趣融合在一个共同的目标中：现货价格是信息——对塔伯斯而言，是可以传递电力供应有效性的信息；对施韦普而言，是可以确保同步性和稳定性的信息——的载体。

在波士顿的办公室里，塔伯斯给我看了1980年那篇名为"电力服务的同态调节应用控制"的文章的原始稿件。那篇文章被打印出来并拼接在大张的纸上，挂在墙上的显眼位置。根据作者的观点，现货定价是现有控制机制的延伸，和状态估计器相似，只是在规模上扩大了一些。系统中的自动控制装置，也就是被恰如其分地命名为控制器和调节器的装置，可以以秒或分钟为单位对电力流量的平衡进行微调，并且在"能源市场"中适应时间间隔更大的供需变化——比如每小时一次的变化。他们描述的技术界面类似于今天的智能电表——电力公司和客户之间持续进行信息交换的设备。有了这个界面，工程师和经济学家的双重目标得以实现。向消费者收取的价格将接近电力公司的成本，这满足边际成本理论，即市场价格等于每增加一个单位产品的生产成本。供需平衡也将确保电网的物理稳定性。早于塔伯斯的"粘合"比喻，该文章这样描述了这种理想状态："一系列相互关联的物理和经济力量维持电力供应和客户负载之间的平衡。"（Schweppe et al. 1980：1151）

塔伯斯回忆道："（我们以为）我们可能永远无法实现（电力市场），这可能是地球上最愚蠢的想法。然而，（我们阐述了）逻辑是这样的，数学是这样的，电气工程是这样的。我们只是不停打破原有的观念。"随着时间的推移，这个团队吸引了各种交流对象、合作者、短期和长期参与者，[6]以及支持者和反对者。在《电力服务的同态调节应用控制》一文发表的一年前，麻省理工学院能源实验室的能源政策研究中心鼓励该团队与更大的群体分享其研究成果。该中心由美国能源部资助，作为对1973年石油危机的科学应对措施的一部分。能源政策研究中心的这些负责人也是塔伯斯以前项目的朋友，他们为后来被称为"博克斯会议"的活动筹集了资金，该会议的正式名称是"新型电力公司管理和控制系统"，于1979年在马萨诸塞州的博克斯举行。响应麻省理工学院能源实验室号召的人多得令人印象深刻：从埃克森、海湾石油等能源公司的高管，到电力公司经理，再到监管机构。该会议为施韦普和塔伯斯的团队——当时称为动态平衡控制研究团队——提供了一个发声平台。1980年，他们将《电力服务的同态调节应用控制》一文的初稿在会议中和与会者进行了分享。

事实证明，这次会议和四位动态平衡研究者的想法是两极化的。例如，哥伦比亚大学的经济学教授威廉·维克瑞因其在不对称信息下的定价研究而于1996年获得了诺贝尔奖。他是一个过于热情的参与者，以至于他的发言最终不得不受到会议主持人的限制。电力研究所（Electric Power Research Institute，EPRI）——成立于1972年的非营利组织，由美国电力公司资助——的副主席也出席了会议，他认为这个团队已经疯了。会议结束后，他给研究团队写了一封信并指出，在他看来，其"观点就好像波音747飞机上的每个乘客都有自己的操纵杆，并指望他们能够让飞机成功着陆"的想法一样荒谬。对像电力研究所副主席这样的研究人员和许多与该组织有私人关系的电力公司管理者来说，让价格由算法决定的未来似乎并不可靠。施韦普与美国电力公司（AEP，美国主要的电力公司之一）保持着良好关系，学术休假期间，他在该公司开发了状态估计器。在博克斯会议后，施韦普收到了美国电力公司首席执行官的一封信，信中提到他对施韦普的职业生涯的发展感到非常失望。

据塔伯斯说，电力公司之所以抵制动态平衡项目，是因为这听起来相当于放弃对其物理运行（physical operations）的控制权——似乎他们的物理运行将会被托付于一个缺乏可信度的定价算法的狂想。用塔伯斯的话来说，在那些日子里，在"经济学和工程学的粘合"完成之前，"经济学"的部分在很长一段时间内保持稳定和可预测，而电力公司负责确保"工程学"的部分每天稳定运行。从这个角度来看，两者的粘合似乎令人怀疑。根据塔伯斯的解释，他的团队通过"把数学做对"来应对遇到的阻力。在某种程度上，数学的问题，也就是粘合的问题，是为了确保——用塔伯斯的话来说——"这种工程经济手段"不会因为由算法而不是由监管者在会议室里进行管理而变得不可靠或不值得信任。

在整个过程中，这个团队也找到了盟友。据塔伯斯说："企业和行业的前沿人士可以看到数学的正确性，看到逻辑的正确性。"施韦普有一个同事是加州能源委员会（即加州的州监管机构）的成员，他为塔伯斯和施韦普安排了一次与首席委员的会议。令他们惊讶的是，这位负责人竟然是拉斯蒂·施韦卡特，他们认出他曾作为参加阿波罗 9 号任务的宇航员公开露面和作为麻省理工学院航空航天系的客座教授出席教员会议。这使他成为他们的同道中人。施韦卡特发现他们的想法"很酷",但作为监管者他自己没有资金支持项目,于是帮助他们与他所在地区的两家主要的电力公司——南加州爱迪生公司和太平洋煤气电力公司——建立联系,为该团队的项目提供资金,并授予其数据访问权限。由此,团队现在可以进行定量经济分析——利用历史供需数据测试他们的现货定价公式。塔伯斯和施韦普是麻省理工学院的知名教授,与电力行业有着广泛的联系,并利用这些联系来推动自己的项目。这个项目不仅得到了数学理论的支撑,20 世纪 80 年代支持市场的自由市场言论也让该项目变得更具有吸引力。

　　20 世纪 80 年代中期,施韦普决定是时候写一本书了。据塔伯斯回忆,那时他们已经拥有了"所有的碎片"。论文、报告和学位论文中以各种方式讨论了定价问题,尽管使用的术语在整个过程中并非始终一致,而是正如他们后来在书的序言中说的那样,以一种"与我们不断增长的经验并行发展"的方式出现(Schweppe et al. 1988:xvii)。对工程师、经济学家、监管者和政策制定者这些愿意看到基于现货价格的能源市场给电力公司和客户带来的好处的人(Schweppe et al. 1988:xvii-xviii)来说,这本书将成为"唯一的综合性参考书"。写书的过程一直持续到 1988 年该书出版,其间恰逢一系列团队成员个人和政治发展。塔伯斯的光伏项目即将结束时,团队的另外两名成员,卡拉马尼斯和博恩,正在向其他高校的永久学术职位过渡。当

"弗雷德（施韦普）在数学和理论上埋头钻研"时，塔伯斯一如既往地担任行政管理角色，确保书中各章节之间衔接流畅，以及文字的可读性。他们花了两年时间才把书稿交给出版商。

在书中，他们完全放弃了"动态平衡"概念，不是因为他们不再相信这个概念，而是因为他们找到了一个更具说服力的框架来传达他们的想法。他们的项目的存在是为了创造一个新市场。该书开篇就如此断言："社会看待电能的方式需要根本性的改变。考虑到电能随时间和空间变化的价值和成本，它必须被视为一种可以买卖和交易的商品。"（Schweppe et al. 1988：xvii）该书指出，基于现货价格的能源市场是"受监管的电力公司及其客户的双赢局面"，因为如果消费者选择实时跟踪价格的涨跌并相应调整消费，他们就能从每一美元中获得更多的服务，并且因为当电力公司在一个有着"更少不确定性"的环境中运营时，价格会整体下降，在这个环境中，他们可以用价格反映成本。（Schweppe et al. 1988：xv）现货定价是电力行业趋势的合理延伸，也是现有计算技术的必然要求。从某种意义上说，这是由已经取得的科技成就所决定的。

正如施玛伦塞和乔斯科论证的那样，与十年前他们刚开始工作时形成鲜明对比的是，放宽监管在 1988 年已经明显成为一种可能，他们二人在麻省理工校园隔壁撰写了《电力市场》一书。尽管塔伯斯最初对放宽监管的想法不感兴趣，但在整个研究过程结束时，塔伯斯对我说："我们已经深陷其中……这是毫无疑问的。"这本书标志着他们对围绕电力市场展开的辩论的明确但非常谨慎的参与的转变。书中仅用 18 页的篇幅讨论了放宽监管的问题，标题是"可能的未来"。尽管现货定价是为受监管行业发明的，但他们指出，"它的实施为一部分，甚至所有的发电商打开了放宽监管的大门"。塔伯斯对我说，他们"非常温和地"写道，现货定价的"思维方式"，即基于预期成本形成多种价格的模式，可能成为竞争和放宽监管的基础。该书的最后一章有一个不起眼的图示：放宽监管"四步走"（Schweppe et al. 1988：124）。在建立消费者和电力公司之间的现货定价机制这一最初步骤之后，作者预测到会有进一步的算法来调整电力公司之间的关系，然后是法律上的变革，让电力公司不再受限于既定的地理服务范围。最后一步，作者半开玩笑地说："拭目以待。"作者同时也建议不要急于实施这些步骤，因为它们此前从未被测试过。（Schweppe et al. 1988：111）

1988 年 7 月的一个周六上午，塔伯斯和施韦普被安排与英国中央电力局（Central Electric Generating Board，CEGB）的一个小型代表团会面，中央电力局是英国负责生产、传输和分配所有电力的公营机构。塔伯斯和施韦普过去一直与英国的官员保持联系，其中包括起草最初放宽监管草案的监管机构。在马萨诸塞州剑桥市的这次会议上，他们将向这些机构传达他们关于放宽监管的理念；他们本来准备"给这些人上一课"。上午 10 点左右，塔伯斯和代表团的人等了施韦普一个小时，施韦普还是没有出现，塔伯斯开始"感到恐慌"。塔伯斯在用尽了所有可能的联系方式后得知，施韦普已于前一天下午因长期心脏病去世，而他们的书在仅仅几个月后正式出版。1991 年，英国将 CEGB 拆分为四个部门，并将其私有化。因此，英国在放宽监管的进程中领先于美国。塔伯斯回忆说，中央电力局的代表团在周六上午未能与施韦普会面，但他们采用并"欣然接受"了第五章中"四步走"的方式。他们建构的新电力市场结构在很大程度上是基于那本"黄皮书"——《电力现货定价原理》。

施韦普去世后，卡拉马尼斯和博恩离开了麻省理工学院。自此，这个团队不再处于电力定价研究的前沿。如今，美国的全部 7 个独立系统运营商都使用一种叫作"节点边际电价"（LMPs）的定价机制——这种定价机制只在美国使用，这要归功于哈佛大学教授比尔·霍根（Bill Hogan），他在 20 世纪 90 年代中期提出了"节点价格"的概念（1995）。PJM 是美国参与人数最多、流动性最强的电力市场的 ISO，在 2000 年推出了节点边际电价机制，其他 ISO 也纷纷效仿。施韦普的团队一直与比尔·霍根保持联系。比尔·霍根自 1978 年以来一直在哈佛大学肯尼迪政府学院担任公共政策教授。霍根曾是全球能源政策和石油价格的研究员，塔伯斯也承认他是"一位伟大的数学家"，尽管多年来他们一直是学术上友好的对手。节点边际电价是分配给系统中每个指定"节点"的价格。节点是注入和提取电力以及重新调整电压的变电站。塔伯斯和施韦普提倡区域价格体系——这套体系被英国采用，如今也在欧洲广泛应用，即特定区域的价格是指定的。"我认可区域价格体系，他认可节点价格体系。节点价格体系（在美国）赢得了胜利，但本质上，我们所开发的体系的实现者是比尔·霍根。"正如塔伯斯所说，霍根明确地表明了他在数学方面对施韦普和塔伯斯的依赖："脚注 1，见 xyz，施韦普等。"

节点边际价格与施韦普和塔伯斯想象的现货价格还有另一个主要区别。施韦普和塔伯斯的主要目标是让消费者看到价格，对价格做出反应，并通过这种互动实现消费者和电力公司供需偏好的平衡。霍根的方法虽然也融合了边际成本理论和电力传输的物理原理，但其方向是管理众多发电和配电公司之间的关系——或者说批发层面的运行规则。事后看来，霍根和业内其他人一样，观察到英国正在放宽监管，并为美国未来即将发生的改变做好了准备。与英国一样，美国也跳过了施韦普放宽监管步骤的第一步，直接跳到了第二步，即通过算法来组织电力批发的买卖双方之间的关系。消费者和电力公司的关系被抛在脑后。"在美国，我们已经尽了一切努力来确保需求侧永远不会看到价格。"塔伯斯对我说。

施韦普的团队正在追寻一种动态平衡系统——一个整体上作为市场运行的电网，人类与非人类的组成部分可以在其中持续交流。这是智能电网愿景的早期雏形，近年来这一愿景在电力系统工程和电力行业中尤为引人关注。如今，工程师们希望通过开发智能技术和算法，将电力市场扩展到每个家庭。（1986年，施韦普邀请了一名还处于职业生涯早期的研究员到麻省理工学院，以便他们追求这类学术志趣。该研究员是玛丽亚·伊利奇 [Marija Ilić]，当时是她的第一次学术休假。在本书的第三章我将会介绍她在卡内基梅隆大学的当代智能电网实验室。）在反思当代对智能电网兴趣的兴起时，塔伯斯评论道："我们正在回归简单的原始方程，或者说，我们正在回归（我们的）简单质朴的思维过程。"20世纪80年代，在许多使麻省理工学院成为"粘合"经济学和工程学的宝地的同事离开后，塔伯斯不得不把他的大部分研究转移到私人运营的咨询公司——他对此颇感遗憾，因为在他看来，学术机构是他所追求的粘合工作的最理想场所。

STS 和科学史的学者已经从理论上阐述了在不同专业知识的交汇处工作意味着什么。例如，约翰·劳（John Law）阐述了他的"异质工程师"（heterogenous engineers）概念，指的是那些同时融合了社会和技术元素以应对复杂社会技术挑战的系统的建设者，比如其研究案例中的 15 世纪横渡大西洋的葡萄牙水手（Law 1987）。同样，彼得·加里森（Peter Galison 1997：783）提出了"贸易区"（trading zone）理论——合作和相互学习的空间，不同专业的专家在这里尝试使用彼此的专业语言，并创造新的理论和技术。劳和加里森都认为，专家的实践和知识往往是在具有不同研究重点的专家之间的跨领域对话中产生的。在加里森的研究中，这种对话是由有限的制度空间促成的，而在劳的研究中，这种对话是由复杂的工程项目促成的，这些项目不对社会和技术专业知识进行区分。施韦普团队的工作可以用现有的异质工程学或贸易区理论来解释，因为它可以被描绘成通过经济学语言（如边际成本、市场和价格）对电气工程概念（如兆瓦／小时、传输容量、升压／降压时间）的一种过滤。

然而，我确实认为这里讨论的经济学和工程学的粘合的案例将提供的不仅仅是对这些理论的验证，这些理论本身就有一定程度的自证能力。虽然劳并不认同"社会建构主义"取向的社会学家——这些社会学家可能会优先考虑社会技术集合的社会层面作为决定性因素（Law 1987：111–13）——但他也许会承认，工程师很少否认他们工作中社会和技术两者的相互联系和可塑性。在经济学和工程学的粘合过程中，利害攸关的不仅仅是它们相互联系的事实，更关乎某些技术上的追求为何获得了相较于其他追求更多的权重和动力——哪些方向被认为是"前沿"的和值得追求的，以及在这种追求中所能加入的对话者是哪些人。关键还在于，如果经济学和工程学的粘合失败（正如我们在加州电力危机案例的更多细节中所看到的），可能会发生什么——如果商品、买卖双方以及市场设计者不再以能够被广泛认为具有公平性和竞争性、可预测的方式行事，会发生什么？就电力领域而言，监管源于将长期以来受到科学界关注的概念（如动态平衡）应用到实践中，并通过微观经济学的语言被传达给更广泛的受众，包括政策制定者和行业管理者。电力的特殊性并不能轻易或直接地转化为经济学概念；在使电力交易保持在其基础设施承载能力范围内的前提下，现有的价格算法无法为每兆瓦时的电力定价。随着为电力创建专门的定价机制，经济学与工程学的粘合过程得以展开，而监管就在这种粘合之中。

世界放宽监管

1981 年，伊格纳西奥·佩雷斯 – 阿里亚加获得麻省理工学院电气工程博士学位，在弗雷德·施韦普的指导下撰写了一篇关于电网的数学建模（特别是小频率干扰的影响）的论文。后来，他回到了他的祖国西班牙，并开始在马德里的卡米亚斯主教大学任职。当时，他一边继续访问麻省理工学院，一边与施韦普的团队保持联系。大约在同一时间，西班牙政府就像美国政府一样，正在探索放宽电力监管的可能性。

施玛伦塞和乔斯科在他们为《电力市场》一书进行研究的过程中曾为西班牙政府提供过简短的建议。1983 年——也就是《电力市场》出版的那一年——的一个星期五晚上，佩雷斯－阿里亚加接到了西班牙能源部的电话，电话中官员要求他在周一对施玛伦塞和乔斯科的书进行汇报。他取消了周末的计划，把时间花在了他上次从美国带回来的书的复印件上。西班牙在 1993 年通过了第一部放宽监管的法律，佩雷斯－阿里亚加从 1995 年开始在西班牙国家电力监管委员会任职了五年。此后，他继续往返于大西洋两岸，为欧洲和拉丁美洲的监管委员会以及北美的 ISO 提供咨询服务。他熟练掌握了大西洋两岸放宽监管的相关经验。据他所知，他是唯一一个曾在西班牙和爱尔兰这两个不同国家的电力监管委员会任过职的人。[7] "你们也许能听出我的爱尔兰口音"——他喜欢在麻省理工学院自己教授的电力监管研究生课上开玩笑，用自己明确无误的西班牙口音自嘲。

1988 年，佩雷斯－阿里亚加应智利政府的邀请前往智利。他之所以被智利政府选中，是因为他有在多种情况下参与放宽监管辩论的经验，而且他的西班牙语很流利。在那次经历中，他发现了一些当时施韦普的团队、施玛伦塞和乔斯科都不知道的事情——智利早在几年前就已经开始放宽电力监管。在我对他的采访中，施玛伦塞重申："没人知道，但智利做到了。"1982年，在奥古斯托·皮诺切特的军事独裁统治下，智利通过了《电力法》，使该国成为世界上第一个放宽电力监管的国家。该法律强制要求发电公司和输电公司分离，并引入了基于边际成本的定价体系。但这一过程中许多监管问题还悬而未决，由此，佩雷斯－阿里亚加应邀分享了他的观点。

对智利而言，基本问题是如何向使用共享电网的电力公司收费——当输电系统向新的竞争者开放时，这个问题就变得很重要。佩雷斯－阿里亚加的第一反应是诉诸他家乡的电气工程学科的规定，并按照流量精确计算出每家公司对电网的实际使用量。在我们 2013 年的采访中，他笑着回忆起自己最初的想法很天真。"我一开始是这么做的，"他说，"结果我成了一名监管者！"他所面临的挑战是找到一种数学上可复验的算法，这个算法能够按比例分配成本，然后用法律术语将其表述为法规。虽然在那次经历中他没有开发出智利人所寻找的解决方案，但佩雷斯－阿里亚加受到了启发，他跟随他的博士导师施韦普的脚步，这位导师的"工程学（曾）将其引向经济学"。阿里亚加记得自己买了微观经济学教科书，自学了足够多的微观经济学知识，以便能够"将其转化为电力系统的语言"。

正如拉丁美洲和新自由主义的研究者所熟知的那样，1973年，当皮诺切特在美国支持的政变中上台后，任命了在芝加哥接受学科训练的智利和美国经济学家担任关键职位，推动开发

智利工业以吸引外资，并将政府拥有的基础设施私有化。尽管
1982 年《电力法》的起草者与芝加哥大学没有直接关系，但
其中至少有一个人，雷纳托·阿古托（Renato Agurto），他是
智利天主教大学的毕业生。早在皮诺切特推翻萨尔瓦多·阿连
德（Salvador Allende）之前，智利天主教大学就已经通过美国
的一个培养智利学生的冷战项目（参与项目的智利学生被送往
芝加哥大学经济系接受学科训练）被芝加哥大学培养的经济学
家主导（Biglaiser 2002）。在访问智利期间，佩雷斯－阿里亚加
见到了《电力法》的两位奠基者，阿古托和塞巴斯蒂安·伯恩
斯坦，他把这两人视为"芝加哥男孩"① 知识遗产的一部分。皮
诺切特政府缩减了监管人员，并以拉丁美洲前所未有的规模引
入外国投资（比如相较于阿根廷和多米尼加共和国的放宽监管
进程，这两个国家的监管当局实际上获得了比以前更多的权力）
（Martinez-Gallardo and Murillo 2011）。

　　事实证明，智利的"天真的理论家"比任何人都更早地实
施了放宽监管。但 1982 年的《电力法》在英语世界仍然不为人
知，直到 20 世纪 90 年代阿古托和伯恩斯坦开始用英语发表研
究成果（见 Bernstein and Agurto 1992）。在那时，施玛伦塞、乔
斯科和其他人已经开始关注英国的放宽监管项目。施玛伦塞回
忆道："我记得保罗（乔斯科）和我说，天啊，他们（英国）真

---

① "芝加哥男孩"（Chicago Boys）一词源于 20 世纪 80 年代，指的是在芝加哥
　大学学习或认同自由市场理论的拉丁美洲经济学家。他们主张去监管、私有
　化和自由市场政策，影响了包括智利在内的多个南美国家的初步改革。这个
　词的使用已经超越了芝加哥校友的范围。——编注

的做到了。所以现在让我们看看放宽监管是否有效，英国正在进行一场试验！"

可见，在全球范围内，放宽电力监管似乎都沿着一条非线性、迂回的轨迹。新自由主义的"芝加哥男孩"在意识形态上推动了智利电力监管的放宽，但这一推动并非以某种线性扩散的破坏性力量从帝国主义中心向边缘传播。尽管智利那些接受美国学科培训的经济学家确实激发了多个领域对放宽监管和建立市场的兴趣，但至少在电力行业，智利的放宽监管并没有成为美国专家的试验场，因为这些专家对此一无所知。智利电力行业对美国电力行业来说也是未知的——因此，在智利这次放宽监管的特殊试验中，外国投资者没有获得自由进入权。另一方面，正如我们所看到的，英国放宽监管政策的创造者吸收了美国专家的观点，而这些美国专家的工作尚未转化为美国放宽监管的经验。换句话说，一个尚未兑现的放宽监管的承诺，却为一个率先实现的经验提供了参考。因此，专家们传播监管理念和技术时，与其说是受政府纲领性议程的驱使，不如说是受他们所属的专业和学科领域的影响。

就在 1988 年智利之行后，佩雷斯－阿里亚加回到麻省理工学院，与他的老导师弗雷德·施韦普一起度过了一年的假期，并交流了他在智利的经历。但就在他的飞机抵达波士顿的三天前的那个星期五下午，施韦普去世了。他接手了施韦普的办公室、一箱他未发表的论文，以及施韦普准备在秋季与塔伯斯和伊利奇一起教授的课程，当时两人正在麻省理工学院访问。多年来，佩雷斯－阿里亚加回到智利和拉丁美洲的其他地方——

阿根廷、哥伦比亚、多米尼加共和国——为想要实施或探索放宽电力监管的政府担任顾问。最近，他建议欧盟探索将不同的国家电力市场整合成一个单一的欧盟电力市场。他的经验已经成为麻省理工学院研究生课程的教材——他自己对施韦普从 20 世纪 80 年代以来的课程的改编版本。他一直在教授一门很受欢迎的监管课程，因为自放宽监管以来，"监管本身已经变得更加丰富"。出于同样的原因，他对我说，与施韦普当年的课程相比，这门课在内容上更侧重监管，而不是物理学。

佩雷斯－阿里亚加的教学风格说明了工程经济学在发生两个方面的变化。首先是一种低调的，对竞争和市场普遍持积极态度的经济学（甚至是政治经济学）成为了专家们的通用语言。佩雷斯－阿里亚加将阿尔弗雷德·卡恩的《监管经济学》视为监管领域的宝典，他会把卡恩的一句话投影在屏幕上作为课程的开场白："所有的竞争都是不完美的，首选的补救措施是尝试减少缺陷。即使在极不完美的情况下，竞争也往往可以成为监管的有益补充。但如果它是不可容忍的不完美，唯一可以接受的选择就是监管。而对于不可避免的监管缺陷，唯一可行的补救措施就是努力改进它的效果。"（Khan 1998[1988]：329）很多时候，当话题涉及竞争的可取性时，佩雷斯－阿里亚加会把手举到空中说："这是亚当·斯密啊。"这句话的含义是，它应该被认为是一个基本的和普遍认同的事实，就像亚当·斯密的作品被认为是主流经济学的奠基之作一样。对自学经济学的佩雷斯－阿里亚加来说，这些经济学参考资料在很大程度上有助于在他和他的听众之间建立一个共同的语言基础。当佩雷斯－阿里亚加说出"这是亚当·斯密"时，来自电气工程、系统研究、商学院和其他院系的研究生并不反对他的说法。

另一方面，作为监管者，需要持续关注人类与非人类的因素是否符合现行监管的预期目标。在课堂上，佩雷斯－阿里亚加经常会讲一个他钟爱的故事，其中讲述了一个专家在评估市场监管和政府政策的成功与否时所需的敏锐观察力。他告诉学生们，多米尼加共和国监管委员会（相当于美国的 FERC）曾出于对贫困人群利益的考虑，在贫困社区实行免费供电。有一次访问多米尼加时，佩雷斯－阿里亚加发现，在他的酒店，他订购的冷饮总是姗姗来迟。原来，这家位于富人区的酒店为了利用新法规，将制冷设备搬到了一个较贫困的社区。佩雷斯－阿里亚加总结说，制定法规的专家不仅需要制定经济上和实际操作上可行和可取的解决方案，还需要不断检查是否有人将这些措施用于非预期的用途。敏锐的观察力有助于竞争理念的传播，这也是电力成为"亚当·斯密"的方式。

然而，当监管失败，甚至是严重失败时会发生什么？当电力不能在专家认为的相互竞争或公平的基础上分配，或者根本无法分配时，又会发生什么？

丑闻与重新评估

1998 年，美国第一个电力市场上线，由加州独立系统运营商（California Independent System Operator，下文简称为 CAISO）运营，其业务范围覆盖了加州大部分地区。很快，"世界停止运转了"，正如施玛伦塞喜欢说的那样。或者说，经济学和工程学的粘合解体了。一年之内，每日电价从最初的平均每兆瓦时 45 美元飙升至 1400 美元。电力公司不得不以极高的价格从市场上购买电力，然后以加州监管机构规定的价格卖给消费者。两家电力公司破产，停电也随之而来。2001 年 1 月，州长格雷·戴维斯宣布进入紧急状态。加州政府代表已破产的电力公司以极高的价格购买电力，对该州的财政预算造成了巨大的债务负担，导致了美国历史上第二次州长罢免。在 2003 年的罢免选举中，州长戴维斯被一个看似不太可能的候选人——演员阿诺德·施瓦辛格取代。争议的核心是一家电力市场交易商——一家名为安然的贸易公司（该公司总部位于德克萨斯州）——曾积极游说加州政府放松电力监管（McLean and Elkind 2003）。安然公司进入市场时在加州没有任何资产，作为一个投机者，它在不生产任何电力的情况下买卖电力。2001 年，当安然公司的高管因会计欺诈被送上法庭（该案件与加州电力危机无关）时，公司官员也被指控在加州电力危机期间进行"市场操纵"和"博弈"。

　　"世界停止运转了"，因为在加州发生这些事之后，一些州政府退出了放宽监管的行列。包括加州在内的许多地方都暂停放宽监管，这意味着放弃将放宽监管的范围从批发电力扩展到零售电力（即配电层面），以及给予消费者从众多相互竞争的电力公司中进行选择的权利。（加州的电力零售放宽监管至本书写作时仍处于暂停模式。）由此，美国公众对电力市场的初步体验实在算不上良好。记者记录了安然公司的交易员用来抬高价格的策略。安然公司常用手段之一是鼓励发电厂在需求高峰时期以虚假的维护借口关闭电厂，以造成人为的供电短缺。在被曝光的录音中，交易员们无情地庆祝自己的交易手段——导致全州范围内停电和加州民众负债的交易策略。[8]安然公司成为企业贪婪的代名词——而企业贪婪本身，尤其是在 2008 年金融危机之后，也成为人类学家感兴趣的话题（Oka and Kujit 2014）。像那些审查安然公司的记者一样，安然公司的案例成为了一个对电力市场提出存在性问题的机会。如果市场可能会鼓励安然公司这样的贪婪行为，那么像电力这样对社会生活至关重要的服务应该在市场上交易吗？如果把乔治·斯蒂格勒曾经就监管提出的问题换个说法，市场专家认为**放宽监管**带来了什么好处吗？

专家的解释往往属于"结构对个体"的范畴——要么是市场设计不佳，要么是几个"害群之马"作祟，但大多数情况下是两者的结合。和无数安然公司事件的研究者一样，施玛伦塞认为加州的市场设计得非常糟糕。（在他的建议中有一个前提条件，即"如果你设计了好的市场，那么，市场会证明它是可行的"。）当有人表示安然公司的例子（或安然公司是一个没有资产的投机者这一事实）可能使电力市场作为电力交易的适当形式失去效力时，他的反应十分强烈：

我不认为投机本身（是问题所在），而是安然公司让人关掉了发电厂的事实造成了那样的事情的发生，嗯……那是违法的。如果你决定杀死德克萨斯州所有的牛，市场会提高牛肉的价格，这是违法的，但是有人这样做并不意味着市场不能供应牛肉。

就像在德克萨斯州有法律规定杀死所有的牛会受到惩罚一样，应该有规则阻止安然公司交易员的行为，并且阻止他们重复这类行为。根据施玛伦塞的说法，CAISO 过于匆忙地推出电力市场（"因为加州总是赶时髦"），而忽略了那些指出市场设计缺陷的经济学家。例如，加州有一项强制限定零售电价上限的规定，这是一个根本性的缺陷，这阻止了电力公司将一些飙升的成本转嫁给消费者，从而加速了最终的破产。施玛伦塞认为，电力是一种商品，不管这是一种多么特殊的商品，它仍然受到三个世纪前亚当·斯密提出的基本原则的支配。在主张电力应该是一种市场商品时，施玛伦塞援引了亚当·斯密在《国富论》中的名言："我们期待我们的晚餐不是来自屠夫、酿酒商或面包师的仁慈，而是来自他们对自身利益的考虑。"（Smith 2003[1776]：22）

当安然公司进入加州市场时，它雇用了塔伯斯的公司为其提供咨询服务。塔伯斯和他的同事对安然公司的律师进行了市场规则培训，这意味着参与的每个人都有一个极速学习阶段。与此同时，塔伯斯有了观察安然公司的交易大厅的机会。他现在还记得安然的交易员"聪明"但"令人讨厌"，他们的交易策略（向媒体披露的著名策略包括"矮子当道"[Get Shorty] 和

"死亡之星"[Death Star])[①]"狂妄至极"。这些策略虽然源于"交易者思维方式",即赚快钱而不考虑未来可能带来的麻烦,但最终并没有让安然公司赚到多少钱。塔伯斯在英国开始放宽监管后,即刻为英国输电管理局提供了两年的咨询服务。两年的咨询经历加强了这样一种印象,即研究重点最终不可避免地转向了法律问题。因为当他和施韦普想象一个假设的市场时,他们还没有充分考虑参与者为绕过规则下的功夫。"我们在某种程度上假设人们会在经济上理性行事,但没有考虑所有这一切可能意味着或可能不意味着什么。"安然公司的丑闻之后,塔伯斯的公司更多地参与法律、责任和辩护问题,而较少参与工程和经济研究。虽然塔伯斯的解释更多地指向一些害群之马的恶行,但"企业贪婪"并不是主要的解释工具,因为他认为安然的破产最终是由这种恶性行为导致的,而且如果有更多的法律关注,这是可以预防的,所以日后他和其他人开始专门从事相关的法律研究。

我的观点和施玛伦塞和塔伯斯(还有佩雷斯-阿里亚加,他也认为CAISO最初的市场设计是有缺陷的)的判断相同,认为"企业贪婪"是一个薄弱的参考框架。因为他们的参考框架,

---

① "矮子当道"(Get Shorty)与"死星"(Death Star)是安然公司在2000—2001年加州电力危机中使用的两大市场操纵策略:前者指通过虚假卖空电力(先高价卖出未持有的电力,再低价回购套利),名称源自同名黑帮电影,暗喻欺诈;后者指虚假调度电力传输制造"线路拥堵",再以"解决拥堵"为由向州政府收费,名称取自《星球大战》终极武器,讽刺其系统性操控。两者加剧了加州电荒、电价飙升,最终被曝光并导致安然破产。——编注

或者说在他们"关于经济的想象"（Appel 2014）中，是以市场为核心，并把市场当作最公平的交易组织者。我认为这是一个薄弱的框架，因为正如人类学家揭示的那样，交易员和其他市场专家可能适应了某种理念下的交易结构（Ho 2012；Zaloom 2012），无论这种理念多么脆弱，多么容易被重新解释（Appel 2014）。这种理念根植于专家组织电力交易的技术和原则——他们致力于使价格与边际成本一致、优化电力供需平衡、促进竞争，并以此作为社会福利最大化的保障的努力。它体现在他们认为（或者不认为）公平和具有竞争力的事物上。

加州电力危机结束时，该州背负了沉重而持久的债务。然而，当安然成为公众意识中公司失范的代名词时，电力市场的概念却得以保留下来，且并未受到太大的损害。正如加州电力危机告诉我们的那样，当电力输送出现重大故障时，专家现在普遍一致认为，罪魁祸首是糟糕的监管——没有经过深思熟虑的监管，就像佩雷斯-阿里亚加想象中的篮球比赛监管者一样，认为保证比赛竞争性的正确方法是缩短比赛时间。用良好的监管取代糟糕的监管是专家们继续努力的目标。引入新的功能以修正现有市场，并在电力交易外围的商品和服务领域也创造新市场的想法层出不穷。看起来，放宽监管和市场仍是一项尚未完成的工程。

施玛伦塞曾与我分享了一个他思考已久的想法，虽然只是一种思想实验，但它展示了可商品化世界的广阔性。使用可再生能源的发电厂遇到的一个问题是，发电机无法随着风力或太阳辐射的变化而快速升压和降压。在发电机升压和降压的过程中，一些有价值的能源就流失了。施玛伦塞激动地指出，如果可以设计一个市场，其中交易的商品不是电力或来自可再生能源的电力，而是"快速升压和降压的能力"，会怎么样？他问道："这个市场会是什么样子？该如何设计？"他没有答案，但这并不意味着有一天这个问题不会成为别人可以回答的问题。

有一个比较现实的问题：在某项服务中，开启市场还是将价格的决定权留给决策机构，这两者谁更有优势是容量市场里一个颇具争议的话题。这些电力市场当前由 7 个 ISO 中的 4 个进行运营。这些市场应该解决的问题是，发电商只能通过节点边际价格机制收回他们目前的成本，因此缺乏动力为未来投资建设提供更多产能（即建设更多发电厂或扩大当前电厂规模的产能）。一些 ISO 的委员会发现，这对电网未来的可靠性构成了风险。

在 21 世纪初，塔伯斯的同事帮助美国马里兰电力联营体（PJM Interconnection，美国最大的 ISO，总部位于宾夕法尼亚州）设计了一个容量市场。佩雷斯－阿里亚加为哥伦比亚市设计了一个电力容量市场，新英格兰州的 ISO 随后以其为模型也建立了自己的容量市场。尽管佩雷斯－阿里亚加曾经设计了一个容量市场，但在我在 2013 年采访他时，他正在为欧洲监管会议准备演讲，他在会议上提出用一个非市场机制来取代容量市场——一种基于合同的临时机制，只有当 ISO 确定需要在其所覆盖区域内增加容量时才能使用。塔伯斯认为，容量市场是一场"灾难"——是解决节点边际价格机制（节点边际价格机制归根结底不是由塔伯斯而是比尔·霍根创造的）所造成的问题的权宜之计。由于容量市场是对生产成本的事后计算，它打消了生产商在未来建造更多发电厂的动机，因为这些新建电厂的成本将无法收回。佩雷斯－阿里亚加的态度更为谨慎，他表示，也许十年后我们才会得出最终的结论，容量市场可能是最好的主意，也可能是最糟糕的。截至本文撰写之时，关于这一问题的共识——就像当初普遍认为电力不可市场化的共识一样——还没有形成。

虽然专家可能相信市场是一种更优越的交换形式，但他们并不认为每个市场都一定能达到其预期效果。关于放宽监管是否带来了任何好处这个问题，也并非那么简单直接。在经济学中，有些研究进一步探讨了乔治·斯蒂格勒最初提出的关于监管的问题——监管是否降低了成本——但这次是应用于"后放宽监管"时代。这些研究对比了放宽监管和不放宽监管的州之间的电价，以判断放宽监管是否实现了其声称的降低消费者电价的目的。但施玛伦塞认为，这类研究的可靠性是存疑的，因为除了放宽监管所带来的差异，这些州在诸多方面存在差异。他坦率地承认，要在科学研究中将放宽监管的影响分离出来是一项艰难的任务。不过，他认为有一个领域可以更清晰地衡量放宽监管成功与否，那就是发电厂的表现。根据最近的研究，相比于其他州同类型的工厂，在实行放宽监管的州，煤电厂和核电站能够使用更少的燃料来生产等量的电力。这是因为"有更强的效率激励，正如（经济）理论说的那样"。能证明经济理论能够进行很好的预测的好案例较为罕见，在谈到这个罕见的（但同样也不是最有代表性的）案例时，施玛伦塞评论道："能够看到对一些经济理论的验证,确实令人欣慰。"

经济理论的验证似乎并不多见。这倒无妨,因为电力市场的日常运作并不取决于经济预测是否准确,而是取决于是否有足够数量的市场参与者认为电力的交易是一种具有竞争性的行为,以及电力服务能否保持稳定。经济理论确实起到了促进不同类型的专家之间交流的作用——并且经常将他们在各自领域中找到的原因结合起来——但不一定像"经济学的操演性"范式那样,塑造出一个符合其理论预设的世界。在 21 世纪,电力市场已经进入了一个常规发展阶段——很大程度上不再受到公众的密切关注。安然公司的破产事件已被 2008 年金融危机期间发生的雷曼兄弟的破产事件取代,后者成为了历史上最大的破产案。在这个过程中,安然公司也失去了其作为企业贪婪象征的恶名——这一名声是它早先从塞缪尔·英萨尔的联邦爱迪生电力公司继承来的。可以说,如今电力市场的运作是可预测的、常规化的。电力可以说是 20 世纪最难以被市场化的商品,而将其市场化的第一块基石,就是在工程学和经济学的"夹缝"中进行的监管。

非常规的商品,常规的市场

2012 年 4 月,我站在阁楼的玻璃隔板后面,俯瞰着新英格兰电网的控制室。我和佩雷斯-阿里亚加在麻省理工学院的研究生们一起参观新英格兰 ISO——这是一次公开的参观,不过需要提前一个月进行背景调查。我们当时身处马萨诸塞州霍利约克一个人烟稀少的角落里一栋无标识的建筑中。在控制室里，新英格兰州电网的示意图占据了显眼位置。包括我在内的参观者本能地浏览了一下图表，找到了代表我们所来自的马萨诸塞州剑桥市的那个矩形区域。我们都猜测，当连接矩形的一条线路变成红色时，意味着对应位置的输电量接近输电线路的承载极限，我们的猜测是正确的。6 名工作人员占据了 7 张桌子，其中一张桌上留有应急电池包，如果需要的话，可以拿起它们就走，去到位于一个秘密地点的基于货车改造而成的备用控制室。我们观察着操作人员对线路变红的反应，对目睹这样一项常规但至关重要的工作而感到兴奋不已。"我们是一个低调的组织，"我们的导游说，"公众看不到我们做的或挑战的事情。"他又补充道，"州长甚至都不知道我们的存在"，我希望他是在夸大其词。

如今，这座大楼的服务器每天都收到来自电力公司、发电商、零售商——新英格兰地区电力的买方和卖方——的成千上万份投标和报价，美国各地其他的 ISO 也是如此。早上收到投标和报价，下午公布对所有参与者都有约束力的价格。第二天这个过程将被重复，这是个公众基本不感兴趣的例行程序。当人们花一点时间思考电力是如何到达自己身边时，他们确实会升起好奇心，就像我和其他参观新英格兰州 ISO 的人一样。只是大多数人没有花时间在这上面。即便是那些参与日常运作的人——比如交易员和市场分析师——也会感受到他们的心随着市场时间表决定的可预测的时间间隔而跳动。早晨，在投标和报价到期之前，他们会变得专注和严肃，而到了下午，他们会找时间在饮水机旁开上几句玩笑。在下一章中，我将会阐述那些日常的常规操作。我们会看到，在这些常规的操作下，电力市场的买卖过程是如何被悄然地维系和重复的。本章讲述了在不到 20 年的时间里，在电力被视为绝非常规商品的情况下，电力市场是如何常规化的。

正是监管——法律上可强制执行的规则制定和价格制定活动——实现了这种常规化。放宽监管（或更好的说法是重组）通常具有重新分配责任的效果，私营实体往往承担其中的主要职位。换句话说，随着放宽监管，监管的行动者和形式可能会发生改变，但这绝不意味着监管的取消——批评者有时会忽略这一事实。ISO 是私营的非营利实体，它们有负责市场设计的创建、评估和维护的部门——如果随着时间的推移，定价系统被证明是具有竞争性的，也就是公平的，那么应如何计算不同类型的价格，以及哪些新的服务可能需要定价。这些部门也会向外部顾问寻求帮助，比如本章中讨论的工程师和经济学家。这就是今天电力监管的主要场所；正因为监管已经从州监管机构转移，专家们通常会忽略"监管者"——特指这些机构的专员——这一角色的重要性。监管者的工作——监管配电层面的电价和服务质量——与电力市场的日常运作相比，可能节奏太慢，但监管活动本身在 ISO 的董事会中是活跃的，并且受到本章讨论的那些专家的指导。正如我们将在第四章中看到的，尽管 ISO 具有私营性质，但其庞大的决策能力，加上其董事会往往由行业巨头的代表组成，使其成为越来越多公众批评的对象。

监管是创造市场的动力。在电力领域，监管工作是围绕电力的特殊性质进行的，这项工作由电力专家推动，并通过经济学语言进行交流。但监管本身不足以让电力市场持续运作或增长。电力需要转变为灵活可变的价格，并且可以通过信息基础设施进行远距离的沟通和操作，这主要归功于信息工作者——交易员、数据分析师和数据库工作者——的工作。下一章将聚焦于电力市场中的一天。

第二章

表 征

在波士顿一座摩天大楼的高层办公室里，我坐在办公桌前，电脑屏幕上是谷歌地球的页面。[1]当我移动鼠标垫上的鼠标，在屏幕上拖动光标时，我的目光跟随着俄亥俄州一个无人区的一条高压输电线路移动。有时，这条线路与周围拥挤的环境难以区分；有时，一条清除了树木、为线路让路的小路帮助我再次发现它。我的眼睛因长时间眯着而疼痛，手腕也因重复动作而疼痛。沿着这条线路，我看到了一个变电站，这是美国数千个节点之一，电力进入和离开输电线路时，电压会得到调整；电力在这里被提取和输入，进而以不同的价格进行买卖。这一定是雪松林（Cedar Grove）变电站，我曾在市场报告中见过这个变电站。报告警告说，该地区的电力流量大，因此价格也高。

经过一个小时的搜索，我如释重负，右键点击雪松林变电站查看它的地理坐标，复制它们，并将屏幕上的谷歌地球窗口最小化。我打开已经处理了一整天的电子表格，输入雪松林变电站的坐标。稍后，办公室的软件开发人员会抓取这些坐标，将雪松林变电站添加到他们已经开发了几个月的地图上——那是一个价格可视化软件，显示变电站并定期更新相关的价格信息。我的电子表格上还有数百行等待填写，但当我看向办公室的窗外，太阳已经从查尔斯河上落下。大部分软件开发人员和分析师已经离开办公室。当开发人员将我的电子表格整合到新地图中时，我的微小数据可能会影响电力交易员的买卖决定，影响某时某地电力的方向和价格。但此时，我享受花费一个小时追踪那条难以捉摸的输电线的乐趣，并保存好我的电子表格以便第二天早上再查看，然后活动了一下我的手腕。

电力市场一开始可能只是一个异想天开的头脑风暴——对一些受到启发的工程师和经济学家来说，这是一个算法上的挑战，目的是将一种商品市场化，而这种商品的物理特性对商业惯常的政治经济模式构成了障碍。尽管电力市场的起点不算低调，刚开始时并非毫无特别之处，但对旁观者来说，电力交易大厅某一天里发生的事情可能相当乏味。毕竟，在这个时代，交易大厅里的场景无非是有许多人看着电脑屏幕，动动手操作键盘、鼠标或端起咖啡杯。当然，旁观者可能会注意到房间里其他一些动作。例如，在早上，当交易员需要在市场的上午截止时间前提交他们的投标和报价时，其中一些人可能会站起来，挤在一台显示器周围，指着显示器上的某些东西，一边紧盯显示器一边严肃地相互交谈。他们可能会隔着过道冲对方大声问些简短的问题，不带一丝笑容。或者在下午，在经受了上午的压力之后，他们可能会在茶水间里或在彼此的工位前大聊特聊。但在大多数时候，交易大厅可能看起来和任何一个工作主要依赖电脑完成的办公室一样：大家都在盯着自己的电脑屏幕。电力交易大厅就像其他交易大厅一样，彭博社的频道一直开着，大家偶尔会瞥一眼，但总体而言，电力交易大厅可能看起来没什么可观察的。

尽管如此，遵循苏珊·利·斯塔尔（Susan Leigh Star）的反复（Larkin 2013）建议——"研究无聊的事情"（1999：377）——还是有好处的，我们注意到了一种悄然发生的转变，让人想到交易员、数据分析师和其他与数据有着不同程度亲密关系的人一直在观察他们的监视器。在过去的十年里，电力交易正逐渐转变为一门数据分析和实践的科学。越来越多的计算机程序员、数据科学家和数据分析师开始成为交易员、市场分析师，以及交易预测软件或价格预测软件的开发者。其中包括一家我称之为"恩泰克"的公司的开发人员，他们将雪松林变电站列入了地图。此外，还有像我这样的人——虽然数据管理经验有限，但利用周末的空闲时间自学了微软 Excel 等电子表格软件。这些人承担了协助维护数据库的工作来支持交易员、分析师和开发人员，我称这些人为"数据库工作人员"。在招聘中，对电力的物理特性熟悉或感兴趣，甚至是对泛能源领域感兴趣，正在成为次要或更低优先级的要求。随着电力及其价格公式之间的结合已然形成，这些人员致力于以标准化的数据形式来表示电力，这使得电力能够在更大的区域范围内被越来越多的人进行远程交易。

在本章中，我将电力交易及其市场分析描述为"数据实践"，这是一种浸润在以收集、组织、维护和分析数据为核心的工作文化中的实践。我认为电力交易正在成为一种数据创建和管理的实践，这使得电力市场在就业人数、电力交易和覆盖范围方面都得以稳步扩张。如果电力市场的交易量和覆盖范围不断增长，那在很大程度上要归功于电力交易的数据化，而这也使得非电力专业的数据专家涌入这一领域。由此，本章的论点是本书总体论述的关键——特定的科学与技术工作文化推动了围绕在我们周围的新经济关系模式的发明。电力交易的工作文化中未被言明的前提是，电力需要以可被表征的信息形式整洁地呈现在电子表格中，准备好让机器读取，并用"1"和"0"的计算机语言来进行分析——在逐利人的眼里，它与任何其他商品，无论是石油、棉花，还是黄金，没有什么不同。但是，正如本书主张的那样，电力总是会以某种方式"反击"。我们几乎没有听说过一名精通数据的交易员（比如黄金交易员）可以在一夜之间转型为一名同样成功的电力交易员。将电力转化为与电子表格相适应的信息的工作，从来都是做不完的，而且往往会持续到查尔斯河上夕阳落尽之后的漫漫长夜。

本章更大的理论目标是在经济人类学的语境下将"信息"——以表征形式流通的内容——这一概念理论化。接下来将谈到的技术经济学故事，关乎数据专家是如何以信息比特的形式重组我们的市场和经济的。按照这个思路，也可以说这是一个联结了政治经济学问题和关于信息的社会科学研究发现的故事。这里将要描述的数据标准化工作和数据扩散现象，对STS学者来说肯定不陌生。人类学家和STS学者已经对科学家和工程师，以及像"数据管理员"（Irani 2015）这样的不太有声望的工作人员如何在共享的数据形式中再现现实的工作进行了理论建设。从气候变化科学（Walford 2017）到地质勘探（Almklov 2008），专家学者已经在不同场合证明了这项工作不是中立的表征过程——它是有选择性的，并且总是不完美的。在这方面，本章的民族志内容是对这一不断增长的理论体系在经验上的延续。我将电力交易和分析的日常工作描述为将电力及其庞大的基础设施转化为可移动信息的持续努力，或布鲁诺·拉图尔所说的"不变的可移动之物"（immutable mobiles）（Latour 1990），以满足从业者不同程度的需求。但是，我们不应将视角仅仅停留在对现有理论的说明上。因此，本章的目标是在理论上更进一步，探索电力的数据化表征在电力经济中的作用。具体来说，我想提出以下问题：通过从电流中创造"不变的可移动之物"，我们得到了什么，又失去了什么？将电力交易托付给那些更熟悉数据实践而不是电力物理学或电厂运营经济学的人，我们会得到什么，又会失去什么？

　　就电力市场而言，那些以利润或就业为目的，每天生产、组织和维护大量数据的数据从业者维持着市场活力，并为其增长做好准备。重要的是，他们从事这种实践是出于他们的培训、职业习惯和工作文化的要求。正如前文提到的，1992 年放宽电力行业监管的法律行动并没有描绘电力市场的蓝图或预见电力市场的现状。正是因为有越来越多的信息工作者参与到电力交易中，并为了利润制造他们的"不变的可移动之物"，电力市场的规模远远超出了最初的设想，远大于一个仅仅面向少数电力供应商和负荷聚合商（它们本来只是为了提高效率而汇集资源）

的细分平台。这种增长的一个主要例子是电力"虚拟交易"的指数级增长（这一过程在一定程度上存在争议）。这种"虚拟交易"指的是由不生产或不直接获取电力的实体进行的交易，这些实体只是为了套利而进行纸面上的电力交易。

因此，以变化的价格的形式呈现电力，是本书探讨的电力经济的第二个组成部分。在这个经济交易的新时刻，市场参与者追求利润和竞争优势的重点已经从观察彼此的下一步行动，转向将商品以及与之相关的基础设施以电子表征的方式呈现。从这个角度来看，当代技术经济学的一个关键含义是，在一些市场中，我们以商品专业知识为基础的专业能力正逐渐被数据专业能力所取代，这往往会催生新的标准化层级，并引发一连串的市场化。

为此，将恩泰克公司作为基点进行阐述对解释上述含义将特别有帮助。恩泰克不是一家电力交易公司，其工作场所也不是交易大厅，尽管它与交易大厅非常相似。实际上，恩泰克是一家市场咨询公司，向任何感兴趣的人出售交易建议——包括了在美国 7 个电力市场中进行交易的任意一方，从（出售电力的）能源生产巨头到（代表消费者购买电力的）电力公司，再到（仅进行纸面交易的）虚拟交易商。换句话说，恩泰克的存在本身就体现了数据文化的扩散对电力行业造成的增长效应——自 21 世纪初以来，许多像恩泰克这样的辅助公司应运而生，以满足电力交易商的需求。如果这些电力交易商（或者说他们的公司）确信增值的效益能够证明信息服务订阅费用是合理的话，他们就会挪出预算来订阅这些公司的各种信息相关服

务。恩泰克的承诺很简单：它可以比任何人都更好地预测特定
地点的价格在第二天的走势，好让交易员可以根据这些预测进
行买卖。有数以万计的事情能够使恩泰克对雪松林变电站的电
力价格做出更精确的预测，而调出该变电站的地理位置只是其
中之一。发电机的燃料类型、发电能力、发电年限和位置的数
据提供了供应端的线索，天气数据则提供了需求端的线索。除
此之外，还有诸如历史供需数据等数不尽的预测因素，这些因
素往往是时间紧迫的交易员可能会忽略的。

　　从空间结构和人员分布来看，恩泰克公司的办公楼层看起
来就像当代的交易大厅；办公室的大部分空间由共享的长桌组
成，每张桌子各负责一个由 ISO 运营的美国电力市场。这些桌
子旁坐满了"分析师"。分析师相当于市场咨询公司的交易员，
除了进行实际交易，分析师也做其他所有与电力交易相关的事
情。他们通过电话和电子邮件向客户传达交易建议，客户进行
交易时会考虑这些建议。根据客户的情况不同，这些交易可能
每天涉及数千兆瓦时的电力，因而每次投标或报价[2]会产生数万
美元的费用。由于他们的工作与客户的工作密切相关，因此他
们的工作日程与交易员相似，只是因为他们不执行交易，所以
相比之下工作日程更加灵活。他们的薪酬比美国收入的中位数
高出几个档次——虽然无法与华尔街金融家因交易成功而获得
的奖金相提并论，但对刚大学毕业没几年的年轻人来说，他们
也能凭借这份薪酬过得相当舒适。分析师当然与交易员有相似
之处，因为他们都专注于识别优质交易，但他们的首要职责仍
然是信息服务，这正是恩泰克的核心使命所在。恩泰克的大多

数分析师要么是前交易员，要么是为了追求更高的工资而准备从事交易员工作。而那些对构建恩泰克底层信息的基础设施感兴趣的人可以转型为开发人员（那些怀念市场运营的日常刺激的人，也会反过来从开发人员转型为交易员）。

楼层的其余部分是开发人员所在的隔间，他们通常拥有学士学位以上的学历和相对更高的薪资。支持分析师工作的其他员工——比如"数据库工作人员"——也在这些隔间里或附近办公。他们被安排在远离分析师的地方，避免打扰分析师工作，因为分析师的工作对时间很敏感，尤其是在提交买卖价格的市场截止日之前的那些早晨。在我进行田野调查期间，波士顿办公区（恩泰克在美国其他地方也有分支机构，专注于其他能源商品）雇用了大约 25 名分析师、10 名开发人员和 2 名气象学家[3]，此外还有行政和营销人员。其中一些员工在来恩泰克之前学习过电气工程，另一些人则是在工作中才首次接触电力知识。这个层楼的男女人数相当，无论是主管还是其他职位——这对 21 世纪的市场分析师和交易员来说是一个比较新鲜的现象。

下面，我将先阐述在恩泰克看到的技术经济学是如何将政治经济学和大数据领域的最新学术见解联系起来的。然后，我们会追踪恩泰克的日常工作节奏，其本身也是电力市场一天的节奏。我们将追踪不同类型的信息工作者——首先是在"实时"压力下分析数据的分析师，其次是收集、组织和维护数据以支持分析师工作的开发人员和数据库工作人员。

表征电力

　　恩泰克公司所在的楼层布满了显示器。显示器的数量是我临时职位的证明，我只有两台显示器，而开发人员有三台显示器，分析师根据个人偏好也有三台或四台显示器。显示器的数量取决于一个人在办公室的职位，同时这也是工作风格的一种体现。分析师喜欢使用更多的显示器，因为这表明他们有能力同时处理更多的信息。一些开发人员对这种说法嗤之以鼻，在同一时间查看更多信息并不一定意味着处理得好。一位开发人员曾向我回忆说，某天办公室里有一位分析师辞职了，她的显示器被其他分析师瓜分了。这位开发人员开玩笑说，其他分析师一看到显示器就像"秃鹫"一样扑了上去。但是，从所有这些监测器中流露出来的信息，也就是那些需要被处理的信息，究竟是什么？我们对这类信息的依赖会如何改变我们的经济世界？

　　当然，人们已经花了很多时间探索信息和经济之间的联系。例如，根据弗里德里希·哈耶克的观点，信息存在于价格中，并根据需要被透露给经济主体，这样他们就可以根据需求调整自己的商品供应，以及根据供应调整他们的需求（Hayek 1945）。哈耶克的定义并非最终结论（尽管它确实与当代电力市场中许多参与者的观点相契合），但对信息文化的技术经济学来说，追求一个明确的定义并非必要。我们需要做的是把信息作为人类学的研究对象——把它作为一个在我们研究的世界中才获得意义的对象。这样一来，信息就"既不真实也不虚假"——它只是"作为现实的信息"，而不是关于现实或为现实服务的信息（Floridi 2004：560）。哈耶克的同代人格雷戈里·贝特森试图将当时涌现的信息理论的认识论应用于人类学，他在不止一种情景中思考信息比特，它是"造成差异的差异"（difference which makes a difference）（Bateson 1971：5；2000：462）——它是在神经通路中留下痕迹的基本单位，进而影响思想的形成。就我们的目的而言，这个定义是适用的，它并非作为本体论的现实，而是作为一种民族志的发现而成立——它帮助我们理解，我们所研究的个体是如何概念化和处理信息的。在恩泰克，信息就是任何能够在价格预测中带来利润差异的东西。

若我们把信息视为人类学的研究对象，那么这将把我们带到哈耶克没有机会去观察的地方，即培养了一种特定的信息——数据——的计算文化。作为"20世纪的人工产物"，数据是一种"电子计算特有的"的信息形式[4]（Rosenberg 2013：15）。它与"信息"的不同之处在于它在少量数据中的离散性和可分割性（Gitelman and Jackson 2013：5），就像我在恩泰克公司用来收集变电站位置的电子表格中单元格所示例的那样。数据是"没有真相"的信息（Rosenberg 2013：37），与事实等其他类型的信息不同。"当一个事实被证明是假的，它就不再是事实了。尽管如此，错误的数据仍然是数据。"（Rosenberg 2013：18）例如，如果我为雪松林变电站获取了错误的坐标，我就产生了错误的数据，但它仍然是数据。所有数据从业者或多或少都预料到错误数据会入侵数据库（Walford 2017）。

在市场参与者的口头表述中，"数据"与"信息"的区别可能不那么明显。例如，在我进行田野调查时，恩泰克的公共关系部门试图以"信息就是力量"为口号接触客户群——这是一个双关语，"力量"（power）一词的第二层含义就是"电力"。但在市场上传播的显然不是一般的信息，而是那些有可能对价格和利润产生影响，能用电子表格进行处理，由市场运营商和市场参与者收集、组织、维护和分析的数据，而这一过程没有人（甚至市场运营商）声称可以完成或完善。虽然数据是恩泰克进行交易的核心，但从大量数据堆中提取的信息是其出售的产品。

我们现在都知道，数据堆的规模至关重要。人类学家一直关注大数据现象——一种将科学、技术和政策决策与大量信息的收集和分析联系起来的做法——的理论化，这些信息由越来越大的字节倍数来衡量（Gitelman and Jackson 2013，Mayer-Schönberger and Cukier 2013）。学者们已经表明，在科学实践中，大数据往往伴随着这样一种信念，即如果数据本身没有真相，那么收集大量数据是发现真相的必要途径（Bell 2015）。然而，我们对大数据进入市场运作的日常体验和长期后果知之甚少。在这个时代，供求双方积累了越来越多的关于这些商品和服务的信息。在这样一个时代，商品和服务的交换方式正在发生怎样的变化？大数据管理的特性会如何改变劳动力的人员结构以及这些市场中参与者的体验？总而言之，大数据进入电力市场和其他市场将如何改变我们的经济生活？

　　凯特琳·扎鲁姆（Caitlin Zaloom）为 21 世纪初金融市场的电子计算（数据的"原生环境"）转型的最初时刻提供了宝贵的线索。扎鲁姆表示，在芝加哥期货交易所转向电子计算之前，市场曾表现为交易员的咄咄逼人以及明显男性化的身体语言；在转向电子计算之后，交易员开始以纯粹的数字形式用电子化方式提交他们的投标和报价，而不再把肢体语言作为工具。虽然这种转变确实造成了大量交易员被精通电脑的新一代交易员取代，但它并没有达到市场设计者想要的效果——消除市场中的"社会性"因素，即交易员的偏见和非理性。交易员学会了看数字，不是将其视为"供需关系的客观描述"，而是将其视为竞争对手的行动线索，"他们围绕这些竞争对手制定具体战略"（Zaloom 2006：159）。扎鲁姆认为，在电子化市场中，数字已经塑造了市场的社会性面向——它提供了行动者之间如何相互关联的信息。扎鲁姆的论点对竞争性的电力交易来说是站得住脚的，因为电力交易从一开始就是一个电子化的环境，电力市场参与者的行动一直依赖电网中人和机器之间的电子通信。

　　然而，如今数据已不仅仅通过电子化的投标和报价为社会提供信息。自 21 世纪初以来，在形成电子化的投标和报价之前，市场参与者所积累的相关商品数据已经呈指数级增长。我创建的关于雪松林变电站的位置数据只是恩泰克公司数据库海洋中的一个小水滴，除此以外，有些数据库规模更大，有些数据库规模更小——或许，数据库的多样性，以及被视为可能对价格产生影响信息种类，比单个数据库的规模更重要。每天早上，交易员都会用专门的软件调取这些数据库，并根据在过去几年类似的日子里的价格变动来预测接下来的价格变动——这些类似日子的记录被保存在数据库中，并由专有软件中的算法决定其相似性。电子计算使这种环境成为可能，这种环境高度关注市场参与者通过创造性地使用数据和数据库，来不断提高自己的竞争优势。过去的交易员通过阅读彼此的身体语言来获取信息——不仅是他们的投标和报价相关的信息，还有关于当前和未来的供需变动的信息。正如扎鲁姆（2006）所言，他们会评估他们的竞争对手是否在虚张声势，以及他们是否有更多或更少的库存以备买入或卖出。在电子化市场（不论是电力市场还是其他市场）中，不仅交易员本身已经成为数据处理的参与者，而且像恩泰克这样的公司也应运而生，专注于信息的创造和管理。

因此，在许多方面，扎鲁姆在本世纪初对电子化市场的早期见解仍然成立，尽管这20年来也发生了显著变化。首先，自从转向电子计算（就金融市场而言）、放宽监管以及引入竞争（就电力市场而言）以来，各种市场的交易人员都发生了变化。今天，可以肯定地说，几乎没有交易员不具备计算技能。虽然个人交易才能仍然是公认的重要技能，但这种才能不再必然依赖交易员的身体语言（就金融市场而言）或他们对电厂管理的熟悉程度（就电力市场而言）。相反，个人交易才能表现为在数据方面的创造力——辨别哪些类型的数据与价格相关且值得存入数据库的能力，识别错误数据和临时替换数据的能力，比其他人更早地利用数据分析发现套利和获利机会的能力。在恩泰克和电力交易大厅，女性已经成为领头的分析师和交易员——
这与电子革命前扎鲁姆在金融市场观察到的明显男性化的环境
相去甚远（尽管操纵交易大厅的人员性别动态并非市场设计师
的本意）。总之，交易的工作文化已经从根本上把许多市场变成
了一种收集、组织、维护和分析数据的文化。

其次，正如扎鲁姆指出的，"社会性"并没有因为工作文
化的改变而被消除。无论是投标和报价，还是出价之前的数据，
都不被电力市场参与者视为最终真相——数据是追求利润的工
具或"义肢"（Çalışkan 2010）——不仅是当下的利润，更是对
短期未来走势的解读工具。然而，我们不能忽视这样一个事实，
即数据是一种和以往交易员用以传达市场状况的身体部位**不同**
的工具。换句话说，对于当代技术经济学的研究，我们必须追
问：在这个数据激增的时刻，社会性（如果还没有被消除）是
如何被改变的？就电力市场而言，数据的激增使市场参与者的
注意力集中在构建电力基础设施的电子表征上——尽可能广泛
地在数字环境中表征电力基础设施。在构建这些数字表征形式
时，市场参与者并非试图揭示某种关于电网的真相，这与高度
依赖大数据方法和分析的科学领域的科学家可能希望利用大数
据来做的事情不同（Bell 2015）——市场参与者希望提高价格
预测的潜力。因此，我们可以推断，在这个数据激增的新时刻，
市场参与者的关注点已经从那些可以通过面对面接触或在交易
场中能直接观察到的身体语言和想法（Çalışkan 2010），转移到
了现实世界中的商品和基础设施，如变电站、变压站和发电厂
这些等待被"移植"到数字化工作环境中的基础设施。

　　这里再强调一次，雪松林变电站的位置只是在电子计算环境中呈现电网这一雄心勃勃的努力中一个极小的部分。但是，我们如何理解这种"移植"，即变电站在功能上等同于电子表格单元的过程？谷歌地球提供的卫星图像如何最终成为市场参与者买卖决策中的一个因素（尽管这个因素极其微小）？一个从业者是在什么状态下发现数据的，并且会如何对数据进行转化？数据从业者经常谈论"原始数据"（raw data）——尤其是指仪器和传感器在数据经过"清洗"和分类之前收集的数据（Walford 2017）。对人类学家和STS学者来说，"原始"一词的含义有很多需要考虑的地方——它意味着数据可能只是在自然中以原始状态被发现，它可能先于人类的解释和干预而存在。杰弗里·鲍克（Geoffrey Bowker）援引了克劳德·列维－斯特劳斯的经典著作，其中，"原始数据—加工后的数据"的二元关系映射了"自然—文化"的二元关系（Lévi-Strauss 1969），杰弗里断然拒绝了数据是"原始"的观点，他认为"相反，数据应该被小心地加工"（2005：184）。汤姆·布尔斯特罗夫（Tom Boellstroff 2013）通过引用列维－斯特劳斯的"烹饪三角"理论（Lévi-Strauss 1997）在这场辩论中引入了进一步的细微差别，在该理论中，原始数据不再是加工后的数据的对立面，相反，它是文化转型（即加工后的数据）和自然转型（即腐烂的数据）的原点。当收集的数据随着时间的推移失去了与底层对象的关联时，腐烂的数据就出现了。因为随着底层对象本身的变化，数字环境变得腐败，并且数字连接（如超链接）消失了（Eriksson 2013）。

在电力市场以及其他数据导向的工作文化中，原始的、加工后的和腐烂的数据以一种流动的状态共存，即数据从一种状态转换到另一种状态，并且这种转换是可逆的。换句话说，只要我们注意不要将原始数据与不可改变的原点联系起来——只要认识到产生原始数据所需的复杂基础设施（Walford 2017），我们就不必把原始数据视为"矛盾修饰法"（oxymoron）（Bowker 2005：184）。毕竟（如果借用另一个类比），我们所认为的"原始"果实，实际上是从复杂且人为的农业系统中获得的。美国 7 家电力市场运营商都定期在其官方网站上发布包含大量信息的电子表格。恩泰克的软件开发人员编写算法，从网站上自动"刮取"[5]这些信息表格以更新他们现有数据库。在这种情况下，市场运营商发布的这些电子表格对恩泰克来说可以视为"原始数据"，而从那些将数据整合在一起的市场运营商的工作人员的角度来看，显然不是这样。一方的原始数据可能是另一方的最终产品。此外，自动抓取是由具有强大计算能力的服务器和具有高级编程技术的开发人员实现的。换句话说，它是一个复杂的基础设施，赋予数据以"原始性"。电力市场中充斥着"加工后的数据"——被一群相关的工作人员清理过或认可为干净的数据——以及"腐烂的数据"。与此同时，"原始数据"依然存在，并非被取代，而是与前两者并存，只不过这些数据本身是被生产出来以呈现为"原始"的。

在恩泰克，我经常听到关于哪些数据值得团队努力去追踪，以纳入现有数据库（或为其建立全新数据库）这个问题的持续讨论。举一个与天气有关的例子。尽管所有电力市场参与者（包括市场运营商）都将天气视为一个需求指标，但经常局限于平均气温。然而，在我进行田野调查的时候，在恩泰克以及其他地方，许多人开始将云量视为一个使电力需求进一步复杂化的因素——这一因素可能会影响消费者调高或调低暖气。尽管某个因素的影响或许十分微小，它仍可能值得通过大量数据来表征，并整合进价格模型中。在追求其他市场参与者可能会忽略的相关数据的同时，他们也对某些正在进行的数据收集工作的效用产生了怀疑。例如，与我交谈的一些分析师不相信了解变电站的确切地理坐标——我在恩泰克参与的大部分工作——会对交易软件的价格预测产生实质性影响。他们持有合理程度的怀疑，不过这更像是一种直觉，而不是一种有证据支撑的判断。

那些关于数据种类、质量和价值的持续讨论，是我在这里想要描述的工作文化的一部分。这是一种要求更好地呈现商品和基础设施的文化——在我们的例子中指的是电力和电网。这种文化鼓励人们无止境地追求将三维的电网扁平化为适用于电子表格的计算机比特。当然，对 STS 的学生来说，他们较为熟悉的主题是科学和技术领域的标准化工作，即创造去情境化的表征工具，使它们能够远距离传播，进而由同一工作文化中的成员解码并再次用于实际操作；这正是拉图尔所说的"不变的可移动之物"（Latour 1990，Bowker and Star 2000）。从将空气中的二氧化碳转化为公司办公室排放数据的环境会计师（Lippert 2015），到通过与国家政治目的相匹配的方式为变幻莫测的河流建模的科学家（Barnes 2016），我们知道数据从业者致力于从混乱的现实中创建稳定、可转移、可流动的数据表征。但是这么做的原因是什么？效果如何？数据标准化、分类和流通的增加，这一已被充分阐述的现象的背后是否有宏大的动机和深远的后果？

还是那句话，不要远离工作文化去寻找答案。在一个关于数据工具如何帮助石油地质学家理解原油矿藏的精彩个案研究中，皮特·阿尔姆克洛夫（Petter Almklov）指出，科学家和工程师可用的工具过度限制了他们看到的东西（2008）。对在陆上工作的地质学家来说，矿井日志——关于钻机在油藏中所经历情况的记录——是"对实际的矿井去语境化的抽象描述"（Almklov 2008：884）。这类描述也是遵循特定规则的结果，即必须根据与其他地质学家共享的信息基础设施来进行抽象概括。当然，遵循这些共享规则也有好处，比如"便于时间和空间上的长距离交流，并能对客观化的实体及其经过测量和被赋予的属性进行比较和整合"（Almklov 2008：883）。事实上，对一家像恩泰克这样的总部位于波士顿的公司来说，这种便利至关重要，这使得公司能够毫无障碍地为在加利福尼亚州、德克萨斯州及美国各地经营公司的客户提供服务。但阿尔姆克洛夫观察到，他的访谈对象在他们的日常工作实践中并没有带着想要实现远程沟通的想法："实际上，标准化更多是职业习惯和具体实践的结果，而不是与外部主体沟通的需要。他们似乎在使用和思考这类数据对象时最感到得心应手。"（Almklov 2008：881）

这里有一个关于电力表征的技术经济学的基本观点：数据从业者最擅长创造特定种类的电子表征。在恩泰克，更多的员工是因为熟悉数据标准化而被招募进来的，而不是因为他们熟悉电力领域。促使这些信息工作者创造和传播电子表征的原因并非在于他们相信市场作为社会组织特征的优越性，而是他们作为数据从业者的"职业习惯和具身化的实践"（Almklov 2008：881）。如果这解释了数据标准化的"原因"，那么它的结果就是，随着数据标准化的扩展，对那些以数据而非电力为交易对象的人来说，电网变得越来越具有可操作性。在恩泰克公司进行田野调查期间，我曾在厨房遇到一位新员工，他负责审计和改善全公司的信息基础设施。他说他的前单位是一家新闻公司。当我问这是不是他第一次在能源公司任职时，他看着我，好像我问了一个最不相关的问题，然后笑了。微软 Excel 的创造者必须知道它的用户要用它进行什么样的计算吗？用户用它来记录一份购物清单还是用它计算市场价格，这有区别吗？正是这种市场中数据文化所提倡的"平台不可知论"（platform agnosticism），使市场参与者的范围不断扩大，其中也包括那些比起基础商品更了解数据表征的人。

　　扩展数据标准化也以不同方式扩大了市场。随着越来越多的电网成为各种行动者的电子表征和远程操作的对象，远程交易成为可能，而对那些有兴趣扩大市场份额和获利可能性的人来说，这甚至变得更加可取。但重要的是要记住，在电力交易大厅或恩泰克的大厅里并不能找到数据标准化的扩展动机。在这些地方，你会发现，工作文化日复一日地自我复制。人们观察到的是，信息工作者以某种坚韧不拔的精神，从电力的流动中创造出不变的可移动之物，但对此并没有更长远的计划。现在，让我们转向恩泰克的信息工作者，以及他们关于电力的电子表征的日常工作。在恩泰克的这段时间里，我每天都要乘很长时间的电梯，和接待员打招呼，穿过分析师的办公楼层，然后来到我所在的开发人员工作区。我观察了不同类型的信息工作者——分析师、开发人员和数据库工作人员——他们在恩泰克平台上处理着原始的、加工后的和腐烂的数据。在下一节中，在近距离了解我的办公内容之前，我们将先和分析师们一起详细讨论他们的工作。

实时分析

作为一种依托电子化媒介的实践，电力市场在许多地方同时运行。ISO 就是其中之一。ISO 通常设在远离城市中心的服务区里某个没有标识的建筑内。自从 21 世纪初电力市场出现以来，每个小时、每个地点，成千上万的投标和报价在 ISO 的软件中相互交锋。ISO 的偏僻选址不仅是出于安全考虑，同时也不会影响市场运作，因为买方和卖方通过开放的实时信息系统（Open Access Same-Time Information System，下文简称为 OASIS）连接到 ISO 的控制室。OASIS 是一个基于互联网的网络，注册之后就可以在这里看到并预留输电线路。[6]现在，数千家公司可以通过 OASIS 与 ISO 进行沟通。只要有可靠的互联网连接，市场参与者身处何处对市场观察或参与来说并不重要，恩泰克只不过恰好位于波士顿一座摩天大楼的高层，俯瞰查尔斯河。

　　恩泰克的分析师都是有正式或非正式数据实践背景的年轻人，他们中的大多数人都自学了数据管理和编程技能。一些人以前是交易员，想摆脱高强度的交易工作；另一些人正在为将来成为交易员做准备——压力更大，但收入更高。他们中的大多数人来到恩泰克前没有任何关于电力或电力市场的知识。在短暂的训练期间，他们通过观察有经验的分析师工作，学会了如何将电力以数据的形式表示出来。他们中的另一些人要么曾经是其他能源商品的交易员，要么是有志于此。比如，在研究天然气价格如何影响电价时，对天然气价格的熟悉程度也有所提升，可以为日后从事天然气交易提供帮助。

　　在恩泰克，分析师的主要工作是使用该公司开发人员设计的定价软件，该软件模拟了 ISO 的定价模型。该模型以电子表格的形式为电网的不同节点（如雪松林变电站）的价格提供预测。ISO 的定价算法基于实际投标和报价计算各节点的价格，但恩泰克的软件需要预测次日的投标和报价，以预估次日的价格。这个定价模型依附于数据库，数据库中储存了任何可能有助于模型预测次日的投标和报价的数据——从燃料类型、发电能力、发电年限到地理位置。这些数据库是由开发人员和像我这样的数据库工作人员在分析师工作区域旁边的隔间里整合起来的。

　　分析师的办公区由一张张共享长桌组成。分析师分坐在长桌两边，他们彼此面对面，或者更确切地说，面对着他们的显示器。那些在同一个电力市场（即同一个 ISO）工作的人，彼此紧挨着坐在同一个或相邻的长桌旁。每个分析师都戴着耳机，面对着至少三个显示器，上面贴满了便利贴，通常还配有平板电脑和笔记本电脑。早上，整个楼层出奇地安静，尤其是和下午喋喋不休的闲聊相比。分析师的手指忙着敲键盘，他们的眼睛没有离开过屏幕。当那些为同一个电力市场工作的分析师聚在一起研究屏幕上的图像或电子表格时，他们没有任何眼神交流。除此之外，他们的屏幕上显示的始终要么是定价模型，要么是地图。

恩泰克公司在上午很安静以及下午更为热闹的原因，与电力市场的时间表有关。美国所有 7 个电力市场都有两种主要的结算方式，被称为不同的"市场"。每天上午，在设定的截止时间前，ISO 接受市场参与者的投标和报价，传达他们次日愿意每个小时在不同地点购买或出售一兆瓦时的电力的价格。例如，PJM 区域内的买方可能愿意为次日下午 1 点雪松林的一兆瓦时电力支付 25 美元，为下午 4 点乌节路的一兆瓦时电力支付 26 美元。买方需要在当天上午 10 点前把所有投标和报价提交给 PJM。PJM 会在**当天**下午 1 点 30 分公布结果，即第二天每个地点每小时的价格。这个决定次日价格的过程被称为"日前市场"。

在一系列重新招标和调整后（具体时间因不同 ISO 而异），日前市场会关闭，每个市场参与者都要接受最终的价格。第二天到来时，必然会出现一些无法预见的偏离日前市场所达成的共识的情况。（比如说，某家电力公司可能低估了消费者的用电量，从而不得不在白天额外购买更多的电力，又或者某个发电厂发生了意外的服务中断。）ISO 的控制室确保一天中每个参与者都得到电力服务，没有人会电力短缺。另一方面，它的市场部门为那些偏离其日前承诺的买方和卖方计算非常短的时间间隔内（例如每隔 15 分钟）的新价格。这种根据实际消费来计算价格的过程被称为"实时市场"。大部分的交易量是在日前市场中完成的，这就是交易员（以及分析师）在上午最忙的原因。分析师在 ISO 的截止时间前大约一个小时通过电子邮件将他们的早间报告发送给客户。然后，分析师保持待命状态，在当天的剩余时间里与他们的客户一起研究实时市场的影响（这也是为什么分析师都戴着耳机）。

自放宽监管以来，交易时的物理位置在电力交易中的作用有所减弱，时间的作用则得到了强化。"实时"的概念对于电力市场参与者如何看待他们在市场运作中的作用至关重要。在电力领域中，"实时"不单单是一种说法或社会科学家的分析范畴，更是一种作为市场具体结算机制的特定市场操作。在金融市场中，正如人类学家在其他环境中发现的那样，市场参与者可能会对市场的瞬息万变感到焦虑——一种不断落后，急需追赶市场当前情况的感受（Miyazaki 2003）。以日本中央银行为例，正如万安黎（Annelise Riles）记录的那样，政论家在不同银行之间设计了一个实时结算方案，以取代每日结算。随后，人们希望实时机制能够消除因过度依赖计划而产生的问题（2004）。"实时"这一概念具有某种讽刺意味——尽管它是技术官僚知识的产物，却被寄希望于将市场从这种知识的束缚中解放出来，万安黎称之为"技术官僚知识的解绑"（unwinding of technocratic knowledge）（Riles 2004：398）。

因此，时间是辨别一个人身处市场内还是市场外的标志。像电力交易商和恩泰克的分析师这样通过买卖或影响买卖决策来参与市场的人，通过诉诸"实时"这一概念并将其作为市场工具，在修辞上把自己置于市场运作之外。也许是因为大部分交易量都在前一天完成，交易员和分析师将大部分注意力集中在前一天的结算上，而非实时结算。不止一次地，我的田野对象们耸耸肩，将实时市场描述为"实际发生了什么"——仿佛市场到了那个时刻便自然运行，而所有市场参与者都会在那一刻退居为旁观者。这意味着，交易员或分析师所能做的最多就是准备好在未来某天进行"实时"交易。更重要的是，许多市场参与者，如电力公司和发电商的交易员，仅能在事后回溯所谓的"实时"（即实时市场）。他们通常是在收到来自 ISO 的账单时才得知因与日前市场所公布价格的偏差而产生的具体收益或损失。换句话说，"实时"是一种"平衡收支"的行为。电力交易员和分析师大多提前一天做好准备，以更好地应对实时市场。而当时间进入"实时"阶段，他们仍专注于日前市场的工作，无暇关注眼前的实时动态。

早晨，分析工作在紧迫的截止时间前展开——在时间压力下，分析师需要在某个时间点之前创建足够可靠的事实依据，或者完成一份报告，以供客户参考。分析师在早上 6 点左右或更早到达办公室，首先要做的就是**重新校准**他们的模型。重新校准的意思是用 ISO 网站发布的前一天的实时结果更新模型。重新校准之后，直到上午 9 点提交报告前，分析师都会目不转睛地盯着他们的电脑屏幕。分析师以外的其他工作人员会跟我开玩笑说，他们会在早上非常小心地避开分析师，以免打扰他们工作。恩泰克里负责 ERCOT（德克萨斯州的 ISO）的首席分析师约翰曾经邀请我仔细观察 ERCOT 的办公桌，于是有一天早上，我答应了他的邀请。我事先已经知道，两排 ERCOT 分析师背对背坐在两张不同的办公桌上。那天早上，我意识到这是一项有特殊功能的设计，其目的是让分析师能够通过简单地滑动他们的转椅，轻松看到对方的显示器。事实证明，恩泰克的地理位置对市场来说并不重要，但工作空间是重要的。相关人员的近距离接触必须通过家具的位置安排来实现，以便及时合作（Beunza and Stark 2004）。上午 8 点左右，我拉了一把转椅，坐在中间的过道里，随时准备让开道路。

早上 8 点 30 分左右，约翰与另外两名分析师一起查看他们对不同节点的预测价格是否有关联。另一名团队成员询问其他人是否都已看到某条线路拥堵。"看到某条线路拥堵"意味着那条线路的预计负荷接近其电力承载极限。正在接受培训的分析师丹回忆说，他遇到了一个可能会导致同一条线路上的拥堵的"限制"（constraint）。"限制"是各个 ISO 所发布的公告的通用说法，表示线路可能表现不佳——出于需求高峰、定期维护、可能对线路造成物理伤害的天气因素以及其他各种原因；ISO 的网站和每日报告中通常都不会详细介绍这些原因。约翰在一台显示器上打开了一张 ERCOT 输电系统的地图，四个人围着这张地图研究起来。

约翰凭直觉判断那条线路可能的位置，他们一起在地图上找到了那条线路。然而，由于分析师不太清楚那条线路的问题对周围电网产生的确切影响，也不觉得他们能在上午 9 点之前查明情况，便回到了自己的椅子上，并决定将这一观察结果作为"轻微风险"写进报告的说明中。坐在约翰旁边的分析师建议用"轻微"作为修饰语。根据他先前与公司内部气象学家的对话，他预计拥堵的程度是有限的，因为涉及的电力来自一个风力发电厂，而预计下午风力会减弱。因此，"轻微风险"作为文字说明被写进了报告。

这份文字说明并不像量化观察结果那样理想。像约翰和其他人一样，丹提醒我，报告必须简明扼要，向交易员提供他们需要知道的确切内容，否则交易员就不会费心去阅读它。对丹来说，简洁通常意味着对特定地点价格上涨或下跌的数字预测——通过数字进行的沟通，尽管可能不够精确——而不是对价格可能上涨或下跌的文字说明。然而，在分析师没有充裕的时间将自己的直觉进行量化的那些早晨，恩泰克的一些建议和观察就会以文本的形式呈现。文本式的解读将报告背后的集体直觉用诚实的概率术语传达给客户。

文本并不是报告中唯一的非精确部分。直觉也延伸到了分析中对数学的运用。有一次，当分析师们就某一风电场的发电水平及其对附近节点价格的影响相互征求意见时，丹告诉我，这是一个新的风电场，在恩泰克的 ERCOT 模型中还不存在。因此，他们的模型（通常会通过内置代码从在线资源中抓取数据并每日更新）无法自动抓取关于该电厂的公开价格数据。当分析师等待开发人员将这座新设施的具体信息更新到模型中时，研究 ERCOT 的分析师决定在模型中为另一个风电场创建一个重复条目——他们认为这个风电场具有和新风电场"相似的经济情况"（例如相同的能源类型、天气条件相似的地点）。尽管做不到完美，但可以暂时弥补缺失的新风电场的数据空缺。在接下来的讨论中，分析师会反复提醒彼此两座电厂的不同之处。这使得他们能够对数据缺失的发电厂的价格进行进一步调整，尽管依然是基于直觉的。这些不是准确的信息，但在当下却够用了。

　　简而言之，这就是恩泰克每日电力数据分析工作的过程。分析师在一天的早些时候，从不稳定、不确定的事实中得出**足够**可靠的报告。他们不是把数字作为需求和供给水平的最终描述，而是作为探索供需变化的工具（Zaloom 2006）。数字和文本在这一过程中作为探索工具相辅相成。在 ISO 的重新招标和重新调整阶段结束之后，分析师的工作在下午结束，他们中的大多数人会在下午 3 点左右离开办公室。当时我作为一名数据库工作人员，还有几个小时的电子表格维护工作要做。我会在茶水间里再煮一壶咖啡，帮助我完成工作，这时分析师已经在祝我"晚安"了，尽管还只是下午。总有一些分析师在日前市场结束后的很长时间里还留在办公室，独自安静地研究他们的数据。他们想为某个"实时"时刻做好准备，而这个时刻只会以未来或过去的形式被体验。

　　这类准备工作对恩泰克的预测来说是至关重要的，但它很容易被观察者忽略。经济人类学有一种倾向，即只关注交易的分析和执行，并且习惯于把具身化的行为当作交易发生的地点去研究。例如，丹尼尔·博恩扎（Daniel Beunza）和戴维·斯塔克（David Stark）明确反对研究"信息经济"，理由是"如今信息几乎对每个市场参与者来说都可即时获取"，套利只能通过交易员的"解释的社会认知过程"（socio-cognitive processes of interpretation）（2004：372）来实现。然而，我认为经济人类学不需要把"信息"和"解释"对立起来，那样做会在无意中肯定把社会性面向排除在外的信息的本体论。交易员和分析师固然都是引人注目的参与者，他们受时间限制的工作活动最近也引起了人类学界的好奇，但我认为，需要把他们视为这样的信息工作者来研究，即只有在与其他信息工作者合作良好的情况下，他们的工作才是有成效的。我们不仅需要关注在早晨的那些截止期限内会发生什么，还需要关注为截止期限做准备的过程——在截止期限内采取的行动是如何得到其他时间节奏的支持的，比如工作有时持续到太阳在查尔斯河上落下。

在作为数据库工作人员参与恩泰克工作的过程中，我逐渐得出了以下论点。但我承认，我没有很快就得出这个论点，而是花了数月的时间来总结分析——分析师和交易员的具身性解释在市场中占据着主导地位。如果说我得出这个结论的部分原因是经济人类学几乎只关注交易员，那么更大的原因是恩泰克的同事们对他们自己的工作的看法。在交谈中，他们似乎赞同大多数经济人类学家的观点，即市场中的行动轨迹（locus）就是个体交易员的身体。

"如果我做你的工作，恐怕会让很多人损失很多钱，"我曾经对一位分析师开玩笑说，"因为我不是一个早起的人。"

"嗯，"他说，"那你早上得喝很多咖啡。"

还有一次，一个曾经是分析师的开发人员告诉我，新的分析师为了研究市场手册早到晚归，因此需要喝很多咖啡。其他几个人强调，分析师（或交易员）需要培养警觉性，以及快速回忆和调动多个信息源的能力，就像约翰一样，他在早上9点截止时间的压力下，凭记忆记住了那条拥堵线路的位置。像经济人类学家一样，他们似乎在分析师身上找到了这项工作所需的技能。那位开发人员说："如果有一天所有的分析师都被车撞了，我们就完了。我们将不得不从头开始。"这番话解释了开发人员和公司对分析师积累的经验或隐性知识的依赖（Polanyi 1966），同时暗示了这种知识传递给新分析师的教学过程（Collins 1985）。在恩泰克，人们普遍认为专业知识是由分析师来体现的，而这背后少不了公司茶水间里那台商用大小的咖啡机的助力。

通过观察忙碌的晨间时刻过后发生的事情，我渐渐学会不要完全相信那些带着玩笑口吻的评论——我想知道为什么分析师每天下午都要涌入开发人员的工作区域，共同检查他们早上做出的预测。我发现交易员订阅恩泰克的服务不仅仅是因为分析师的解释能力。恩泰克对交易员的承诺是，他们的解释技能会得到一个软件开发团队的支持，相比之下，开发人员的工作更少受到市场时间表的限制。一位曾是分析师的开发人员告诉我："当交易员在电话里对你大喊大叫时，你最不想做的事情就是回去整理你的数据。"开发人员为预测和改进提供了额外的时间——这类时间是分析师和交易员所没有的。换句话说，开发人员与数据库工作人员一道，为电力市场引入了另一种时间层次，既不是提前一天，也不是实时的，而是一个更松弛、更长期的时间层次。

下午，恩泰克的分析师们放松下来，隔着办公桌开着玩笑，同时他们也享受在某个时刻或某几个时刻——用他们中一些人的话说——"回到数据中去"。例如，如果那条线路在另一个早晨再次拥堵（这是肯定会发生的），那么返回检查数据会帮助约翰（或者说，有开发人员为他返回检查数据）处理和量化ERCOT中该线路拥堵的含义。如果开发人员能将缺失的风电场信息添加到ERCOT模型中，约翰和他的团队成员就不用在紧迫的时间限制下凭借替代数据进行预测。尽管交易员和分析师的解释工作或他们的具身化知识在经济人类学和社会学中受到了大量关注，但与解释相关的基础活动——**数据**管理和处理——仍未被充分理解。博恩扎和斯塔克认为，已经过时的"信息经济"构成了一个才刚刚开始被探索的技术经济领域。

诚然，交易员和分析师如今可能会因信息数量之庞大感到为难。ISO每天都会在网站上公布电价和输电设备的相关信息，也会公布自己对电力需求的估计。许多ISO通过其公共关系部门吹嘘自己与公众分享的信息数量，并以此作为它们运营透明度的证据。但这无法让我们相信信息可以被各方自动接收和处理，以至于信息的差异只取决于对它们的不同解读。在ISO的网站上以及通过其他公共和专有渠道搜寻到的信息都需要经过一系列复杂的处理——这些工作由各种各样的人进行，从电气工程学博士到程序员，甚至是像我这样数学水平不高的人。在这个过程中，数据本身的构成一直处于争论之中，我们将在下文谈到这一点。正如丽莎·吉特尔曼（Lisa Gitelman）和弗吉尼亚·杰克逊（Virginia Jackson）所说，"对数据的想象需要一个解释性的基础"（2013：3）；创造数据本身就是一种高度解释性的工作。分析师和交易员的解释和联想能力不仅是对现有数据的被动反应，还包括他们对数据的创造性想象。

"信息就在那里，"一位开发人员曾告诉我，"你只是想使它自动化。"但正如我的日常工作实践告诉我的那样，信息从来都不是轻易能以现成的状态被找到的，它需要通过合作被生产出来。正如这位开发人员自己承认的那样，实现自动化是一项繁复的工作——它需要无休止的设计、质量检查和维护。虽然人们可能认为信息和自动化的许多缺陷是需要克服的障碍，但对分析师和交易员来说，这是他们和数据打交道的现实——他们的工作文化的延伸。同时，这些缺陷也是机会所在，是创造可能性的空间。基于碎片化和排他性的信息建立更好、更完整的电力表征，提供了比其他市场参与者更具竞争优势的可能性。为了更好地描绘电力和电网，分析师必须与其他信息工作者合作，如开发人员和数据库工作人员。如果说分析师和交易员有一个最佳向导，那不会是完美的信息，而是一个完美的数据库。不幸的是，建构完美的数据库至今仍然难以实现。

数据库工作和粒度

下午，我经常绕过分析师的工作区域，直奔我在开发人员隔间里的办公桌。我的习惯是打开电脑，登录公司的共享办公系统，然后登录即时聊天软件。在开发人员的安静办公环境中，我有时会坐一下午，一句话也不说，偶尔会抬起头从两个显示器上方看一眼波士顿的风景。如果你看着我工作，你可能认为我的"屏幕工作"（Boyer 2013：13）是无人监管的。如果你看到我们这群人里任何一个人工作的情形，你可能会认为这里的工作是独自完成的。但是在办公系统中，我们都联系在一起。任务通过计算机被分配，我们需要将自己的发现以评论的形式输入，同时系统中会显示谁正在做什么。我们通过聊天软件的即时通讯界面讨论这些任务。偶尔，我也会钻研某个独立的工作，连续几个小时清理电子表格上的数据。我和一些开发人员一起，经常比分析师待得更晚，一些分析师开玩笑说我是"燃烧到下午5点的蜡烛"。但即便如此，我知道我的主管会在第二天早上审核我的电子表格。在审核通过之前，我的工作成果只是一条评论。一旦审核通过，它就是数据。

奇幻小说作家豪尔赫·路易斯·博尔赫斯写过一篇名为"论科学的精确性"（1999 [1946]）的短篇小说。这是一个关于帝国的故事，雄心勃勃的帝国制图师绘制了一张如此详细的地图，以至于它变得和要绘制的领土一样大，最终成为帝国本身。这个故事在让·鲍德里亚关于拟像的理论中占据重要地位，这个故事是关于我们周围"超真实"表征的寓言，这些表征已经成为独立的现实（Baudrillard 1988）。数据库工作和软件开发——为分析工作提供支持的两个过程——可以被描述为一种超真实制图。数据库工作由一系列看似平凡的活动组成，比如确定哪些数据有用，哪些需要从世界中提取出来放入电子表格的单元格，以及什么因素可以用电子表格的形式恰当呈现。由此，这一过程汇聚成一种持续的想象性探究过程。

换句话说，数据库工作是在电子数据库中尽可能详细地捕捉并记录一个领域，在本书的案例中，这个领域是电力基础设施。另一方面，软件开发其实就是设计数字工具，从而有效地浏览这些数据库——在本书案例中指预测次日的价格走势。正如博尔赫斯笔下的帝国地图，电子数据库和模型既是"作为现实的信息"，也是"关于现实的信息"（Floridi 2004：560）；它们就像是对被表征的领域的——有选择性的、不完美的，并且总是不完整的。正如博尔赫斯笔下的帝国制图师，数据库工作人员和开发人员一直在寻求基础设施和其表征之间更高的重合度。他们将令人满意的重合程度（不论满意度是如何被定义的）称为"粒度"。对粒度的永久追求是信息工作者工作文化中的一项基本任务。最后，就像博尔赫斯的帝国地图一样，数据库工作并非一种中立的表征方式，它通过允许精通数据的从业者涌入电力市场，从而扩展了市场，也就是"帝国"本身。这也使得电力可以在比以前更远、更广的范围内进行交易。

我在恩泰克参与的工作本身就与制图工作相关。当我到达那里时，软件开发人员已经花了几个月的时间来开发一种新的原创产品：美国输电基础设施的实时交互式地图。该地图以线的形式将输电线路可视化，以点的形式将变电站（即输电线路的出发点和到达点）可视化。当用户的鼠标悬停在线路上时，会弹出一个对话框，显示当前流经线路的电量，以及一个显示电流流向的箭头。接近其承载极限的输电线路用红线表示，其他线路则用绿线表示。恩泰克的经理认为，这张地图将帮助订阅恩泰克服务的交易员和他们的分析师轻松、快速地了解过载或拥堵的地方，以及哪些路线的拥堵可能会推高电价。（ISO 的定价公式基于三类数据：供应、需求和线路拥堵情况。）例如，它可以帮助约翰这样的分析师在晨间的紧张工作中轻松找到拥堵的线路；当看到 ISO 报告中某条拥堵线路的名字时，他们可以直接在地图上查找它的位置，并确定该拥堵还可能造成什么影响。

恩泰克公司的人经常说，这一切可能非常有助于提高"我们的粒度"。但有一个问题，即地图上只显示了一部分线路和变电站，而管理层希望的是显示成千上万条线路和变电站。公司必须用更多的输电线路和变电站的信息来构建数据库，以便用软件将它们转化为视觉效果，并"抓取"关于它们的实时信息。为了更好地利用具有编程能力的开发人员的时间，像我这样对 Excel 知识一知半解的实习生被临时雇来收集一些零散的信息并构建数据库。我们是一个五人团队——我、波士顿办公室的另一名实习生、恩泰克中西部办公室的一名实习生和一名员工，以及中西部办公室的一名主管。第一天，我的主管恰好来到波士顿的办公室，向我快速介绍了工作内容。她会先确定要加入数据库的设施，然后我们其他人负责查找相关信息，并将其录入共享的电子表格。如果是输电线路，我们会输入它的位置和承载极限；如果是发电厂，我们会输入它的位置、发电年限和燃料类型——或者我们能找到的所有数据信息。有了这些数据库，软件就可以从公共和专有资源中获取这些设施的实时信息。也就是说，比如当一个 ISO 宣布在某个特定时刻有 500 兆瓦的电力流入雪松林变电站时，地图就可以把这个变电站转换成一个红点，因为系统知道进出雪松林的输电线路不能承载比这更多的电力。第一天，我的主管自豪地对我说这个软件的界面看起来多么漂亮时尚——交易员和分析师使用它时将多么愉悦。就这样，我们开始将电力基础设施信息录入电子表格。

人们可能会疑惑，如果这个"信息帝国"从未被绘制出来的话，为什么所有这些信息都应该被认为是新的？的确，从来没有人建立过美国电力基础设施的完整数据库，包括 ISO。所有参与者对基础设施的构成都有部分了解，但不同的参与者用不同的方式来表征这些基础设施。以 PJM（北美最大的 ISO）为例，其总部位于宾夕法尼亚州，覆盖了 13 个州的全部或部分地区。PJM 官网上公布的电子表格包括各种设施的名称、代码和电压信息，如输电线路、变电站和变压器。然而，这些电子表格并不包含关于设施的线路容量或位置等信息，部分原因是 PJM 也不完全了解这些设施的属性。设施会老化、性能会变化，还会被替换或移除，这使得在数据库中准确记录它们变得非常困难。虽然输电由 PJM 监管，但具体的运营权是按照不同区域划分的，每个区域由一个输电公司运营。PJM 的每一份电子表格都是专门针对一个输电公司的，并且具有制表风格上的差异，甚至是完全不同的制表习惯，有的采用简单明了的方式来命名输电线路，有的则倾向于使用更隐晦的命名方式。考虑到 PJM 大约有一万条输电线路和更多的变电站，收集、标准化并将所有这些数据整合到一个数据库中，显然是一个宏大的目标。那么，从哪里开始呢？

肯定不会像博尔赫斯的帝国制图师那样从完美主义开始，而是像其他地方的分析师和电力交易员一样，他们倾向于不惜任何代价采取行动而非无所行动。我们的主管希望产品尽快变得实用，而非要求其必须是完整或完美的。分析师对有用信息的定义也适用于这种数据库，即如果它有助于分析师和交易员预测价格，同时又便于理解，那就是有用的。因此，建构数据库必然是一个关于信息的选择性过程。我们从那些经常出现在 ISO 拥堵名单上的高压线路开始。正如我的主管所说，这些信息是"客户希望看到的"，因为那些线路周围的价格波动更大，从而为套利和获利创造了可能性。随着数据库的扩大，筛选工作仍在继续。我们把不容易纳入模型的设施放在一边——至少暂时如此。主管提醒我们，我们最终希望在数据库中纳入"一切"。但我的同事经常很快提醒我，所谓的"一切"只是一种说法——与粒度一样，永远在追赶一个无法达成的理想化目标。

在中央数据库缺乏设施位置信息的情况下，我花了几个小时在谷歌地球上追踪输电线路和变电站的位置，然后以 GPS 坐标的形式将这些信息输入电子表格。尽管无法亲自前往每个地点实地查看，但在谷歌地球上寻找已经是次优的替代方案。作为一名数据库工作人员，我会用不同工具将这些设施位置关联起来。例如，我使用网络搜索工具收集了我们希望纳入数据库的设施的文本信息。这些信息包括建筑公司的官方公告，市民对基础设施建设不满的报告，申请选址许可程序中的专家报告，甚至还有在这些申请失败时的法律诉讼记录。在寻找这些用来命名设施的区域地标时，我渐渐熟悉了我从未涉足的州的电力设施所在的社区。我的线索存在于 GPS 坐标中，这些坐标在未来的搜索中可能重新派上用场。例如，主管给我分派了一个关于俄亥俄州某个地区的设施的任务，因为我已经"在这个地区待了一段时间"。当我在虚拟世界中穿梭至俄亥俄州时，分析师也会投入关注他们所研究的 ISO 服务区域当地的时间和天气。我们是否"身处"波士顿并不重要——只有当新英格兰又一次暴风雪来袭，我们纷纷向公司内部的气象专家咨询本地天气时，才会意识到自己的真实地理位置。

电力市场的信息收集、维护和组织的运转就像一台永动机，最重要的是从自身汲取能量。在竞争激烈的交易环境中，恩泰克并不是唯一一家渴望预测价格的市场咨询公司，而对粒度的追求意味着他们会倾向于获取更多信息。尤其是对市场咨询公司来说，粒度本身已经成为了一个目标，尽管要证实它与盈利能力之间的联系并不容易。我们的新地图真的能帮助交易员和分析师做出更好的交易决策吗？他们的边际利润能证明交易员的订阅费用或制图的人工成本是合理的吗？我不断地向分析师提出这些问题。他们中的一些人——通常是那些以整合尽可能多的信息来源为荣且拥有更多显示器的人——已经开始偶尔查看新地图的测试版，并表示有兴趣在我们全面推出该产品时进行尝试。另一些人——通常是那些最相信自己直觉的人——反复对我说，他们认为一张位置精确的电网地图没有多大用处，对他们来说最重要的是设施之间的相对位置。事实是，即使是在全面推出之后，我们也无法准确衡量这张地图能在多大程度上提升利润。但作为粒度的潜在助推器，它是恩泰克工具库中受欢迎且合乎逻辑的补充，并得到了管理层的全力支持。

换句话说，数据工作的文化决定了我们作为尽职尽责的制图者，需要不断扩展所谓的"帝国地图"——电网。这也是为什么我不同意博恩扎和斯塔克的说法，他们认为我们已经进入了一个信息十分丰富和容易获得的阶段——利润的来源已经转移到对现有数据的创造性解读上（2004）。我认为，我们已经进入了这样一个阶段——市场参与者除了无休止地维护商品数据，还创造比以前更多的商品数据，即使数据创造在提高盈利方面的潜力不容易被证实。创造关于电力的"不变的可移动之物"扩展了电力市场本身以及我们的数据库，它们可以轻松地以电子化方式进行传播，并在目的地被解码（就像恩泰克分析师的价格预测一样）。这里所说的"扩展"包含多个层面。首先，就业群体已经从主要限于电力专家（如电气工程师）扩大到信息工作者——包括像我这样的数据库工作人员。其次，电力市场的覆盖面继续扩大，以前的垄断性电力公司如今也自愿加入市场。市场参与者现在有机会以一种无形的、以数据为媒介的方式相互接触。他们经常利用这种新的"超真实"的方式设立远程控制室，以扩大自己的市场份额。对人类学家来说，数据工作在市场环境中的逐渐崛起不仅仅意味着市场参与者进入了一个新的数据解读阶段，更应被视为市场扩展的载体。

ISO 自豪地宣称，在电力市场时代，信息已经变得公开和丰富。在新闻中，它们经常以自己每天在网站上分享电子表格信息为例证，来说明相对于垄断时代，如今的电力市场是透明的。但是我们有足够的理由拒绝这种表面上的说法。数据并不先于对其的解释而存在——它也是在人们的解释下被创造和维护的。电力市场的参与者努力追求完美的数据库——一个永远无法达成的目标。而同时，他们也在使用杂乱但可用的数据进行操作。建构完美数据库面临的挑战很多，其中有些甚至显得很荒谬。例如，恩泰克公司和其他地方的各种数据库之间因为一些原因（例如同名的设施和拼写错误）存在"元数据冲突"（Edwards et al. 2011）。美国有太多以"雪松林"命名的街道和地标，而以它们命名的设施也不在少数。在电子表格中寻找某条输电线路往往没有用，因为该线路经常被 ISO 或输电公司员工以另一种方式拼写。在学习预测某些常用词在特定地区可能的错误拼写的同时，我们还讨论了自动检测拼写错误的问题。然而，在这个问题上，想要实现自动化就必须先定义什么是拼写错误，而在我们面对各种各样的拼写错误时，这几乎是不可能做到的。

联系 ISO 的代理人以确认公开信息是一个可行的选项，尽管这一过程产生的结果各不相同。在咨询了恩泰克公司研究 PJM 的分析师和电气工程背景的开发人员后，我们的团队还是没能弄清楚一些线路名称前面的代码"RAD"是什么意思。我最终点击了 PJM 网站上的即时聊天按钮。在向一名又一名代理人咨询了半个小时后，终于有一名代理人回复我，"RAD"在 PJM 的术语中代表"径向线"（radial line）。当我向他讲述我们对径向线的理解（也就是只能向一个方向输送电力的线路）时，他说"正确"，并诚实地补充了一句，"据我所知"。

处于所有这些数据冲突中的数据库工作是一个集体协作的过程。我们常常在谷歌地球上围绕设施转几个小时，收集文本和数字线索，但有时无论怎么努力都找不到所需的信息。我们花费数小时搜索的线路结果可能是一条地下线路，并且位于谷歌地球的航拍照片尚未更新的区域，那我们就无法在谷歌地球或其他卫星地图上看到它。如果我们想在数据库中找到该设施的位置，以便能够收集有关它的公开数据，我们只能比较哪种猜测最佳，然后确定一个地点并进行标记。正如我的主管曾经说的那样，"比起做到完全完美，手头上有东西是更好的"。一旦团队就最佳猜测达成一致，信息就被录入数据库。一旦服务器刷新数据库，该信息就会出现在地图上。它被制作成了原始数据，它所包含的内容可以（不多不少地）全部被用在分析师的模型中。

负责处理有着成千上万行数据的更大数据库（如历史需求）的开发人员开玩笑地提醒我，无论我输入什么，都会被保留为数据。大规模的数据库不可能完全控制好数据的质量。然而，我们的团队仍然保留着这样的希望，即在未来，当有了更好的线索时，我们将回到数据库，进一步提高数据的精确性。数据库具有一种时效性——它在一个被拉长的时间层面上运行，既不是提前一天的数据，也不是实时数据。在这个时间层面，信息并没有稳定地朝更高质量的形式发展。有一次，当我从一个基于订阅的数据库同时导入文本和地理标注数据时，我注意到了差异，并且当我从一个团队成员那里得知我主要依赖的地理标注是旧版本时，我有点惊慌失措。在我向她保证自己从现在起会使用新的文本版本时，她提醒我不要认为旧的版本就一定更不完善。她见过一些开发人员更喜欢旧数据库。在电力市场中，持续进行的数据库维护并不是对质量提高的保证——它只是保持数据可用和控制其混乱程度的先决条件。

用计算机比特表示电力改变了我们对电力的认识。若我们想要描绘技术经济学，则应该关注在充满数据工作文化的市场中起作用的认识论。我们应该问：现在的市场参与者创造并保存了比以前更多的关于商品及其基础设施的信息，而我们对这些商品了解变得更多还是更少了？交易员、分析师或开发人员必须了解电力的物理学知识才能在市场中有效工作吗？换句话说，在一个由数据驱动的经济世界中，市场的专业知识是如何变化的？

人类学家曾经认为市场参与者热衷于提高他们对所交易的商品和金融工具的熟悉程度。一名成功的卖鱼商人需要掌握每种鱼的易腐性和可交易的条件（Bestor 2004），蓬勃发展的伊斯兰抵押贷款业务的交易商需要熟悉伊斯兰法学（Maurer 2006b）。最近，尤其是自 2008 年全球金融危机以来，人们开始对交易员使用工具时所用到的专业知识表示质疑。学者对金融市场中专攻物理和数学的定量分析师的激增提出了质疑（参见 Patterson 2012）。此外，人类学家发现，世界上主要的棉花贸易商对棉花作为一种有机物或农作物本身并不感兴趣（Çalışkan 2010）；投资银行金融工具的创造者往往无法完整地将他们新创造的工具传递给负责维持这些工具的后台员工（Lépinay 2011）。因此，学者们担心市场参与者在拥抱商品的电子化表征的同时，正在放弃对商品的深入了解。我们是否真的忘记了，现实世界的物质性远比其电子表征所能捕捉的更为丰富？如果是这样，会有什么后果？

在市场时代，电力行业的经济专业知识的性质肯定已经发生了变化。人们越来越关注电力信息的创建和标准化，这促使大量的人涌入电力行业，他们对信息创建和标准化的技能的了解超过了对信息对象的了解。但这并不意味着在恩泰克公司或电力市场的其他地方，人们已经忘记了电力"会反击"。忘记这一点不会造成像停电这样重大的系统故障——这种后果是由ISO控制室等场所的故障造成的——但从长远来看，这将降低恩泰克预测价格的能力，例如我为破解PJM在一些线路名称前面标注的"RAD"代码所做的努力。当在线客服将RAD解释为"径向线"时，我和我的主管知道应该向谁询问其确切的意思：艾丽西娅，一位PJM的分析师，她有电气工程背景，对电力术语和物理学比较熟悉。此外，她还是PJM的资深分析师。我给艾丽西娅发了一条即时消息，问她什么是"径向线"，她马上就给出了解释——一条只能向一个方向输送电力的线路。的确，在恩泰克，拥有编程、开发和通用数据管理的背景的人能被雇用，而电力相关背景只是一个"加分项"。但是，无论是在进入恩泰克之前还是之后，工作人员都需要了解电力如何流动（或者学习如何找到电力的流动方式），以及如何将这些信息转化为数据，使其能够有效地用于价格预测。

我们需要警惕的是，市场中信息工作的激增会使人失去对交易商品和服务的具体特性的关注，而这有时会带来灾难性的后果。例如，创造"信用衍生债务"的金融交易员将次级抵押贷款视为另一种债务类型，把它巧妙地捆绑成一种新的金融工具；人们通常认为，对住房债务的具体情况的忽视（即人们在什么时候和什么条件下违约）促成了 2008 年的全球金融危机（Tett 2009）。但人类学家不应因此认为以数据的形式来表示商品就意味着不了解这种商品。信息工作者为了把一种商品从它的数字化表征中分离出来，必须寻找要从该商品中提取的信息内容，他们必须问自己：关于这个商品，市场参与者需要了解哪些信息，才能将其用于盈利目的？因此，信息的创造需要对商品及其基础设施进行富有想象力的探索。信息工作者应积极参与思考，什么样的信息可以在市场上提供竞争优势，正如我们在恩泰克关于精确的地理坐标是否具有信息价值的讨论中看到的那样。

无论是在紧急情况下，还是在市场的日常运作中，信息传播的过程都具有政治性，但这并不是因为电子表征本身对所其表征对象存在固有的不公，而是因为它有选择性地服务于特定群体的议程——在本书中指的则是寻求在电力市场中获取竞争优势的交易员（以及他们在市场咨询公司中的盟友）。信息工作者在他们的表征中遗漏的东西可能会产生反作用，要么是以系统故障的形式出现，要么是以引发不满的方式出现。读者可能还记得，我在恩泰克寻找输电设备位置时，曾求助于对基础设施建设不满的市民报告（选址许可报告和诉讼记录）。作为一名信息工作者，我从这些文件中提取了位置信息，并以安全的方式舍弃了文件中有关争议的信息，因为它既与恩泰克的议程无关，也不能以任何我所知道的方式体现在电子表格中。我确信，如果公民的不满有更显著的扰乱电价的历史，恩泰克会找到一种方法在电子表格中把它体现出来，并通过模型计算它对价格的影响。（然而，作为一名人类学家，我确实追踪了那些争议和公民不满，这也成为了第四章的主要内容。）

读者可能想知道我们雄心勃勃的地图制作项目怎么样了。我们是否成功地将电网绘制得像博尔赫斯的帝国地图那样详细？我在恩泰克的工作结束时，主管对我们团队取得的进展很满意；成千上万的电子表格条目都被填满，数百个新设施以不同的颜色编码被标记，并被添加到交互式地图中。但最终，该产品的命运与许多其他实验性软件的命运相似；在我离开恩泰克后，它被整合到了公司的另一个产品中，该产品也以地图的形式呈现——一个显示实时发电数据的地图。它没有被舍弃，而是从一个独立的产品变成了另一个产品的功能。当产品更新换代时，数据可能会继续存在，从一个环境转移到另一个环境。然而，正是数据的持久性，使得它的影响难以孤立地被衡量。现在，我们更难辨别我们的制图工作的影响——比如，当我们把输电信息与发电信息分开来看，输电信息是否真的让恩泰克更好地履行了它的承诺，即比任何其他市场参与者都更好地预测价格。我从恩泰克的分析师那里听说，自从我离开后，他们对地图的看法没有太大变化。那些喜欢使用尽可能多的信息来源进行工作的人告诉我他们喜欢它，而那些相信自己的直觉并为之自豪的人则耸耸肩，表示不以为然。

那些被落下的人

ISO 控制室中的电子计算术语——节点边际价格及其计算方式——自设立以来基本保持不变，但外部的电力交易世界——提交投标和报价的人的世界——已经发生了巨大变化。在电力交易的早期，电厂工程师和电力公司规划师临时扮演着交易员的角色，他们争先恐后地根据他们过去所认为的电力生产和供应的"成本"提出"投标和报价"。虚拟交易这种交易者不实际获得或提供电力，但能够在纸上进行买卖以获取利润的方式，在当时是闻所未闻的。在今天，更有可能的是由编程高手发送投标或报价到 ISO，而不是由电力专家来做这件事（即使这个编程高手为电力生产商或电力公司工作）。大批计算机程序员、数据科学家和数据分析师已经成为了交易员、市场分析师或支持交易员和分析师的数据库工作人员。假若我们在网上快速搜索电力交易职位就会发现，强大的微软 Excel 技能被认为是应聘的"必备条件"，而有能源行业的工作经验则最多是"优先考虑"。

在像恩泰克公司这样的地方，数据工作文化被认为是理所当然的，因为电力市场的数据化是其存在的根本原因。但是，在向消费者生产或供应电力的地方，数据化的交易文化是如何持续运作的呢？那些忙碌的工程师和规划师似乎仍然存在，并且他们对电力交易持有矛盾态度，正因为这种工作文化过度依赖数据。泰德是新英格兰地区一家大型电力公司和发电公司的工程师，专门负责电厂建设和安全。2013 年，在我参加 ISO-NE 市场参与者培训的那一周里，泰德坐在我的左边，慷慨地与我分享他对课程内容的看法。在培训的第一天，我了解到，他所在公司的首席交易员在几个月前突然离职，他便成了公司交易部门的负责人。他说，在过去的十年里，他部门的交易员一直从事"投标和报价"的工作，他参加培训是为了学习投标和报价过程，以便更好地监督他们的工作。泰德自认为是一个"在实践中学习"的人，同时也拥有工程学本科学位，因此他相信自己能很快掌握交易的基础知识。然而，让他感到不满的是，ISO 的市场运营人员（其中一些人在培训中担任讲师）通常对电厂工程缺乏兴趣，因为这直接影响了他们对市场的设计。

在整整一周的培训中，泰德不停地在讲师假设的场景中插话，提出电气和工程学方面的细节和修正意见——要么是小声地对我说，要么是直接对讲师提出质疑。如果讲师举了一个实时市场交易的例子，泰德会说，"不是每个电厂都能这么快启动"——他管理的煤电厂就启动得很慢。有一次，讲师很费劲地解释"经济最小值"和"经济最大值"的概念。作为前一章"经济与工程的粘合"中的一个例子，"经济最小值"和"经济最大值"代表电力生产商根据其发电机的实际发电能力而设定的电力报价窗口。当坐在我右边的交易员（一位电力的初学者，但却是一名编程高手）发现无法从讲师那里得到关于"谁决定经济最小值和经济最大值"这个问题的满意答案时，泰德转向他，简单地解释道："热耗率。"这个交易员一脸困惑，一向健谈的泰德重复了一遍这个词，好像这是一个完全不言自明的答案，所有人都能立即理解。最后，坐在我们前面一排的学员看出了这个交易员的困惑，解释说："（讲师）解释不清是因为他不是工程师。发电厂有一个支持正常运行且最省燃料的运转点，这就是经济最大值。"这种解释无疑有些夸张，讲师确实知道这些概念的含义，但他的解释并没有让现场的工程师们满意。对于他的工程师同僚的解释，泰德重重地点了点头。

泰德持续的沮丧不仅仅源于一些 ISO 的人员在培训中将工程问题搁置一旁，而且因为他对大量数据从业者涌入电力交易后导致的一些市场设计变化产生了消极情绪——他认为，这些发展主要是为了迎合那些对生产或提供电力不感兴趣的市场参与者，同时让像他这样的工程师的工作变得更加复杂。他看不起（并承认自己并未完全理解）虚拟交易，认为这不过是"合法赌博"。他还对 ISO-NE 将实时市场交易间隔缩短至每 5 分钟一次的计划感到担心——这一措施再次服务于像恩泰克这样的公司，这些公司需要在紧迫的时间期限内收集信息并提出投标和报价，更短的交易间隔为这项业务的存在找到了合理的理由。我想，泰德本可以选择让自己去适应电力交易。毕竟，任何一种工作文化都不是停滞不前的，总有一定的继续成长、脱颖而出或转型的空间。但泰德似乎选择了不去适应，因为仅仅两年之后，他就以水电大坝安全工程师的身份重回了工程领域。

出于专业的原因，泰德对电力行业数据工作的激增感到沮丧是可以理解的。他曾经认为，他在电力公司工作的理由在于能为客户保持灯光常亮。遥远的雪松林变电站的位置——信息工作者的交易内容——与他的实际工作及日常工具包所能解决的问题相隔甚远。对泰德来说，数据工作分散了对"真正"工作的注意力。与泰德相反，对越来越多从事电力交易的信息工作者来说，数据工作就是他们就业的理由。作为技术经济领域的人类学者，我们应该关注数据从业者如何在他们对交易商品的熟悉程度有限的情况下，依然能够在经济结构中找到并创造盈利和就业机会。更多的利润似乎是许多市场参与者转向数据的动机；尽管被强化的数据管理与利润增加之间的因果关系并不适用于粒度验证——至少在市场自己的时间轴（无论是提前还的是实时的）上没有被验证——但数据的工作文化仍会延续下去。

本章中，在信息工作者稳步拓展现有电力市场版图的同时，还有另一种扩展过程正在发生——一个将日常生活本身转化为电力市场的过程。负责这一过程的专业人员旨在让日常电力用户以某种市场化的方式参与经济生活——即便不是像 ISO 那样的有组织的交易。下一章，我们将把目光投向智能电网的工程师们。

第三章

优
化

这里没有示波器、万用表、电路、电源或电气工程实验室中常见的其他仪器，取而代之的是大约 20 个配备了笔记本电脑的隔间。书架上有许多教科书，几乎每本书的标题中都包含"优化"（optimization）一词，例如"电力系统运行优化""电流优化原理"等。白板上写满了希腊字母，表示优化问题中的约束条件。图钉板上有科幻小说和日本动漫主题的图画。如果实验室成员不在自己的隔间里盯着电脑屏幕上的 MATLAB（一种计算软件）界面，那他们要么在隔壁的会议室里开会，要么在隔壁的茶水间里，那里有《今日物理》和《电力与能源》一类的休闲读物，此外还有一份《社会经济评论》，大概是偶尔阅读经济社会学的电网工程师留在那里的。

这个地下室实验室是匹兹堡卡内基梅隆大学电子与计算机工程系的一个研究团队工作的地方，该团队由研究生和博士后组成，由玛丽亚·伊利奇教授领导。2013 年秋天我来到实验室，准备待上一个学期，当时恰逢一个辉煌时刻——实验室成员（现任及前成员）多年来创作的一本书出版了。该书探讨了用信息技术建设电网的方法（Ilić et al. 2013）。作者们使用了"智能电网"一词作为其研究议程的简要概括，这在美国和世界上许多其他工程研究团队中都十分常见。实验室成员表示，相比现有电网，这种新型电网将使用更清洁的燃料来源。得益于先进的计算软件和每一条供需信息的输入，这一目标将通过专业的预测和协调来实现。为了更好地说明这一点，请想象一下收集给你的烤面包机供电（并且让你刚好赶上吃早餐）的能够驱动一个风力涡轮机所需要的最少量的风。这本书分享了在 MATLAB 中进行的电网模拟的结果，这些电网模拟运用了一个远离匹兹堡的地方——大西洋中部的亚速尔群岛——的历史电力消费数据。该书认为，这些岛屿是一个试验场，产生的结果可以被复制到其他地方。

当我第一次到匹兹堡时，我迫不及待地想要拿到那本书；随后我发现，这本书在付印时对我表示了慷慨的感谢，感谢我先前在亚速尔群岛的暑期工作。当时我是实验室负责人伊利奇的研究助理，她给我安排的任务是深入了解岛上电力消费的社会因素。这本书的内容正如我预料的那样，用优化语言对不同环境下发电和用电的匹配进行了大量讨论。然而，书中有一点仍然让我印象深刻即频繁地使用"准时"这个短语。这本书的编辑们向读者保证，随着书中所提议软件变革落实到位，电力将会及时、就地、准确地根据用电情况被生产出来并输送给消费者。这种表述——意指事物能够在需要的时间和地点被及时交付——似乎已经成为日常生活中许多新兴经济形式的特点，从网约车应用到基于互联网的众包工作安排。许多批评者认为，"准时制"是新自由主义生产和消费模式变革的象征，它代表了越来越去中心化和模块化的过程，在这些过程中，我们的商品通过全球供应链进行组装，并送到我们面前（参见 Harvey 2005）。那么，这个术语怎么会出现在一本关于电网工程的书中？

在本章中，我将描述伊利奇实验室以优化为核心的工作文化，在这种文化中，寻求电力供需的精确平衡是实验室成员的首要目标。正如一位实验室成员曾经告诉我的那样，"我们所做的一切都是为了更好地匹配供需关系"（Özden-Schilling 2015：578）。我认为，优化工程师是技术经济的实践者，他们不仅在电力领域，也在更广泛的领域中，在现实中创造出市场化的环境，他们并非由法律变革或个人意识形态所驱动，而是基于优化工具包及其相应的关于世界的假设来开展工作。这种优化文化解释了为何我们周围出现了越来越多去中心化、模块化、日常化的经济形式。当我们把对这些新经济形式的研究放在像伊利奇的实验室这样的环境中时，就能建构出一种细致入微的叙述，展现优化人员的想象是如何受到特定数学工具包的塑造与滋养。

优化是一套数学技术——根据一个标准，从一组可能的结果中选择最优结果。计算机科学、工程学、经济学和系统科学都有着各自不同的优化传统。在伊利奇的实验室里，"最优"意味着尽可能减少资源浪费，因为消费者的电力需求已经尽可能地与资源进行了匹配。进入这个简陋的实验室，你可能会以为自己来到了一个经济学系的实验室，因为你会听到实验室成员几乎没完没了地谈论着"供需平衡"。伊利奇和她的学生将智能电网视为电气工程中保持电网平衡和稳定这一古老问题的延续——现在，这个问题得到了先进的通信技术和海量可用数据的帮助。

由于智能电网的热潮，经常有新的学生来参加伊利奇的标志性研究生课程，而她需要澄清这个术语的真正含义。她认为，智能电网并不能完全取代现有电网。最准确的描述是，智能电网是一个关于改进的议程——一个用数字通信技术，有选择地、理性地在电网输送和分配层面升级电网的议程。这些改进涉及多个方面，例如能够在出现瓶颈时重新规划输电路线的智能输电线路，或是协调消费者家庭内部和家庭之间联网耗电设备（如洗碗机和空调）的耗电情况。事实上，在智能电网工程师看来，这一议程的重点恰恰在于消除当前结构中对电网不同部分的区分——不再区分 ISO 市场中的批发交易和家庭的零售消费。出于这个原因，智能电网工程师的研究范围也经常延伸到电力消费心理学——消费者的心理也被视为影响电网运行的变量之一，需要被理解并纳入优化算法的模型之中。

优化人员致力于创建智能电网的形式和算法，使其像无处不在的日常市场那样运行，并不断根据消费者的实时用电情况和不断变化的电力生产成本计算电价。在数字通信技术的帮助下，他们模糊了电网的不同电压等级之间的界限。智能电网将成为我们日常生活的背景板中持续存在的市场，而我们这些日常消费者会因为用电这一日常行为被自然而然地纳入其中。

伊利奇的团队从她曾经的合作者弗雷德·施韦普团队的工

作中断的地方重新开始——将电网构建为一个将消费者、生产者和机器紧密交织在一起、持续进行信息交互的电力网络，并在此基础上用数学语言进一步完善。像施韦普的团队一样，伊利奇和她的实验室成员扎根于系统科学——这一学科研究像电网这样由多元组件构成的复杂动态系统，同时也孕育了多种优化方法论。由于优化人员的研究领域和某些新自由主义思想传统之间在历史上有交叉的知识谱系，因此有时在思维和表达上，优化人员和新自由主义经济学家之间存在某种"家族相似性"。例如，他们都（明确地）把时间因素纳入计算和设计准时化解决方案的考量。但是如果仔细观察，他们在一些方面也有分歧，比如竞争的作用。虽然根据许多新自由主义思想传统，竞争是获取信息的关键，并且竞争本身也具有好处，但根据优化人员的观点，竞争只是改善供需平衡的方式之一。事实上，伊利奇对当代电力市场并不满意，这些市场最初是由理查德·施玛伦塞所说的"天真的"新自由主义理论家所设想的，在她看来，为了竞争而竞争会产生次优结果。

　　伊利奇和她的学生将他们构想的这个日常市场与 ISO 当前运作的市场进行了对比——让我们姑且称后者为"实际存在的市场"，我们在第一章中看到了它们的形成，并在第二章中看到了它们的常规运行方式。将二者进行对比是因为这些市场已经在运行，而智能电网仍然是未来的方向，并且人们正在逐步推进实施。智能电网工程师指出，由于传感系统不完善，以及整个 ISO 和电网中大量的次优计算，大部分太阳能和风能目前无法被采集利用。想象一下，像太阳能或风能这样的"间歇性"资源在今天的某半小时内突然变得可用，而交易员在昨天的日前市场中没有预测到这一点。在相关发电厂升压和实时市场重新计算价格之前，这些资源就可能已经消失——太阳可能已经落山，风力可能会减弱。优化工程师告诉我们，消费端也有很多次优现象。我们这些日常的电力消费者倾向于在同一时间用电，晚上电网超负荷运行（通常情况下，ISO 会在这段时间使用最肮脏的能源来满足高峰需求），而在午夜过后又未能充分利用电网。但如果我们的洗碗机可以感知到周围的电力资源，并在电力过剩的时候自动上线，哪怕是凌晨 3 点，会怎么样呢？为了回答这些问题，优化工程师的努力将日常生活的结构，比如打开家里的灯这样近乎下意识的行为，转变成一种市场机制——我称之为"日常优化市场"（everyday optimizing market）。

本章以本书的论点为基础，继续将电力经济描述为一个技术经济学领域，在这个领域里，独创性的经济学推理是在科学和工程学实践的交汇处产生的。伊利奇及其团队成员中没有声称自己具备经济学专业知识的专家，也不以对经济理论做出贡献为主要目标，然而，他们所塑造的经济形式却深刻影响着我们的日常生活。正如我们将看到的，他们有时会将自己的专业知识与经济学家的专业知识进行对比。将电网想象成一个无处不在的市场，这种选择既是技术性的，也是政治性的，但其政治性并非体现在对某种社会治理理念的公开认同。在我和他们一起工作的几个月里，实验室的一些成员对这类话题没有兴趣，另一些人则表达了左倾的观点，通常也伴随着对市场机制的怀疑。然而，真正被公开而明确地表达，并作为推动社会组织改进的共同语言和公认必要条件的，并不是某种政治立场，而是"优化"。它催生了一种使供需平衡自然成为保障社会福利的主要方式的文化——这种文化允许个体成为市场建设者，而无须明确宣称自己相信市场能够解决社会弊病。

　　学者们探索了通过技术工作做出政治选择的意义——这一领域通常被称为"技术政治学"（Mitchell 2002）。他们考查了政府是如何借助技术来塑造公民身份的，例如通过监管家庭用水的水表（von Schnitzler 2008），或是通过像广播和电影这样的媒介形式来塑造现代政治主体性（Larkin 2008）。兰登·温纳关于人造物（artifacts）如何获得政治性的经典文章指出了这种情况可能发生的两种具体方式（Winner 1980）。温纳发现，一种方式是人造物中内嵌了某种有意为之的意图，比如桥梁设计得过低，让公交车（以及乘坐公交车的低收入人群）无法通过；另一种方式是使人造物的持续运行最符合某种政治安排，比如核电站，其安全运行需要一种通常以等级制和非民主组织方式运行的管理力量（Winner 1980）。在这里，我将沿着温纳指出的第二种方式，从一个电气工程实验室内部开始调查，以考察其经济愿景。然而，我这样做并不是为了找出与这个实验室的活动最相符的政治理念，而是为了捕捉在这种环境中生成的独特经济和政治推理，这些推理并不容易被归类，也不与现有的意识形态议程完全重合。在布莱恩·拉金（Brian Larkin）关于技术政治的讨论中，他强调了特定技术和基础设施所开辟的可能性领域，这是政治力量无意中促成的（2008）。在优化的工作文化中，也存在类似的可能性领域——在对新的优化算法进行头脑风暴时产生的关于电网的当下与未来的愿景。这些愿景构成了本书探讨的电力经济构成的第三个组成部分。

探索优化的工作文化有助于我们对当代政治经济学进行新的批判。在我们周围，一种新的经济生活方式正在迅速扩散，比如智能电网。智能电网是一种关注匹配的形式；它将供给与需求在日常生活背景下相匹配，讲求及时、就地。例如，在网约车应用中，系统在需要乘车的时间和地点将需要搭车的人和愿意提供搭车服务的人相匹配。

这种新形式可以通过它的三个属性来识别。首先，它是去中心化的，它不经过中央机构的批准或计算。其次，它是模块化的，交易各方没有长期承诺，类似于承包商的工作方式。最后，它是日常化的，嵌入人们的日常生活之中——无论是通勤、与家人互动，还是直接的用电行为。这与组织化的交易相反，在有组织的交易中，买方和卖方是预先注册的有明确目的的经济主体。为了覆盖普通人群，这种经济生活形式利用了人们与所谓的"普适计算"（Weiser 1993）或"物联网"之间的连接。经济学家有时称这种形式为"匹配市场"（参见 Roth 1986），而其他社会科学家则称之为"优步化"（Überization，参见Fleming 2017）或"共享经济"，这也涉及基于网络通信技术的日常生活方面的市场化。我称之为"日常优化市场"。这些市场是在伊利奇这样的实验室里被创造出来的，我们需要进入这些实验室，才能理解这种市场化的社会生活形式为什么以及如何在我们周围日益普及。

　　展望未来，关注优化的经济人类学需要发展两点。首先，我们需要思考"另一种可能性"，一种反事实。读者可能会问，我们不是都在优化吗？优化不都是以某种形式存在于每个领域中吗？答案是否定的。优化只是经济组织的一种逻辑，在电力行业也是如此。在电力行业，实业家历来通过诸如利用规模经济等方式来获取巨额利润，规模经济是一种专注于扩大供应面的逻辑，而不是在更细微的尺度上使供应与需求相匹配。其次，我们要有批判的视角。有人可能会问，追求效率有什么问题？资源与需求相匹配，避免浪费一直以来不都是好事吗？没错，匹配的问题并不是社会弊病，效率也并非问题所在。这就是为什么在探索更大的优化领域时，我们必须关注具体的情况——在不同情况下具体选择优化哪些变量，以及这种选择性优化服务于谁的持续利益。网约车应用可能会巧妙地将需要搭车的人与愿意提供搭车服务的人匹配起来——在这些精心挑选的变量之间，完美供需平衡可能触手可及。与此同时，该应用程序的管理层可能会有意阻止司机找到稳定的工作。事实上，伴随优化议程而来的模块化运营已经在多个行业助长了不稳定的合同制工作环境（Appel 2012，Hall and Krueger 2018）。然而，尽管不同领域的优化逻辑存在相似性，它们可能带来的社会利弊却不尽相同，因而我们对其的批判也不应一概而论。就电网而言，专家借由优化议程为减缓气候变化提供解决方案，这一点值得肯定，然而，他们对这样一种市场形式——可能会回避平等准入或公平定价等问题的市场形式——的投入和追求，或许会给我们一个停下来思考的理由。

在接下来的内容中，我首先阐述了通过聚焦"优化"来研究日常优化市场的分析视角；为此，我尝试绘制一幅当代专业知识谱系图，其中既包括优化者，也包括新自由主义理论家。接着，我将讨论优化议程如何让智能电网工程师将电网概念化为市场。然后，我将详述在技术饱和的优化经济中，人类被赋予的新角色，以及"社会性"的新含义。最后，我对优化在日常生活中的激增现象提出细致反思，并探讨可能的批判框架。

电气优化

优化就是在一组可行的结果中找到最优结果。例如，我想在自身能量水平有限的情况下尽可能快地跑一公里，或者在交通预算有限的情况下尽可能多地去不同地方办事。读者可能会注意到，这些问题都与某种形式的资源管理有关：我希望在取得令人满意的结果的同时，尽可能地节省我的金钱、精力和健康。事实上，对数学优化的研究在资源管理成为集体关注的焦点时达到了历史顶峰。虽然其理论根源可以追溯到现代数学家，如费马或拉格朗日，但优化在两次世界大战期间得到了决定性的推动，当时各国政府资助后勤物流工作，为其军队规划稳定的燃料供应（Cowen 2014：25–30）。

第二次世界大战将对物流的关注与对改良弹道学的痴迷结合起来。美国政府大批地招募民间科学家和工程师来提高军事行动的准确性，比如预测敌机位置（Galison 1994），由此催生了关于在不确定条件下进行匹配的研究——从将发射的弹药与移动目标相匹配，到将原材料与生产目标相匹配。在此过程中，一系列推动优化发展的机构和学科应运而生，如兰德公司和运筹学。兰德公司是这一时期的中流砥柱，它尤其擅长将战时系统思维转化为组织和企业的管理技术（Knafo et al. 2019）。因此，优化顺利进入了一些显然属于经济范畴的问题领域，例如企业内跨部门的预算优化分配。

这些军事上的起源被科学史学家很好地记录了下来（Bowker 1993，Galison 1994），但优化也有一段不常被提及的电气历史，这段历史揭示了优化如何走向日常生活，超越了政府管辖的范畴。20 世纪初，一些后来成为控制论和运筹学先驱的著名学者以电气工程师的身份开始研究关系日益紧密的北美电网中的实际问题。他们受实业家的委托，比如通用电气公司希望他们评估长距离高压输电线路项目的可行性，比如某条新的线路是否会导致整个系统的不稳定（Mindell 2004）。这些实业家和他们的学术工程师伙伴面临的实际问题是，如何在不断扩展和调整电网组件的过程中保持整个系统的稳定性与功能性（Mindell 2004）。

这个问题在 20 世纪初变得非常紧迫——在托马斯·爱迪生的直流电（DC）和乔治·威斯汀豪斯的交流电（AC）之间的"电流大战"结束后，交流电取得了胜利，并逐渐取代了直流电（T. Huges 1993）。交流电充满了暂态现象——电路中短暂的变化，如电流不可预见的增加和减少——这需要用微分方程来处理。而微分方程对只懂简单代数的上一代电气工程师来说是一个"令人困惑的领域"（Puchta 1996：50，McMahon 1984）。人们曾开发出一些权宜之计，比如斯坦梅茨方法，它通过生成暂态现象的稳态版本，使得交流电网的复杂性能够通过代数工具勉强求解。但是，远距离高压交流系统的复杂性已经超出了其制造商的计算能力。前所未有的电流量和电压水平如果不能在长距离上很好地协调，可能会对制造商昂贵的设施造成损害。因此，在 20 世纪上半叶，制造商迫切地寻求更高水平的数学技术。同时，受过良好教育的数学家现在也被吸引到电网物理问题的研究中。

在两次世界大战期间，数学家和工程师之间的相互吸引在麻省理工学院找到了绝佳的发展空间。对这一发展至关重要的人是范内瓦·布什，他因促成了美国军方和大学之间开创性的科学合作关系而广为人知（Shurkin 1996：101）。布什原本是一名电气工程师，在麻省理工学院写了一篇关于电路行为的博士论文后，他在学术界和电力行业工作了一段时间，并于 1919 年回到麻省理工学院，担任电力传输教授。布什的实验室获得了工业界的慷慨资助，其中包括他的前雇主通用电气公司，资助将用于评估长距离输电建设项目的可行性，以防止建设昂贵但最终不可行的输电线路（Mindell 2004）。1925 年，他指导一名研究生设计了一台机器，用于解算卡森方程，这是一种用于计算输电线路阻抗的导体理论。他们最后的产出结果是一个由轮子和圆盘组成的集成装置——布什实验室的第一台模拟计算机。到 1928 年，布什获得了麻省理工学院的资金来建造一个更大的模型，以求解更高阶的微分方程（Barnet 2013：14—15）。微分分析仪这一开创性的通用计算机就在这种环境中诞生了。

当时有一个非常具体的工程问题，即如何在保持电网稳定可靠的同时继续建设电网，这是推动计算和优化双重发展的核心。优化领域的早期先驱们在为电网开发非线性和动态版本的线性优化模型时，借鉴了他们在电网方面的经验，以应对诸如电流意外增加或减少等随机且不可预测的情况。当新一代精通数学的电气工程师在他们的实验室里调试模拟电网模型时，他们提出了这样一个问题：如何以（对设施制造商来说）尽可能低的成本来应对日益复杂且充满不确定性的电网系统？他们关注基本的常识性经济问题——他们的客户希望维护自己昂贵的基础设施并确保盈利。然而，这些考量也蕴含着更深层次的经济学逻辑：在一个不确定的系统中实现输入和输出的良好匹配。并非巧合的是，布什的理论认为计算机能帮助电网工程师"经济地"完成工作，并将不使用计算机的计算任务视为一种"经济浪费"（引自 Puchta 1996：57）。

伊利奇和她的学生都是博学多才的那类学者，有着一脉相承的学术背景，就像控制理论专家施韦普一样，不是因为他们在电网研究方面有共同的学术根源，而是因为他们继承并改造了前人的工具。"赛博格"——那些半人半机械的信息处理器——就诞生于电气工程系，但它们很快在计算机科学这一新兴学科中得到了集中研究（Ceruzi 1996）。[1] 在第二次世界大战后，对电网本身的研究在电气工程学术界已经过时了，而电网优化的实践则转移到了工业领域。要让像伊利奇这样精通数学的工程师对电网再次产生兴趣，需要依靠其他有趣的理论问题。20 世纪 70 年代末，当伊利奇进入这一领域时，诸如美国 1965 年和 1977 年的大停电之类的问题促使系统理论家再次涌入电网研究领域。智能电网议题是 21 世纪把改进后的优化方案应用在电网上的最新成果——这次是为了应对 2001 年美国东北部大停电和气候变化引发的资源管理问题。伊利奇领导的来自不同国家的研究人员之所以来到电网优化领域，不一定是因为他们对电力的兴趣，而是因为他们在应用数学和系统工程方面的学科训练。许多人坦承，他们在加入研究团队前从未参观过发电厂；他们也不一定与未经过优化的电网有任何关系。但最重要的是，他们认同他们的工具包——优化。至于工具包的"应用"对象则是其次，就像恩泰克公司的数据工作者一样，这些数据工作者在电力领域发现了世界上一个又一个可以转化为电子表格数据的对象。

如今，各个领域的专家选择将优化工具嵌入到无处不在的计算设备中，从而在日常生活中创造交易空间。这种现象的来源难以追溯至某一单一影响，毕竟优化工具的使用范围是如此广泛。这与人类学家在追踪新自由主义的轨迹时遇到的困难类似。对人类学家来说，密切参与"研究对象的社会生活和关心的事物"无疑是民族志研究的优势，但这也使我们从"特殊推导到普遍"时可能会过度使用一些宽泛解释，比如将新自由主义视作一种无所不包的背景（Ganti 2014：93）。正如人类学家们自己哀叹的那样，到目前为止，这个术语的过度使用已经让这个概念的分析价值几乎消失殆尽（Eriksen et al. 2015）。我并不主张完全否定新自由主义作为一个解释性术语的意义，而是建议将其历史视为一个"思想集合"（thought collective）来讲述，例如这一思想集合在特定历史时期如何汇聚，以应对战后社会国家的兴起等问题（Plehwe 2009）——换句话说，新自由主义是一种现象，而不是一种背景。我们可以和优化领域的学者一起分析它们在知识谱系上的相似性，来探讨它们共同的技术和理念。我们可以辨认出优化和新自由主义这两种现象之间的重叠之处，同时确保我们不会觉得只要存在"优化"的地方就存在"新自由主义"。

让我澄清一下我对新自由主义的理解，以及我如何看待它与过去和现在的优化人员之间的关系。在 1992 年以来新自由主义改革者的研究中，斯蒂芬·科利尔认为新自由主义不是一种霸权或意识形态，而是"福柯式"的生命政治——一种"对政府实践的批判性反思"（Collier 2011：18），着眼于在社会国家崛起的背景下赋予古典自由主义理论以新的生命，比如个人自由。科利尔追溯了新自由主义思想中的一个传统，该传统特别关注基础设施及其监管，特别是乔治·斯蒂格勒关于电力行业监管的思考——现有的监管是否为生产者维持了成本，以及为消费者降低了价格（Stigler and Friedland 1962）。承袭斯蒂格勒的这一思想脉络的学者（以及通过复杂知识谱系与之相关联的苏联解体后时期的学者）将任何经济领域都视为由独立的、能够进行算计的行动者构成，他们试图将经济生活的各个领域进行重新编码，使其运作方式更接近市场，甚至也包括"竞争性市场无法运作的领域"（Collier 2011：224）。他们的政策制定者伙伴开发了"微观经济装置"，以促进"基于供需的选择、竞争和价格的计算"——例如电表和恒温器这类简单的装置（Collier 2011：227）。

由于科利尔等新自由主义改革者热衷于去中心化、普适计算和公共生活中的竞争，他们与我所关注的专家——电表的构思者和修理员——有着明显的"家族相似性"。对这种相似性最好的解释是他们所使用的工具的重叠。例如，科利尔断言，1992 年以来新自由主义改革者在他们的改革努力中得到了"一套由几十年的编程技术和编程机制汇集而成的工具包"（Collier 2011：216）的支持，但他并未详细说明这一工具包的内容，也没有具体指出其数学方法的渊源。全面阐述新自由主义奠基者对优化的使用并不在本书的范围之内，但是为了使论述更完整，我将从历史学家菲利普·米罗斯基（Philip Mirowski）关于 20 世纪中期经济学学科转型的著作中寻找线索，其中介绍了许多新自由主义思想的奠基者（2002）。

答案可能就在经济学的赛博格化（cyborgization）为这门学科提供的工具包里。正如米罗斯基（1989）所发现的，现代经济学在 19 世纪晚期以我们所熟知的当代数学形式作为一门科学崭露头角。现代经济学被称为**新古典主义经济学**，以区别于亚当·斯密和大卫·李嘉图等人的古典政治经济学。新古典主义经济学建立在个体行动者效用最大化的观点之上，这一传统观点到现在仍然是经济学的主流。但是在 20 世纪中叶，这一主流观点在许多科学领域（从生物学到化学）受到了挑战。像其他研究"赛博格科学"——20 世纪将自己重塑为信息处理科学的学科（Pickering 1995）——的历史学家一样，米罗斯基将经济学中的赛博格研究的起源追溯到美国在第二次世界大战中对科学和技术在军事上的应用，尤其是战时数学，它支撑了计算机和运筹学领域的并行发展。

像约翰·冯·诺依曼这样的在不同学科中运用了相同的数学技术的全能学者，以"不等式约束下的优化技术、概率的测度方法、不动点定理和极限集的新数学技巧"的形式，将赛博格理论引入了不同的经济学家群体（Mirowski 2002：282）。赛博格经济学家（其中一些是新自由主义奠基人，比如弗里德里希·哈耶克）十分重视不确定情况下的信息处理，无论这些处理是由人类、非人类，还是两者共同完成的。他们对新古典主义的理性感到不满，这种理性假设人类主体有明确的偏好并以此为基础进行决策。虽然某些优化技术——"例如线性规划或最大似然估计法"（Mirowski 2002：285）——被新古典主义和研究赛博格的经济学家使用，但其他技术（如动态规划）则成为了那些全心拥抱赛博经济学以及对不确定性痴迷的群体的标志（Mirowski 2002：260）。

我的访谈对象的表述之所以有时与新自由主义的表述有所重叠，是因为他们也运用这些精确的编程技术，并且也继承了赛博格科学的学科系谱。他们的影响范围与新自由主义者不同——有时更广，有时更窄，这取决于他们所改造的基础设施的覆盖范围。当伊利奇和她的学生把电网设计成一个去中心化的、模块化的日常市场时，他们也把社会生活的更多方面——以及更多的人——纳入市场关系的范畴。优化人员有他们自己的计划和工具包，将决策权分散并转移到由人与非人组成的集合中，从而对公共基础设施进行重新编码，而这些集合现已具备持续的计算能力。想象一下这样的电网：你的冰箱可以时不时地和邻居的电动汽车交换电力。如科利尔所论，在福柯式的生命政治范式中，我们可以说，具有优化意识的专家已经将治理的重心从人类群体的福祉转移到了赛博格，即那些不断进行优化的半人半机械机器身上。

可以肯定的是，如果指望通过数学方法（例如优化）而非意识形态（例如新自由主义）来理解经济对社会生活的处理方式不可避免地等同于某种意识形态（即如果一个人使用优化的方式必然使其落入新自由主义），那么这种探索将注定是徒劳的。实际上，这相当于以一种不那么直接的方式将已经广为流传的新自由主义叙事又重申了一遍。事实上，即便是那些最受新自由主义理论家青睐的优化专家，也可能得出那些新自由主义理论家所明确谴责的经济手段——例如不同主体之间缺乏竞争的经济模式。伊登·梅迪纳（Eden Medina）对智利社会主义控制论的分析就是一个很好的例子，尤其是由萨尔瓦多·阿连德提出，并由控制论专家斯塔福德·比尔开发的工业生产模型"赛博协同控制工程"（Project Cybersyn）（Medina 2011）。赛博协同控制工程体现了阿连德政权对去中心化治理和工人参与管理的兴趣，并将智利的工业塑造为一系列自治性质的组成部分，只有当生产问题无法在给定时间内通过每个组成部分的反馈循环得到解决时，才会向上级管理层发出提醒。

无须将目光偏离美国电网太远，我们就能找到优化的非新自由主义且非竞争性的使用。直到 20 世纪 90 年代中期，美国电网仍是自然垄断企业的大本营，这些企业在各自划定的区域内运营，不存在竞争。上述所提及的电力优化历史正是发生在一个由私人企业主导，但仍然缺乏竞争的环境中。在发现优化后，优化成为了一种普遍的管理实践（Knafo et al. 2019）。就像其他行业一样，当时电力行业的垄断者使用了优化工具来改进运营，例如决定其服务区域中哪个电厂在什么时间运行成本更低，且能够满足区域的用电需求。（尽管此时的优化远未达到伊利奇团队对电网未来所设想的那种普及程度，但它依然是一种优化实践。）一批可被归类为新自由主义者的理论家将竞争引入了美国电网运营，因为他们的论据主要围绕着如何复制成功的放宽监管案例。但正如我们将看到的，伊利奇认为将竞争引入电力行业的初始阶段是无效且次优的做法——她是一名优化专家，她的研究要么反驳，要么无视了自 20 世纪 90 年代以来电力行业里新自由主义理论家的主张。

概括而言，这些例子表明，作为分析范畴的"新自由主义"或"社会主义"无法胜任我们所期望的解释任务。仅依靠它们无法解释智利社会主义和苏联社会主义之间的差异（Medina 2011），也无法解释美国新古典主义经济学家的经济学和南斯拉夫民主社会主义者的经济学之间的相似性（Bockman 2011）。同样，对我的研究来说，这些概念也无法解释为什么智能电网工程师倾向于将我们的电网构想为一个市场。我们的任务是将日常优化市场追溯至科学和工程学的历史，并探究它们在实验室的起源。

进入实验室：一种类似市场的电网

就像这个团队所在的实验室一样，伊利奇教授研究生研讨课的教室也很简陋，除了椅子、黑板、投影仪和屏幕，几乎没有其他设备。研讨课上有十多名研究生，他们分别来自工程系、计算机系、数学系等院系，对能源略微有些兴趣——他们听说过智能电网，并且喜欢数学——所以希望过来亲眼"看看"智能电网。这堂名为"智能电网和未来的电力系统"的研讨课涵盖了伊利奇的智能电网愿景的所有设想。这里是招募新成员的地方，也是在其他地方被招募的新成员接受培训的地方，资深成员将担任教学助理。在最初的几周里，伊利奇需要说服那些犹豫不决的学生，让他们留在课堂上，以免他们因为迷失在数学的复杂性或研讨课的理念中而选择离开。关于第一点，伊利奇可以妥协，甚至主动请求。她向学生们保证，如果他们能忍受最初几个需要人工计算的案例，那么他们之后的许多数学工作将只是学习按下 MATLAB 界面上正确的按钮，助教托尼[2] 可以在复习课上教他们这些。她不禁反问起来，并努力回想：在21 世纪初 MATLAB 软件兴起之前，大家是如何进行人工计算的？那时是否只能用仅有两个变电站的简单系统进行建模？

对于第二点，即研讨课的核心理念，伊利奇态度坚决。在她看来，电网不是技术的集合——它不是某个变电站、变频器或变压器；相反，它是一个系统，是它们之间关系的总和。不论那些新手学生如何受到匹兹堡创业文化的影响，但智能电网的问题是不可能通过引入一种神奇的新技术来解决的——不管是性能卓越的"灵活交流输电系统"（flexible AC transmission systems），还是解决电网储能问题的强大电池，都不足以单方面改变系统的本质。不像范内瓦·布什的实验室，伊利奇的教学环境中没有电网的模拟模型，数字计算软件 MATLAB 通常在同一时间也只能由一个人操作。所以，她用通过肢体语言向学生们展示了一种思考电网的方式。当一个新来的学生开始赞美某种伟大的新型变频器，或者宣扬某种"颠覆性"储能技术时，伊利奇会下意识地伸出双手，就像拿着一个篮球，一字一顿地说："考虑整个系统，告诉我它是如何影响这个系统的。"

事实证明，这个系统有着经济属性，并且这是该系统的固有属性，而不是人为决定了它应该如此。当被问及这项或那项技术的可取性时，伊利奇常常只微笑着说一个词："成本。"在伊利奇那里，考虑成本是一个极其自然的过程。系统在运行时会产生这样或那样的成本，有时是设备磨损，有时是资源浪费，比如未被利用的风能和太阳能。由于电网层面无法储能，电力系统比其他大多数系统产生的成本更高；那些没有被使用的能源会被浪费，不论它们是否会造成系统失稳。伊利奇经常根据她在电网行业的经验，将她的解释建立在现实的基础上。她描绘了一个想象中的与 ISO、电力公司和输电公司的谈话，向它们解释在效率（也就是削减成本）的效益不够明确的情况下，进行昂贵的基础设施投资将是徒劳的。"成本。在你把成本投入电网前，你需要证明你投入的费用是合理的！"当伊利奇这样说时，我经常觉得她是范内瓦·布什的继承者，后者希望通过保持电力供应通畅和为公司省钱来取悦通用电气公司。

过了很长时间，伊利奇终于向我说起她人生经历的一些片段。她于1951年出生于社会主义国家南斯拉夫。母亲是第一个教她努力工作的榜样，受母亲影响，她是一个很积极的学生，很早就喜欢上了看书和科学课。竞技篮球是她的第一爱好；据她自己说，通过竞技篮球，她学会了如何团队合作。当时在南斯拉夫，优秀的学生会被鼓励在大学学习工程学。1969年，她在贝尔格莱德大学学习电气工程。那时，在300名入学的学生中，只有10名是女性，其中只有5人能在对女性不太友好的环境中顺利毕业。她从一位女性研讨课老师身上受到鼓舞，并坚持了下来——这也预示着未来她作为一名女性，在一个由男性主导的领域中的职业生涯。在五年制课程的前四年里，她出色地完成了电气工程的所有基础课程：电子学、自动化、控制。

第五年，她对"系统思维"和"优化"产生了兴趣，她告诉我："那就是他们把我送去美国的时候。"20世纪70年代初是南斯拉夫的动荡时期，但伊利奇沉浸在自己的技术创造中。刚好在1977年纽约大停电后，她来到美国，在"系统科学和数学"系攻读研究生。她的导师认为这是作为系统科学家研究电气系统的好时机，因为那是自上一次1965年大停电后美国电网再次出现故障。她的教授们认为她必须花一年的时间才能在这个特定领域取得进步，但伊利奇潜心研究电力系统，爱上了这一领域，并且表现出色。在成为一名杰出的电网研究员后，她记起母校外一座她在贝尔格莱德学习期间从未注意过的雕像——交流电网开发者塞尔维亚的尼古拉·特斯拉的雕像。后来，她养成了在回母校时与它合影的习惯。

伊利奇认为她的研究圈子的看法就像她理解的电网一样——她的合作伙伴、学生和我是彼此之间关系的合集；而她的工作就是作为一个引导者，在工作中管理这些关系。托尼反复告诉我，"她关注的是整体"，尽管我已深知这一点。该团队的每个成员都在研究不同的控制和动力学问题——托尼研究控制器，一位研究生研究电动汽车，另一位研究灵活输电技术，还有一位研究需求管理——但伊利奇不断提醒他们要有系统性思维，协同思考，就像他们正在研究的电网的各个部分一样。

托尼从记事起就热爱数学，在家乡希腊读大学时，他偶然发现了电网研究。在希腊和美国学了几门应用数学和电网课程后，他又偶然发现了伊利奇的工作。据他自己说，他当时就意识到伊利奇在做的事情是多么前沿。就像 20 世纪初的工程师一样，随着电网变得越来越复杂，他们被电网物理学吸引。托尼认为，对像他这样的应用数学家来说，电网动态现在比以往任何时候都更加复杂和令人兴奋。2003 年的北美大停电让人们意识到，电网正变得越来越复杂，而学术界却忽视了这一点。当然，还有间歇性能源带来的持续挑战让人们一筹莫展。托尼告诉我，对于高比例的风能和太阳能接入电网后将如何影响电网稳定性这一点，我们仍然知之甚少——我们需要什么样的更快速的控制器？如何避免像风能这样的资源被浪费（或是业内人士口中所说的"溢出"）？和伊利奇一样，托尼认为自己之所以投身电网优化领域，是因为他的技能正好适用于电力系统，并且在这个特定的时刻，这些技能的需求是非常迫切的。

伊利奇、托尼和实验室的其他人将电网视为一个经济体。但是电网也是一个市场吗？它充其量是一个管理不善的市场——伊利奇试图将其转变为我所说的日常优化市场。在 20 世纪 90 年代，伊利奇参与了"粘合经济和工程"的活动，推动了我们如今所熟知的电力市场的形成。就像施韦普等人一样，她对市场的理论化做出了贡献，她评估了 ISO 如何为用电、输电损耗和电压限制以及其他电网现象定价（Ilić et al. 1993）。但随着时间的推移，随着智能电网工作的开展，她也开始在数学层面上质疑那些由 ISO 运行的现有市场的一些做法，进而对这些市场所冠上的"新古典主义经济学"名号表示异议。

这种分歧的根源在于一种数学观念。现有市场采用的是静态的优化方式，仅针对未来某一时刻解决优化问题。买方和卖方今天都尽全力预测明天的需求和供给能力，但如果这些变量在今天和明天之间发生了变化呢？如果天气预报是错误的，每个人都出乎意料地打开了空调，会怎么样？那些身处交易世界的人可能会梦想有一个完美的数据库——一个他们每天都在努力达到却渐行渐远的目标——来反映所有信息。对伊利奇和她的团队来说，这种努力只是权宜之计，因为电网的各个部分——无论是人还是物——都在不断变化。"你是在假设有完美的信息"，伊利奇模仿自己与经济学家朋友和现有市场的最初设计者交流时的语气说道。她经常说，"完美信息"是新古典主义经济学的原罪，是"经济学终结的地方"。

出于同样的原因，电网在 20 世纪 90 年代开始的重组以及随之而来的市场化在伊利奇看来并不是一个真正的里程碑。在她的课堂上，她曾经在屏幕上展示了一个"最优电流"的公式——垄断性电力公司用来优化自身运营的静态优化公式。她用手指圈出代表"成本"的字母 C，然后说，当市场开始运作，电力公司的投标人用代表"投标"的 B 代替了 C。"我们过去常说'成本和收益'，现在我们说'投标和报价'。这就是重组开始后发生的所有变化。"她把手举到空中，如此说道。她的这番论断对我们所知的市场提出了惊人的驳斥。她暗示，市场的到来只不过是换了一套说辞——一种竞争的表象，一场由 20 世纪 90 年代的天真的理论家和自由市场辩护者推动的修辞游戏。如果不改变底层的数学运算来改善供需平衡，法律宣告市场的存在就毫无意义。问题是，在**当下**的时间进程中，我们能否让**当下**的需求与**当下**的供给相匹配——因为每个行动者的需求和能力都发生了变化，这是中央机构无法预料和不可掌控的。伊利奇和她的团队使用**动态优化**（dynamic optimization）为我们的冰箱、电动汽车和向我们出售电力的电力公司编写算法规则，以便它们可以几乎连续不断地进行交互。这正是一个去中心化、模块化和日常化的市场，即日常优化市场。伊利奇认为，只要优化工程师能够真正理解并应对电网固有的复杂性，那么电网最终会变成这样的日常优化市场。

当伊利奇谈到电网时，她伸出手，就好像拿着一个篮球。当她谈到实际存在的市场时，她将手往上抬了几公分，仿佛在谈论某种叠加的、非自然形成的存在。如果我们能够就其内在的经济本体论去关注和理解伊利奇用手比画的"篮球"——电网，那就没有任何对人为设定的市场或与其相关的科学、经济学（或新古典主义经济学）的需要了。电网本身就将是一个管理良好的市场。当伊利奇和她的学生使用这些手势时，我经常想起正统马克思主义者谈论生产方式时提到的"基础"和"上层建筑"。对伊利奇来说，电网就是进入一种新的日常生活模式的"基础"——可以说，它是经济关系发生的地方，也是变革发生的地方——在这种模式中，所有供需关系都会自动实现平衡。承认并应对电网中固有的不确定性本身就是一种经济行为，它让新古典主义经济学及其对信息的武断假设变得多余。

伊利奇从其他系统的理论家那里找到了灵感。有一次，我们参加了校园女子电气工程俱乐部组织的一场晚间谈话，她在那里介绍了自己的职业生涯。谈话中，她哀叹自己作为一名女性，多年来一直没有在这个领域找到一个榜样，直到几年前她遇到了因"公共事务"（commons）研究而获得 2009 年诺贝尔奖的埃莉诺·奥斯特罗姆。奥斯特罗姆认为，从渔业到森林，任何事物都可以被视为由无穷无尽的子系统组成的"社会—生态系统"。在伊利奇分享给我的几页文章中，奥斯特罗姆提出了一种将所有科学——从政治学到生物学——结合在一起的新的科学（Ostrom 2009：419）。（大约就在那次晚间谈话的同一时期，"生态系统"这个词开始越来越频繁地出现在伊利奇的讲座中。）我不禁将奥斯特罗姆和伊利奇放在一起比较。奥斯特罗姆获得诺贝尔经济学奖这件事让许多经济学家感到困惑和惊讶，因为在她获奖的领域，几乎没有人认识她（Rampell

2012）。据报道，许多经济学家在收到这个消息后不得不去网上搜索她是谁（Rampell 2012）。和伊利奇一样，奥斯特罗姆把注意力集中在系统及其高效管理上。她的工作可能在一部分人看来属于经济学领域，但对大多数经济学家来说却并非如此。

在此，我认为伊利奇所设想的电网是"类似市场"的——尽管她所设想的这个市场并不是在新古典主义意义上实际存在的电力市场，而是在通过新渠道积极发现信息的"赛博格"意义上的市场。让我澄清一下，伊利奇和她的实验室成员并不一定用这些术语来表述他们与市场建设的关系。他们对于从理论上解释市场的含义或者用语义上精确的方式使用这些概念并不感兴趣。在能够区分我所说的实际存在的市场和日常优化市场之前，我自己也经常感到困惑。例如，当我第一次来到实验室时，我仍然不清楚他们新出版的那本书是以什么为前提的，该书讨论了亚速尔群岛的垄断性的、不存在竞争的公有电网是如何能作为一个模型，用来为美国的这类放宽监管的行业推导出结论的。

当我和两个研究生坐下来交流时，他们似乎并没有注意到任何矛盾的地方；市场是否由法律宣告存在，对他们而言并无实质性的区别。在他们为这本书所进行的计算中，他们使用了"成本"，而不是"投标"——伊利奇说这两种信号在数学上是相同的。他们通过模拟证明，如果亚速尔群岛的电力系统使用他们团队开发的算法，那么无论当地是否设立了类似 ISO 的市场，该系统都能更好地实现供需平衡，同时更有效地利用岛上丰富的绿色资源。其中一名研究生试图用更简单的语言概括这个观点，思索了一会儿后说道："我认为在某种意义上，即便并没有实际意义上的**市场**，这个系统依然可以像市场一样运作。"他所说的"市场"（作为系统可以发挥作用的一种方式），并不是指实际上存在的市场，而是一种更抽象的概念——系统可以被塑造为类似市场的运行模式。这是一种日常优化市场。

在这里，我指出伊利奇所设想的电网是类似市场的——但不妨让我们回到电网是否是新自由主义市场的问题上来。可以肯定的是，实验室里充斥了与赛博格经济学家和新自由主义思想的奠基人们惊人相似的表述。有一次，在伊利奇的研讨课上，她在讲了一个小时关于电网控制和自动化的数学课程后停下来叹了口气，看着学生们，敲了敲被她早些时候写的东西填满的黑板，说道："没有人能掌握所有这些信息。一切都发生得太快了。"这无法不让人想到20世纪被引用最多的经济学论文之一，弗里德里希·哈耶克的《知识在社会中的运用》（1945），其中讨论了没有一个中央权力机构能够处理所有"时空之情势"[1]——最好的规划方式是去中心化的，并留给"现场的人"[2]去处理。伊利奇的研究生朱智英在阐述她的家庭优化系统（下一节将详细介绍这些系统）时再次呼应了哈耶克的观点，她指出该系统将"尽可能少地依赖本地实体的信息"（Joo 2013：45）。像赛博格经济学家一样，伊利奇和朱智英将信息的流动设

---

[1] 此处参考了邓正来的译法，《个人主义与经济秩序》，复旦大学出版社，2012年。——编注

[2] 同上。

想为一种理想状态：在日常生活中通过去中心化的、模块化的方法来管理，而不是依赖集中化的市场。

伊利奇和哈耶克的观点之间有更多的相似之处，但也有非常显著的差异，比如关于竞争的看法。就像伊利奇一样，哈耶克对新古典主义经济学家的竞争观念持怀疑态度，他批评"经济学家目前采用的竞争概念"（Hayek 1948：360），那种概念假定"不同个体掌握的数据都已经完全相互匹配"（Hayek 1948：362）。按照这种观点，竞争是在参与者已经获得了彼此的信息之后才开始的，就像现有电力市场的情况一样。换句话说，像恩泰克这样的公司之所以存在，是因为在目前的情况下，人们普遍认为买卖双方必须依靠积累的关于整个系统的信息来形成具有竞争力的投标和报价。但在哈耶克（1948）看来，竞争本身就是一个信息发现的过程——它不仅是参与者了解彼此的方式，也是优化自身运作的手段。

伊利奇还经常说："（在集中化的市场中）信息发现的成本极高。"想象一下像恩泰克这样的公司，它们将大量资源投入到了解整个电网之中。但在伊利奇看来，私营实体之间的竞争并不一定是信息发现的关键——通过沟通实现优化才是。如果她设想的分布式系统得以实现——如果个体参与者能够被赋予优化的权利——那么恩泰克收集信息的能力和对恩泰克服务的需求都将显著下降。哈耶克无法像伊利奇那样在亚速尔群岛的这种垄断性的公有的电网环境中对信息发现进行概念化。

在田野调查中，我经常独自苦苦思索这样一个问题：我的交谈对象们如何在经济思想史上找到自己的位置。在我与伊利

奇团队中的成员林交谈时，我发现了一个例外。她具备一定的
经济学背景（她本科阶段在美国一所文理学院修了经济学和工
程学双学位），与其他团队成员不同，她喜欢在实验室里钻研经
济理论。她说，经济学"基本上就是优化，公司希望利润最大
化，客户希望效用最大化，这基本上就是供需曲线"。与伊利奇
不同，她确实明确指出了她的研究计划的障碍是"新古典主义"
经济学及其特定的"局限性"，比如完美信息假设。她的研究
项目正是出于希望借助优化工具解决这些局限性的愿望而诞生
的——这些工具提供了一个创造市场的机会，即便是在过去未
曾存在市场的领域。她的项目设想在电力输送领域创建一个市
场：如果买方和卖方也为电网线路的带宽空间而竞争，就像他
们在购买或出售电力方面竞争一样，会怎么样？

　　这就是为什么林的观点具有启发性。即使是电力批发和零
售竞争的经验丰富的倡导者，也认为输电竞争在理论上是不可
能的。在我参加的电力监管课程和 ISO-NE 提供的市场培训中，
我被灌输了这样一种观点：追踪每个市场参与者实际使用电网
的具体情况是不可能的。换句话说，虽然这些倡导者曾尝试挑
战电力批发和零售领域的自然垄断假设，但他们却再三表明输
电才是**真正的**自然垄断，因为当前我们没有技术来分配或精准
地追踪电力传输。电力一旦被注入电网，就如同汇入茫茫大海
里的一滴水，无法将其与另一滴水区分开来。另一方面，林坚
持认为，这些经济学家和工程师的悲观看法更多源于数学层面，
而不是技术层面——她说，相关的传感技术已经存在，但他们
看不到市场存在的可能性，这是他们所使用的数学工具带来的

限制。她还表示："（只有）那些完全从（新古典主义）经济学家的角度看待问题，并用静态平衡和确定性的思维来看待系统的人，才会认为输电市场是自然垄断。"

输电市场需要建立在电网密集的地方，通过电网用户（电力的买方和卖方）和输电方之间的自动优化交流来实现，例如双方不断地提交自己投标和报价，然后电网自动为中标者提供通路。林说道："在静态意义上，（新古典主义经济学）是正确的。如何把它扩展到一个动态领域，才是问题所在，我认为我们可以用数学方法做到这一点。"竞争性价格将有助于在供需之间建立更好的匹配——这一次，是输电线路的使用的供需。进而，个体用户的意愿会得到尊重；如果一家医院出于用电可靠性的考量而十分重视预定输电带宽，那么它将被允许这么做。

经济社会学家温迪·埃斯佩兰德（Wendy Espeland）和米切尔·史蒂文斯（Mitchell Stevens）曾提出，"在市场不存在的地方，它们往往会被创造出来"（1998：323）。我认为，电网工程师正好印证了这一论断。在个人生活中，这些优化专家可能致力于各种各样的事业，从收入平等到应对气候变化，等等。然而，这些议题并未直接转化为他们的工作内容。相比之下，有了手头的优化工具包之后，市场建设可以被塑造为一种专业的、非政治性的、需要数学知识和技能的工作。就电力而言，对供需平衡的持续需求——电网管理的核心目标——使得优化人员更倾向于将电网视为一个日常优化市场，在这个市场中，供需平衡是精细的、实时变化的。换句话说，优化工具包与电力本身的物质需求共同促成了一种在原本不存在市场的地方创造市场的文化。我的许多交谈对象都是因为对数学充满热情才加入其中。

我遇到的那些年轻优化人员经常将自己的研究经历叙述为一段个人职业成长轨迹。在加入伊利奇的团队之前，林已经在其他地方开始了她的研究生生涯，但她觉得在那里没有把自己的技能充分用在解决足够大的**系统性**问题上。所以她很高兴能加入伊利奇的团队，在这里她可以写一篇真正具有创新性的论文，而不是某些"找咨询公司就可以做的"事情——不是研究系统的组成部分，而是研究整个**系统**。她运用自己的技能组合得出了她认为合乎逻辑的结论，并将它们应用到重要的问题上。一路走来，她为一项承诺将更多可再生资源整合到电网中的任务做出了贡献。这是一项具有进步意义的事业，她很乐意为之做贡献。她适应了优化文化，并发现自己成为了那些曾经不存在的市场的创造者。

林的技能组合在逻辑上通向的最终结论就是"电网市场"（grid market）——一个在时间和空间的布局上不同于现有市场的实体。在第二章中，我们看到市场参与者根据他们对"实时市场"的体验，将其概念化为一个自然过程，在这个过程中，很少有或几乎没有人的参与；我在那一章中的大多数访谈对象会在实时到来的前一天完成他们的工作。在伊利奇的控制与动力学实验室里，又出现了几个时间尺度，由于粒度太细，就连痴迷于粒度的分析师和交易员也无法辨识。在讲座和团队会议中，伊利奇带领她的学生了解这些时间尺度；这些时间尺度变得越来越短。ISO 的算法是在前一天以小时为单位进行决策，然后由发电商和电力公司在 25 到 30 分钟的范围内进行调整，在这之后，人类和他们的优化算法会被控制机制所取代。当以秒为单位时，新的机械装置出现了——调节器、调速器、励磁器，它们能在小规模的供需轻度不平衡中保持电网的稳定运行。换句话说，实时市场的运行依赖于大量非人类、非优化导向的工程机制。伊利奇的团队认为，问题在于我们能在这些时间尺度中把优化方法嵌入多深。交易员和分析师的认知停留在以小时为单位，我们能否超越这一时间尺度继续优化？

通过对空间进行重组，我们可以做到这一点。在现有市场中，决策需要通过中央机构进行，在伊利奇所希望创造的电网中，优化将分布式地嵌入整个电网。在现有市场中，投标和报价都是代表个体生产商和消费者进行的，前提是假设能够充分收集关于他们的信息，而在伊利奇的电网市场中，优化将直接来自这些实体——每个实体将为自己进行优化，并在与其他优化实体的交互中更新其计算结果。这里说的实体，可以是一个风力发电厂，它需要在风力增强时精准提升发电功率；也可以是一辆电动汽车，能够在车主回家以后到早上出门之间的任何时间充电。电网市场可以满足所有这些实体的偏好和需求——无论是人类的还是机械装置的——包括时间方面的灵活性和不灵活性。这意味着优化的无限去中心化，不仅有更短的时间尺度，同时扩展到社会生活的各个角落。[3] 它将涵盖所有与电力相关的生活领域，并在此过程中重新编织社会结构。

探索未知：赛博格的社会性

伊利奇在她的研讨课上总是充满激情，随时准备指出她的观点与实际存在的市场中的新古典主义经济学观点之间的差异。有一天，在研讨课结束后，我在教室外面坦率地问她：为什么两种观点之间会有这样的分歧？如果动态优化直观上比静态优化有更大的修正和调整的空间，为什么她认为这个答案对那些新古典主义经济学的追随者来说并不显而易见？她点点头，承认这种分歧并不是简单的对错问题。她说："（他们曾经没有，但是）我们现在有数据了。"智能电表、智能恒温器、智能电压表——所谓的"普适计算"——这些日常基础设施能够生成和检索数据流，让持续计算的潜力大放光彩。伊利奇被一个想法深深吸引住了，即以前被实际存在的市场所忽视的每一个接入电网的人和物，现在都可以被纳入电网市场——无论是在人们每天使用空调、给电动汽车充电，还是不经意地开灯和关灯的时候。

优化学家也着迷于电力的"社会性"。当他们在努力建立将每个人都包含在内的无处不在的日常优化市场时，他们意识到，人类行为对他们来说仍然是个谜团。他们急于创造或借用一个关于人类行为的有效理论。这里说的"社会性"（或"社会因素"），主要指的是消费者行为，以及如何引导和塑造这种行为。当电进入人们的房子时，人们会用电做什么？什么会促使他们减少用电？什么会促使他们在一天中的特定时间用电？我们如何才能说服他们把对电力的需求转移到电力供应充足的时候——当它既便宜又环保的时候？我们如何让普通人也参与到对供需匹配的追求中？正如我们前面所看到的，优化工程师并不是被为经济理论做贡献这一目标驱动，他们希望建构一种电力消费者心理学的理论，这样他们就可以将消费者纳入电网的整体模型之中。

我和伊利奇开始合作的契机，正是她对电力的社会性的兴趣。在我去匹兹堡进行田野调查的两年前，我们第一次见面，当时她耐心地听我介绍了自己的社会科学背景和研究兴趣。然后，她很快为我安排了在亚速尔群岛的暑期研究——去探索当地的电力消费文化。"什么会促使亚速尔群岛的居民改变用电行为？"她问道："我们应该给他们提供回扣、免费电影票，或者和邻居的消费对比图表吗？"我被安排去帮助伊利奇的学生朱智英处理项目中"社会"相关的部分，她负责"需求侧管理"的研究，即研究在电力进入住宅后人们用它做什么，如何引导甚至干预他们的用电行为，以实现更精准的供需平衡。需求侧管理不仅仅是一个学术研究领域，也是一个蓬勃发展的商业领域，尽管许多企业的诞生确实源于学术研究。该行业有几家公司与电力公司签订了合同，帮助它们优化消费者的用电方式。理想情况下，这种优化能够降低双方的成本。一家颇具争议的该行业代表性企业，"欧能源"（O'Power）公司，在 2010 年以及随后的几年里引起了轰动，原因很简单——它将消费者的用电量与他们的邻居进行比较，并给那些用电较少的人寄送笑脸贴纸。

　　如我所言，如果优化工程师创造了我们生活的经济形式，那么他们这样做是基于经济行动者的有效理论。虽然他们没有明确地将这一经济行动者的特征理论化，但通过对工程师关于电力用户的有效假设和信念的观察，我相信最好把这个行动者描述为一个"赛博格"——一个由人类和非人类部分组成的集合体，二者协同产生最优计算。对优化工程师来说，电力用户的决策和行为究竟源自人类部分还是机器部分并不重要。此外，这个忠实于系统思维本质的赛博格行动者并不需要掌握全部信息，而是在这种充满不确定性的环境中进行优化。

　　毫不奇怪的是，这个赛博格行动者与新古典主义经济学中的经济行动者形成了鲜明对比，新古典主义经济学的经济行动者有时被批评者不屑地称为"经济人"（Persky 1995：222）。赛博格行动者可以被视为赫伯特·西蒙构想的最新延续，他是一位有影响力的决策科学家，曾经是卡内基梅隆大学的教师，提出了"有限理性"或"作为最优化的理性"的概念，直接与"经济人"概念相对立（Simon 2004：47）。在今天的卡内基梅隆大学，赫伯特·西蒙的思想遗产依然延续。这里没有传统的新古典主义经济学系，相反，有赛博格科学系，相当于决策科学系兼行为经济学系。一些与伊利奇实验室有联系的研究人员专注于研究电网与人相关的部分，另一些人则属于"工程与政策"系。这些人正在研究电力消费心理学，期望通过找到方法将电力消费者转化为持续优化的赛博格，从而把他们纳入电网市场的体系中。

　　我们现在已经确定，由于电力本身无法有效储存，它对我们所知的传统政治经济学构成了挑战。同样，在消费层面，电力似乎也对政治经济学提出了一个诱人的挑战。这些年来，我在能源经济学、电力监管和电力市场设计的讲座中听到专家们齐声哀叹："电力太便宜了。"他们反复强调，"价格信号"并没有起到引导消费者改变消费行为的作用——节俭的消费者并未获得实质性的奖励，大手大脚的消费者也没有受到相应的惩罚。更重要的是，它没有做好向消费者传达"生产电力的真实成本"的工作，因为零售价格——消费者从电力公司购买电力的价格——可能每年最多只有一到两次的调整。[4]能源经济学家不断对用户在能源使用方面的"素养"感到失望。我在这些年无数的讲座中目睹了专家们用这样的话质问听众："你在买橘子之前一定要知道橘子的价格，那么你用电的时候知道电价吗？"对于电力消费者的这种不可捉摸性，能源经济学家（比如我在第一章中讨论的那些）通常将其解释为电力需求的"缺乏弹性"。当需求对价格以及供给变化没有反应时，需求就是缺乏弹性的。但对伊利奇和电力消费心理学家来说，制造这种弹性正是最新的研究前沿。

正如经济学家迪尔德丽·麦克洛斯基（Deirdre McCloskey）所说，"经济学家时不时从心理学层面探究比单纯的贪婪更复杂的行动前提假设"（1998：31）。正如批评家指出的，新古典主义经济学的诞生与"经济人"这一概念的确立密不可分。亚当·斯密或大卫·李嘉图等人的学说为代表的早期的政治经济学是一门"关于财富的科学"，而19世纪后期的经济学家则将经济学视为"对追求财富之人的研究"（Kirzner 1960：56）。后来，19世纪后期的新古典主义奠基人威廉姆·斯坦利·杰文斯将经济人的欲望从财富拓展至更广义的效用——经济人想要"用最少的痛苦成本换取快乐，实现幸福的最大化"（Kirzner 1960：58）。换言之，经济人[5]同样是优化者——但他对自己和他人的偏好都很确定。根据新古典主义经济学，当这些经济人在市场上相遇时，整个系统也随之进行自我优化。

优化工程师们同样认为，经济行动者是有偏好的，比如更喜欢家里的室温在20摄氏度到23摄氏度之间。他或她（这里姑且用"她"）也很可能喜欢花更少的钱来享受同样的舒适。问题是，这位经济行动者似乎并没有为自己进行优化——也就是说，她的行为似乎并不总是符合自身的最佳利益。她不研究电价，（当有机会的时候）也不会货比三家购买电力，也许是因为她觉得自己节省的那点电力不足以证明她为研究电力价格投入的时间是合理的。她也没有为电网进行优化——她想在其他人都想用电的时候用电，这让系统超负荷，并提高了成本。她不是杰文斯想象中的那种优化者，因为她太难以预料，以至于无法处理优化所需的所有信息。但是，如果有人帮助她——如果优化工程师为她配备了合适的工具，她就可以成为一名优化者。

这就是为什么我认为优化工程师希望为日常优化市场培养的经济行动者是一个"赛博格"——一个由人类和非人类部分组成的集合，协同产生最优计算。赫伯特·西蒙和其他20世纪中后期的学者在我看来是伊利奇的前辈，他们认为，交流在人类、动物和机器中本质上是一样的——都是信息处理的过程，无论是通过神经元还是通过硅芯片进行（Wiener 1948）。在亚速

尔群岛的蓬塔德尔加达进行了一年的研究后，我曾在那里参加
了一个学术会议，介绍我在当地的研究发现，这些发现是关于
企业和住宅中不同人群是如何用电的。会议期间，我和伊利奇
一起参加了一个关于家庭设备优化的演讲，在问答环节，演讲
者琳达被问到她设想的是什么样的用户。琳达说，用户需要将
主动和被动恰到好处地结合在一起——主动到足以采用和安装
设备，但又足够被动到不会凌驾于设备的决策之上。在日常优
化市场的构想中，用户被视为一种集合体——只要能够产出最
优决策，优化者们便认为没有必要在本体论上区分人类和非人
类的行动主体。

有人可能会想，如果伊利奇不关心人类行动主体的特殊性，
她就不会派我去亚速尔群岛探索当地的消费文化。在我们关于
社会科学能帮助她做什么的对话中，她总是这样开玩笑地对我
说："对于知道自己了解得还不够多这一点，我已经知道得够多
了。"但重要的是，当她要求我去"理解社会性"时，她和她的
团队的最终目标是将人类行动者纳入模型，使其如同机器一样
可量化——人类的"主动性"可以在数学上等同于他们"被动
的"机器伙伴。当伊利奇实现智能电网后，人类会与逆变器、
变电站、冰箱和电动汽车无缝而协调地进行优化工作。人类将
被纳入电网市场，成为由金属和血肉之躯组成的集合的一部分。
这就是如背景板一般持续存在、不断优化的赛博格的社会性。
它与新古典主义经济学家所说的"社会性"的一个根本区别在
于，它并非自然而然存在——它是被设计出来的。

致力于研究需求侧管理的优化人员（或那些对需求侧管理

感兴趣但并没有亲自投入其中的优化人员，如伊利奇）在如何设计电力消费者行为的弹性上并不总是能达成一致。这种分歧的一端是有一些人相信人类可以参与优化——即便是在没有价格信号的情况下，只要为他们提供适当的激励和信号，他们会心甘情愿地参与优化；另一端是有些人对人类参与优化的希望仅限于让消费者同意安装一套全面的家居优化系统，从而尽可能扩大决策自动化的规模。那些从心理学或决策科学角度出发的研究人员对前一种观点进行了实验。例如，当我遇见杰伊时，他正在研究人们是如何决定购买灯泡的。

像他所在领域的许多其他人一样，他希望了解人们是如何做出决策的，以便适当地推动他们在日常生活中做出更多最优决策，比如购买更高效能的灯泡。为了研究这个问题，杰伊预订了一辆所谓的"数据卡车"——一辆由卡内基梅隆大学提供给那些想在野外（如果匹兹堡的街道也算在内的话）进行研究的人的长约 14、宽约 11 米的车，配有两个房间和八台笔记本电脑。杰伊把数据卡车停在匹兹堡的一条街上，站在车外分发项目的宣传单，邀请感兴趣的路人上车。他在笔记本电脑上给他们展示灯泡的图片，上面写着关于灯泡的成本、亮度、使用寿命等信息，并问道："你会选择哪一个？"参与者回答后拿着礼品卡离开卡车。其他参与者进来后，杰伊问了同样的问题，并额外提供了灯泡年度运营成本的信息。所有参与者都被要求填写一份调查问卷，提供他们的性别、年龄和职业。

那些专注于需求侧管理的研究人员往往在能源、气候变化和环境领域拥有比伊利奇团队更明确的兴趣，杰伊就是其中之一。在杰伊的早期经历中——接受了环境政策教育以及在自己的祖国韩国成立了一家能源效率初创公司，从中积累了经验——他逐渐认为，破解个人决策的机制是解决能源问题的关键，也就是说，减少整体能源消耗是应对气候变化的重要一环。实验结束后，他通过分析收集到的数据得出结论：参与者的人口统计数据对他们制定决策而言并不重要，是否向他们提供年度运营成本信息则产生了显著影响。这一发现似乎表明，电力消费者的确受到省钱的动机所驱使，而问题在于他们苦于缺乏如何实现这一目标的明确信号。尽管杰伊在论文中努力寻求人们决策的可预测性，但他本人对自己是否解开了电力消费者的"谜团"持怀疑态度。他说："这辆卡车是不真实的。"虽然他的研究提供了一种说法，但他的常识告诉他，消费者在家得宝（Home Depot）购物时不会比较每一个选择——他们可能只想尽快把灯泡从购物清单中划掉。至于人类用电的**真正**动机是什么，杰伊仍然没有答案，就像他研究的消费者一样。

在缺乏一致认可的经济行动者理论的情况下，优化学家经常利用他们的常识和生活经验来解释人类行为的动机。雷南是一名即将毕业的研究生，他已经建立了自己的能效初创公司。与杰伊不同，他对自己的常识性理论很有信心。在提出自己主要基于心理学的假设时，他淡化了其他心理学研究的重要性。欧能源公司假设人们会为了竞争而乐于与同侪较量，与欧能源的假设不同，雷南认为人类行为背后的动机只是为了省钱。雷南的强项是机器学习和数据管理。他的公司旨在明确识别并向消费者传达每种行为到底能为他们节省多少钱。换句话说，雷南希望他的技术能够克服许多专家哀叹的电力价格信号不足的问题。雷南经常被问及是什么让他的公司在这个领域与众不同。在我们的谈话中，他很快对此进行了回应，并对其他公司及其经济行动者理论进行驳斥。例如，当时谷歌正在开发智能家居显示屏，能够显示比如整个家庭每日能耗的数据——弗雷德·施韦普称这种显示屏为"家庭计算机"，并曾推测到2000年这种装置将变得很普遍（Schweppe 1978：43）。然而，雷南认为，谷歌关于人类的行为假设更多的是重视信息传递的载体，而忽视了人类行为的实际动机。

谷歌的假设是，如果消费者在显示屏上看到他们的消费数据，他们就会开始改变自己的行为，无论是为了环保还是省钱。雷南对此并不认同。"没有人会整天盯着显示器看。"他有些不屑地对我说。因此，雷南仍然是在"人类可以是合作对象"这样的假设下操作的：如果雷南的系统能为人们把这些调整转化为直观的金额形式，人们就会主动调整自己的消费行为。他编写了一个机器学习算法（首先是为了他的论文，再者也是为了他的公司），通过处理关于家庭用电和相应账单的数据来推导出美元数额。正如前文提到的，一旦电力进入人们的房子，人们实际如何使用它仍然是一个难解的问题。雷南正试图通过向他的机器学习算法输入尽可能多的公共数据——比如房屋面积和居民人口统计数据——来解决这个问题，从而辨别不同家庭特征和用电量之间的关系。杰伊和雷南虽然有着关于人类行为的不同假设，但他们都抱有希望，认为人们能够在一定程度上参与到优化中来，只要他们被适当地推动。不过，许多人仍然比较悲观。需求侧管理研究员琳达曾在一次演讲后的聊天中向我哀叹，至少在她的家庭优化系统的试点实验中，用户常常想推翻系统的决策。

当雷南和琳达沉浸在关于人类行为动机的常识性假设中时，另一些研究者更热衷于进行"实验心理学"项目，在得出结论之前在真实消费者身上测试各种假设。在我与卡内基梅隆大学当时刚成立的能源行为研究团队的两名研究人员交谈时，我经常想知道他们是否被他们所研究的问题的规模吓倒——这个问题是，当一些常识性的答案（如省钱或服务质量）几乎不适用的时候，是什么驱使人们以他们现在的方式消费。他们会帮我打消疑虑，尽管这个问题确实很大，但可以通过将其分解为不同的部分再开始回答，比如研究人在特定消费行为（从购买灯泡到无须用电时关灯的习惯）中的表现。他们的第一个大项目旨在测试霍桑效应——受试者会因察觉到自己被观察而改变行为（Landsberger 1958）——是否适用于电力消费。为了这个项目，他们获得了波托马克电力公司消费者的数据，该公司因2009年《美国复苏和再投资法案》的颁布而得到了联邦政府的补贴，用于研究能源效率和智能电网措施。在一个月的时间里，他们给波托马克电力公司的消费者寄去了明信片，简单地告知他们可能有资格参加一项研究，不过暂时还不需要采取任何行动。在研究那些收到通知的消费者的消费模式后，他们发现，在收到这个极为简洁的通知后，作为观察对象的消费者的用电量减少了大约5%（Schwartz et al. 2013）。

这一结果鼓励他们从心理学中借用其他人类行为理论，并在电力消费者身上进行验证。例如，有个理论是，先请人们帮一个小忙可能会提高他们以后提供更大帮助的可能性。能源与行为研究人员发现，当被要求报名参加节能项目以获得更多相关信息时，那些已经报名参加初步研究的消费者反应更加积极。在这个过程中，他们对与人类合作的前景充满了希望。他们认为，包括他们自己在内的专家可以逐渐改变消费者的行为规范。他们希望向消费者灌输一种探索更节能的行为的意识，而不是简单地偏爱节能灯泡。与"经济人"不同，他们知道与人类合作有多棘手，正如他们所说，电力消费者对他们"抛出"的所有信息没有无尽的耐心和处理能力。专家们必须小心翼翼地维护与电力消费者的关系，以确保向消费者提出的要求符合他们不同的价值取向。例如，他们中的一位曾告诉我，当消费者为环境做好事时，他们有时并不想省钱，"因为如果人们为做某事而收钱，他们就会失去从做好事中获得的价值感"。她将其他领域的行为研究结论与他们对电力消费者想法的初步探索结合起来，得出了这个观点。在该团队的愿景中，即便是人们的行为规范，也可以成为电网市场中可操作和可设计的部分。

正如我们看到的，优化学者在如何将人类纳入电网市场这个问题上有不同的观点。但是，抛开这些分歧，他们有一套关于经济整体层面上行之有效的理论，这套理论同样植根于优化的工作文化。首先，继赫伯特·西蒙之后，他们并没有像斯坦利·杰文斯那样假设经济行动者是理性的。如果她真的那样理性，她就不需要像能源与行为研究人员认为的那样，让专家精心整理她的信息。其次，优化心理学家仅仅在消费者作为赛博格整体——电网——的一部分的时候对其感兴趣。伊利奇曾经对我说："当人们说他们足够关心环境以至于改变他们的消费行为时，我需要弄清楚所谓的'足够'在数学上到底意味着什么。"最后，优化心理学家的指导思想是通过将不可捉摸的电力消费者纳入项目来匹配供给和需求。雷南在宣传自己的初创公司时，经常会把这种动机说得很明白，即便是以开玩笑的方式。他会说："我们是能源领域的'Match.com'，'Match.com'是匹配浪漫伴侣的约会网站"。

优化学者相信，去中心化的、模块化的日常电网将包含所有身处其中的人和接入电网的事物。当我们通过神经元和硅芯片——人与变电站，空调与逆变器——来相互交流时，我们将生活在优化的和谐中，自动匹配我们所拥有的和我们所需要的，无论是当我们进入电力世界时，还是当电力来到我们身边时。电网中将会有背景板一般持续存在的赛博格的社会性悄悄地平衡供应和需求——一种将我们的电力需求相互匹配的活动。

结论

在我和伊利奇一起工作几年后，她解散了她在卡内基梅隆大学的团队，并在麻省理工学院组建了一个新的团队。在完成田野调查几年后，我去了她位于马萨诸塞州剑桥的办公室拜访她。她与特斯拉雕像的合照已经放到了新办公室的上层架子上。当她带我参观楼层时，她多次停下，把我介绍给她的新同事，或者想起某个应该让我认识的人，不过最后总是能回到我们正在谈论的事情。我再次意识到，她对自己的研究圈子的看法就像她理解的电网一样——她的合伙伙伴、学生和我是彼此之间关系的合集；而她的工作就是作为一个引导者，在工作中管理这些关系。我、伊利奇和她用最多热情支持的研究生研究员坐在一起。研究员是一位来自印度的年轻女性，她兴奋地告诉我，他们即将在德克萨斯州奥斯汀与一家电力公司联合开展试点项目。她们激动地谈论即将到来的可能性，从中我再次看到了在新算法、新数据和新伙伴的交汇，以及人们是如何在办公室中积极想象未来市场的。伊利奇的个人经历不时浮现——她作为一名女性在电力系统领域克服了种种困难。她们二人对该领域男性主导的文化发表了评论，伊利奇通过对女性研究人员的积极支持，为打破这种局面做了很多努力。

在本章中，就像在这本书中一样，我依赖"文化"这一概念，但目的是辨识出一种"优化文化"，它催生了我们周围去中心化的、模块化的日常生活形式。这种文化由一套工具包推动，该工具包鼓励那些使用它的人将世界视为投入和产出总量的匹配——电网提出的技术难题进一步再生产了这种文化，该问题将投入和产出的平衡视为根本关切。我提出了一种技术经济学的叙述来对抗一种与其相对立的理论，即广泛传播的新自由主义理论，该理论假定重塑政府行为的议程会一层层渗透到日常生活的方方面面——在这种理论中，新自由主义似乎并非一种有待建构的理念，而是以一种预先包装好的形式出现，"新自由主义"作为已经存在的经济现实的一个标签，等候学者们的裁定。而一种优化的人类学为我们提供了视角，展示了像伊利奇的实验室这样的地方，揭示了它们作为新观点生成的场所，而非自上而下的意识形态的被动接受者。这种视角可能将我们引向对新自由主义的研究——同样，也可能将我们引向对社会主义的研究（Medina 2011）。可以肯定的是，它将会表明，像"新自由主义"和"社会主义"这样的宏大意识形态范畴往往无法胜任我们赋予其的解释任务——解释以去中心化、模块化和日常化为特点的 21 世纪的政治经济。为了完成这一任务，我建议把关注点放在生成性的技术经济学空间（例如电气工程实验室）上。

下一步是什么？把矛头指向优化而非明显的政治议程有什么好处？作为研究者，（如果可以借鉴我的访谈对象的思路的话）采用更细粒度的分析将有助于我们作为学者识别我们想强调和批判的内容——这种研究工作需要比简单归咎于"新自由主义"更精细的思考。我相信优化是有益处的。例如，它可以让我们淘汰那些成本高、污染问题严重的大型发电厂，以及合并灵活的、绿色的小型发电厂，正如伊利奇的团队打算做的那样。但优化也可能是一种限制，因为它让市场之外的替代方案变得更加难以想象，比如把电力的概念视为一种公民权利——这不利于发展电力公有制（它可能不那么灵活，却更稳定）。在更大的优化领域里，有垄断野心的公司经常掩盖它们不那么"优化"的运作方式，即使它们把自己标榜为效率的先锋。例如，网约车服务在试图将竞争对手赶出市场的同时，也让投资者损失了巨额资金（Horan 2019）。更令人诟病的是，这些企业似乎也无法为其司机获得稳定的月收入。当供需关系已成定局时，优化是有益的，但当我们想要改变供给和需求的条件时，优化可能就不那么适用了。正是对技术经济学的关注让我们得以认识到这些具体而细微的问题。

正如我们看到的，电网优化者们希望扩大电网市场，使其尽可能多地涵盖社会生活。他们希望将人——电力的日常使用者——转化为这个赛博格整体（即电网）的优化组件。但是，这些普通用户对这个愿景有什么看法？他们是否提出了自己的与电力相关的反政治学（counter-politics）和反经济学（counter-economics）主张？下一章的讨论内容将转向电网中的公民活动家。

第四章

抗议

当我车里的 GPS 导航仪显示我离凯琳的家只有几分钟的路程时，我已经从波士顿开了 8 个小时的车，刚刚穿过波托马克河进入西弗吉尼亚州。谢泼兹敦是西弗吉尼亚州杰斐逊县的一个宁静的郊区小镇，位于西弗吉尼亚州东部狭长地带的末端，因此，与该州其他地方相比，它与马里兰州和华盛顿特区的联系更加紧密。正如当地人后来告诉我的那样，这里是"华盛顿特区的睡房社区①"，住着中上阶层的专业人士，他们忍受两个小时的通勤，为的是能够生活在安静宜人的郊区。我开车穿过充满田园风光的狭窄道路，两旁是郁郁葱葱的白杨树，我很快就找到了一条路通往凯琳¹家，她是一位五十多岁的家庭主妇，和丈夫住在这里。这片住宅区没有大门，但有一个标志，上面写着"私人社区"。

当我把车开进凯琳家的车道时，凯琳和她的朋友佩辛思，以及她们的丈夫出现了，他们都住在同一个社区。看到我努力让我的车远离维护得很好的草坪，他们都笑了起来。"这里可不

---

① 睡房社区（bedroom community），也称"通勤城镇"（commuter town），通常指在城市中工作的人选择居住的远郊地区，相比之下这些地区的生活成本往往更低。——编注

是城市！"佩辛思的丈夫大声说道，并鼓励我随意停车。后来，在凯琳家的后院，我被杰斐逊县近年来不太平静的故事逗乐了，随后凯琳加入谈话，大家一起吃着外卖披萨，喝着过去五年里凯琳和佩辛思最爱的啤酒。佩辛思的丈夫本来是个很活泼的人，曾经是一名脱口秀演员。但是，谈到他们的抗议历程时，他摆出一副严肃的表情，确保我明白其中的利害。他说："老太太们仍然会在街上拦住我，告诉我她们很感谢我的妻子和凯琳为她们所做的一切。"

　　2008 年至 2012 年间，凯琳和佩辛思领导了一场抗议活动，反对一条拟建中的 765 千伏输电线路，这条线路将穿过她们的社区，并可能通过征用权吞并许多邻居的土地。765 千伏是美国输电线路的最高标准电压，这意味着需要更高的建筑结构来支撑线路的更多电线，并且需要大量土地来保障这些设施的安全。这条线路旨在将西弗吉尼亚州圣奥尔本斯市的一家燃煤发电厂生产的电力输送到马里兰州的一个变电站，横跨西弗吉尼亚州西南部和弗吉尼亚州，全长约 443 公里，最终为东海岸电力需求旺盛的地区供电。凯琳和佩辛思与一些强大的对手展开了较量。这条线路是由美国一些最大的私营电力公司提议的，并由 PJM 以确保电力供应的可靠性为由批准，PJM 是当时世界上兆瓦交易量第二大的电力市场（仅次于欧盟最近的一体化市场）。这条线路最终并未落地，PJM 在 2012 年取消了该项目。但是凯琳和佩辛思所做的不仅仅是让线路撤销，她们还自学了电力相关的晦涩难懂的（物理学和经济学）知识，并对电力市场进行了深刻的批评。在批评中，她们提出了这样一个问题：扩大电力基础设施建设如何与市场的存在理由相符？她们在电力经济中找到了自己的位置，成为了我所说的"电力公民"（citizens electric）。

2013 年夏天，我住在凯琳装饰华丽、空间宽敞的房子的地下室里。凯琳和佩辛思经常带我去西弗吉尼亚东部的狭长地带兜风。我们在输电线路下行驶了几十公里，原来，每条线路都有一段历史。几个星期以来，我们的谈话进入了一种熟悉的节奏。凯琳双手握着方向盘，兴高采烈地回忆起她和她的朋友们战胜那些接受私人公司丰厚酬劳的律师的时刻，而职业记者佩辛思会在副驾驶座位将她们的斗争与收入不平等和气候变化等更大的问题联系起来。每当路过一栋漂亮的房子时，她们都会指给对方看，并赞赏维护良好的草坪。尽管她们偶尔会在"宏大"问题上有"温和的分歧"（佩辛思的说法），但她们在哪座房子或哪块草坪得到了精心维护的问题上总能达成共识。有一次，佩辛斯在称赞了一栋坐落在大片土地上的气派郊区住宅后停下车，转向后座，对我说："拥有房地产，是让你成为公民的一种方式。"凯琳点点头，双手仍握着方向盘。

在上一章中，我们看到了专家如何设想人类在电力经济中的作用——人类被期望成为电网市场中运行良好的组件，在他们参与的"人机集合"中进行无缝优化。但是人们对这些愿景有什么看法呢？很多人对此并不在意，一个普通的消费者可能会担心自己的电费账单，但几乎不会考虑自己收到的账单背后有着怎样的复杂机制。然而，有些群体已经意识到自己是电

图 4-1 输电线路穿过西弗吉尼亚州的东部狭长地带。通常情况下，这些线路是相互平行的，因为输电线路的建设者更容易在现有线路旁边获得通行权，或直接使用现有通行权

力消费者和电力经济中的公民。这些群体"政治觉醒"的起点通常是一些庞大而具体的东西突然入侵他们的生活环境，比如一条可能从他们的后院穿过的输电线路。但他们很快就超越了"邻避"①式的政治诉求（并深感不满，因为这个词贬低了他们的

———————————

① Not-in-my-backyard（NIMBY），中文常译为"邻避效应"或直译为"别在我家后院"，指一种社会现象：本地居民支持某项公共或经济项目（如发电厂、垃圾场、基建等）在宏观层面必要，但反对其建在自己社区周边，认为这会损害自身利益或环境。文中人们起初受此局限，最终转向对经济新局面的深层反思。——编注

愤怒），转而开始探索当下电力经济中陌生的新领域。他们开始探寻电力市场过去和未来的目的是什么，以及为什么在建立这些市场时不曾有人征求过他们的意见。我曾追踪研究过两个这类团体：凯琳和佩辛思发起的"叫停波托马克－阿巴拉契亚输电线"（StopPATH）是先行者，其经验启发了全国其他组织，包括"阻击岩岛清洁线"（Block RICL）[①]——这一草根组织联合了伊利诺伊州北部的土地所有者。这两个群体有时在意识形态和人口组成上有所差异，但在基础设施政策方面的立场却是一致的。他们共同推动了美国其他地方团体的出现。本章记录了这两个团体的批判——我认为这是对电力市场提出的最实质性、最系统的批判之一。

　　他们的例子说明了人们是如何通过他们所身处的基础设施环境中的经验来形成政治立场的——尤其是当基础设施由于侵占问题或故障问题而引起居民注意的时候（相反的观点可参见Star 1999，另见 Larkin 2013：336）。正如本书前面所描述的专家一样，非专业人士的政治立场可能并非源自公开宣布的意识形态或明确的社会价值观。这也是为什么意识形态不同的群体可以在基础设施政治中形成统一阵线。在表达自身的愿景时，这些团体也通过可用的工具包来了解电力经济和物理基础设施——这次不是电子表格、数据库或数学传统，而是他们的土地、农场和穿过它们的庞大金属设施。换句话说，公民对市场的批评和不满也在技术经济领域中展开，其经济愿景取决于其

———————————

[①]　为阅读方便，后文以英文缩写指代这两个团体。——编注

可使用的技术手段。

　　他们的例子也表明，虽然技术经济批判来自工作实践，但这种实践并不总是与有报酬的就业或学术研究挂钩，比如前面章节中讨论的工作文化。这两个团体的成员都从事着繁重的土地、房屋、农场管理工作——总体而言，他们深度参与了对自身财产的维护。这两场抗议都主要由女性主导和参与，其中许多人负责管理家庭，并投入到照顾受影响的家庭和社区的工作中。不同于那些可能增加家务劳动和强化性别角色的女性活动形式（Glabau 2019），她们的能动性使她们走出家门，在旧的生活环境中发现了新的出路，在邻近的城镇组织起其他人，并把大家的声音带到县政府和州议会。

　　我的访谈对象认为，电力市场是一种操控机制（有些人使用"卡特尔"一词来形容），试图以牺牲消费者的福利为代价来提高参与企业的利润空间。他们说，当 ISO 宣称大型、占地广的输电线路是未来输电线路的物理可靠性的必然需求时，它们戴的是"输电运营商"的帽子；而事实上，它们换上了"市场运营商"的帽子来为这些线路征求同意和获得批准，以促进市场范围内的长距离贸易。市场的土地需求与这两个团体基于产权的经济理念产生了冲突。就 Block RICL 而言，市场扩张也与农业用地需求背道而驰，例如需要连片的土地来进行高效的农场维护和收获。由于这些具体的冲突，这些团体的不安主要来源于现有市场。随着周围的电力公司逐步引入智能电网技术，他们意识到日常优化市场的愿景在不断推进。他们可能会接受致力于促进更精细的供需平衡的技术，因为这些技术可以减少不必要的基础设施建设，但他们仍然不会被任何未能优先考虑公民有效参与和代表性的技术集合体说服。

在逐渐形成这些观点的过程中，我的访谈对象发展出了一种消极自由的政治观——一种基于不可侵犯的私有财产的公民政治，主张私有财产不应该因个人利益而受到侵犯。这种政治观让人联想到古典自由主义（想想约翰·洛克）。不过，我认为他们的政治立场并非源自某种现成的可供借鉴的意识形态，而是通过关于基础设施的亲身体验和抗议其运作的实践经验形成的。他们的批判是反市场的，这取决于他们对 ISO 具体运作方式的理解，但这并不意味着他们反对资本主义。这是一种温和、守法、反激进主义的批判，关注的是公民身份所应包含的权利是否受到侵犯。在这里，公民身份是基于消费主义模式来理解的，它关乎公平地享有私有财产和有偿服务的自由，因此，侵犯这种自由就等于剥夺权利。

我把凯琳和佩辛思，以及 Block RICL 的玛丽和苏珊称为"电力公民"——她们通过自己关于电网的特殊经历形成了这种公民身份。我必须澄清的是，这种"电力公民"并不是一个普适性的范畴，不能解释所有人与他们居住环境中基础设施之间的相互关系。人类学家如今已经广泛探索了各种背景下基础设施中所嵌入的政治争议。例如，在南非，正如安缇娜·冯·施尼茨勒（Antina von Schnitzler）记录的那样，预付费水表最早是由政府所有的水力公司设计的，作为应对反种族隔离运动中租金抵制的一种措施。预付费技术在后种族隔离时代获得了新

的生命，赋予了公民与政府之间一种新型财政关系，这种关系
期望公民转变成"客户"，以计算行为（calculative behavior）
和"企业家式的姿态"（entrepreneurial comportment）来管
理自己的用水（Schnitzler 2008：889）。南非的索威坦人抗议
说，合理预算的期望是建立在稳定的月收入的基础上的，而预
付费水表的许多客户并没有这样的收入来源（Schnitzler 2008：
915）。我们也从尼克希尔·阿南德（Nikhil Anand）那里了解
到，在孟买，水的获取比政府官员所期望的更复杂、更不规
范。得不到政府保障用水的"定居者"不得不向相关部门施加
"压力"，这种压力也指向水源本身（Anand 2011：543）。阿
南德称这种不断对城市基础设施提出主张的过程为"水力公民
权"（Anand 2011：545）。用户在冯·施尼茨勒和阿南德所揭
示的基础设施场域——使用者在其中培养政治意识和归属感的
模式——恰好与我在这里描述的电力公民经历中的技术经济学
相类似。

　　然而，每种情况下产生的政治主体性都是独特的，因为它
们是其特定物质环境的产物。在索威坦和孟买，基础设施使用
者（或称"公民""定居者""居民"）对自身与基础设施的关
系以及服务使用的公平性的理解，和政府对他们期望的有所不
同。在这一点上，他们与电力公民相同，但是二者的相似之处
也就止步于此了。当政府所推行的"自由的现代公民权"失败
时，阿南德提出的"水力公民权"就出现了。冯·施尼茨勒的
访谈对象的不满也同样出现在他们无法满足公民身份的标准的
时候，但由于自由主义模式完全忽略了制度性歧视的历史（索

威坦种族隔离的后遗症以及孟买的贫困和种族隔离），这些标准是不可能被满足的。他们并不认为非法接入基础设施是不道德的，因为他们质疑合法接入的道德正当性。相比之下，电力公民的信念则完全不同，她坚信自己有能力成为一个独立、负责的消费者——按时支付账单，并且只以合法的方式接入基础设施。[2]让她感到不满的主要是政府没有履行其承诺——他们用侵犯个人权利的方式来回馈个人消费者负责任的行为。人们可能会说她是在指责政府不够自由主义。当她轻松地谈及法治时，她始终将自己视为真正的"公民"。事实上，公民身份对于她如何理解自己的社会定位以及自己应当如何被正当对待至关重要。

我必须强调，如果电力公民的政治观点与古典自由主义的某些观点相契合，那并不是因为她固有的某些价值观；她关于基础设施的政治观点是在参与基础设施事务的过程中逐步形成的。从技术经济的角度来看，特定的物质条件对一个人的政治和经济意识至关重要，在冯·施尼茨勒和阿南德的描述中，遭遇困境的居民在他们作为终端用户的分配层面上形成了某种基础设施公民身份，而电力公民则在输电层面上进行抗议。[3]我们可能还记得，输电是电力运输的第一阶段，高压输电线路将电力从发电厂输送到配电站。配电指的是电网的最终环节，即通过低压线路将电力输送至家庭等消费场所。电力消费并不是电力公民的主要担忧，她获得的服务大体上是不间断和高质量的，虽然她的账单偶尔出乎预料的高，但很少高到需要考虑供电中断的地步。她对电力问题的意识觉醒，源于基础设施的架构变化，这一变化虽然发生在与她的终端消费完全不同的层面，却直接影响到她的权益。这一事实与电力公民如何设想其基础设施公民身份密切相关，（至少在理想情况下）这是一种消极权利——一种使她有权享受付费服务而其财产不受侵犯的权利。在意识觉醒过去很久之后，这些团体也自行学习并了解了配电层面的复杂性，不过他们的关切仍然沿着保护公民消费者权益的方向发展。

我认为，用技术经济学的视角来分析基础设施政治，能够为我们提供一种超越"保守派对进步派"（或"红营对蓝营"）的叙述——在美国，人们往往通过这种二分法来解读政治立场（关于对这种二元对立的解构，见 Fraser 2017）——以理解美国公民的政治倾向。根据这一逻辑，一个枪支所有权支持者和一个环保主义者可能很难找到共同的政治立场来支持一项事业。然而，StopPATH 和 Block RICL 建立的联盟挑战了这一传统认知。技术经济学的视角并不预设哪些政治立场是捆绑在一起的，相反，它揭示了身份归属感的形成时刻（Özden-Schilling 2019b）。接下来，我们将看到在这些时刻，人们如何在日常生活中与电力市场互动，并围绕地产这一核心，建构出一种典型的自由主义色彩的政治观。

房地产和公民权

2008 年，凯琳第一次听说了波托马克 - 阿巴拉契亚高压输电线路（Potomac-Appalachian Transmission Highline，下文简称为 PATH）项目。该项目由阿勒格尼能源公司和美国电力公司联合开发，意在将西弗吉尼亚州的廉价煤电通过约 443 公里长的线路向东输送到大西洋沿岸的电力高需求中心。当时，凯琳并没有过多考虑电是如何到达她身边的。诚然，电力是一种需要专门运输路线的特殊商品——从生产地点到配电节点，再从配电节点通过配电线路到达终端消费者。电力输送由电力行业负责，通常由管理市场的同一机构——ISO——进行监管。输电线路可以跨越各州以及数千平方公里的公共和私人领地，因此也会跨越无数个司法管辖区，这些线路有时会相互冲突。那么，输电线路由谁修建？他们从哪里获得批准来建造输电线路，以及他们如何决定建在哪里？在得知 PATH 项目的几个月后，凯琳开始思考这些问题。就在这时，一个邻居打电话给她，说拟建的 PATH 终于公布了。这条线路将穿过他们社区 31 户人家中的 16 户。

到 2008 年年中，地产经纪人已经在杰斐逊县挨家挨户敲门，询问房主是否愿意出售他们的房产。关于 PATH 的各种流言四处传播。凯琳和她所在的业主委员会的其他成员举行了一次会议，交流了各自的想法和了解到的情况，并通知所有人"开放参观日"即将举行。在会议上，凯琳注意到地产经纪人们提供的信息不一致。一些人试图说服房主尽快将他们的房产出售给 PATH 项目，暗示他们的房产每天都在贬值，很快就会被征用。凯琳参加了一个宣传力度极低的开放参观日，PATH 项目的工作人员在那天把暂定路线挂在了墙上。她认出其中一幢房子属于她年迈的邻居，并向项目代表说明了这幢房子的情况。据凯琳说，这位代表轻描淡写地回应说，他们已经计划收购该房产。凯琳告诉代表，她会带她的邻居黛安过来，这样他可以自己告诉她这个消息。她把黛安从房间的另一个角落带过来，代表以同样的态度告诉黛安这件事情，黛安听后突然大哭起来。"那时，"凯琳告诉我，"我告诉他，你可以收拾东西回家了，因为这个项目不会落地。"

正如她后来发现的那样，像 PATH 这样的项目雇用地产经纪人作为外包合同工，如果经纪人的策略产生了负面影响，项目可以随时解雇他们，用她的话说就是"有一层隔离保护"（关于水力压裂行业的类似做法，见 Wylie 2018）。在构想出路线之前，PATH 项目与居民社区的主要互动是拍摄航拍照片。在另一次开放日会议上，凯琳研究了 PATH 项目航拍图片中的她的城镇。她能认出其中一些建筑，却认不出另一些建筑，这时，她意识到照片有两个问题。第一，它们是在夏季拍的，那时建筑物会被树冠覆盖，只能看到一部分建筑物。第二，这些照片是一年前拍的，凯琳可以确定拍摄照片的时间是 2007 年，因为她在照片中看到的房子是她和丈夫前一年进行装修的时候的样子。所以这些图片是在地产经纪人出现之前制作的。

凯琳找到了一位出席开放日的 PATH 项目的路线设计专家，坚持要和他一起查看地图。她告诉他，图片上看起来土地光秃秃的地方，现在已经变成了几排新房子。在另一张图片上，PATH 的拟建线路距离一个看起来像仓库的地方只有约 1.2 米，

图 4-2　凯琳向我展示了杰斐逊县地理信息系统办公室制作的一些图片，并与 StopPATH 分享

这意味着 PATH 项目将不得不购买该地块并将其夷为平地。凯琳指出，尽管这个地方看起来像一个仓库，但实际上是当地的消防站。让 PATH 项目的专家或真或假地露出惊讶表情的是另一个看似是空地的地方，凯琳指出，那里已经被批准并资助建立一所小学。另一方面，在无人区的照片中，PATH 项目的工作人员忽略了地形测量。凯琳告诉他们，他们可能很难在波托马克河的河廊上架设线路，尽管二维照片里看上去平坦，但那里其实是一个陡峭的斜坡。

　　2008 年夏天，参与这场抗议的人数从最初的十几位邻居迅速扩展到几千人。同年 11 月，PATH 项目宣布撤回最初提议的线路方案，并表示将在几个月内重新绘制一条线路。根据后来对输电线路规划历史的了解，凯琳和佩辛思告诉我，输电公司往往故意提出一个他们自己还未完全认可的线路方案，目的是向州监管机构表明他们已做出让步。应县委员会的要求,杰弗逊县的地理信息系统(GIS)办公室一直在研究 PATH 的线路方案。在与该办公室合作后,凯琳和佩辛思猜测原本的线路可能会被转移到该县另一端的查尔斯镇。她们的猜测是正确的。在一次查尔斯镇的社区居民会议上,凯琳和佩辛思打算把她们了解到的信息传递出去,并"优雅地退出"这场斗争。莎伦是我遇到的查尔斯镇的居民,她向我回忆说,她从凯琳和佩辛思那里得到了所有的信息,但仍然感到不知所措,于是恳求凯琳和佩辛思留下来帮助他们。对于已经对这件事产生动力的凯琳来说,她愿意接受这个提议,"那时我们已经了解了太多关于这个项目的信息,并且严重质疑它的必要性"。

乍一看,凯琳的案例似乎很符合人们熟悉的公民抵制基础设施建设的叙述。在这种叙述中,公民们争论的不是基础设施的价值,也不是它对整个社会是否必要,而是希望它建在其他地方,远离他们的社区。自 20 世纪 80 年代以来,政策制定者和记者经常发现公民对那些带来环境风险的基础设施(通常与能源相关)项目陷入停滞而感到不满,并且带有贬义意味地将其称为"邻避主义"(Deshmukh Towery 2014)。与此同时,心理学家通过研究人们对危险技术的态度如何因其位置的不同而发生改变,进一步肯定了这一观点(参见 Marks and von Winterfeld 1984)。在我的田野调查中,我目睹了几位经济学家和工程师借邻避政治的相关论点来贬低公民的不满情绪。许多人主张对 FERC 进行授权,以便在必要时绕过州和 ISO 级别的管辖,直接敲定有争议的选址问题。

在 StopPATH 的情况中，邻避的论点很容易被驳斥。尽管一些成员加入反对行列是因为输电线路将影响到他们的地产，但大多数成员并未面临实际影响。PATH 项目的工作人员仅在第一次宣布线路的几个月内就改变了拟定的线路，使其远离凯琳的社区，比凯琳将该 StopPATH 注册为基层组织还早了半年。但即便公民的抗议最初源于对其房屋和土地的直接威胁，那些希望不经协商或调整就推进基础设施项目的政策制定者所使用的邻避论点仍然显得很薄弱。这种论调限制了对"个人和组织在本地化环境行动中的多元动机"的讨论，并且也未能体现他们是如何将自己与其他社会正义议题联系起来的（Deshmukh Towery 2014：21）。"邻避"现象经常被贴上病态的标签，被称为"邻避综合征"，它倾向于通过排除公民对技术价值有不同看法（除选址问题外）的可能性，来削弱公民不满的声音（Wexler 1996）。我在 StopPATH 和 Block RICL 的交谈对象对邻避主义的指责非常敏感，因为这种指责往往被公司和政府用来诋毁他们的抗议行动。

凯琳和她的朋友们从 PATH 项目中学到了什么？是什么让他留在抗议行动中，即便这条线路现在已经远离他们的后院？通过在互联网上广泛查阅资料——从晦涩难懂的 ISO 章程到开放获取的电气工程文章——他们自学了我称之为"大电网"（big grid）的历史，即 20 世纪垄断性电力公司建造越来越长的输电线路以最大限度地减少发电费用，并最大限度地增加用户数量的历程（Özden-Schilling 2019a）。在有利可图的情况下，这些电力公司建立联盟，共享电网，这形成了所谓的"电力联营体"，即今天的 ISO 的前身。它们利用经济学和政治经济学的论点，如"规模经济"和"自然垄断"，通过游说获得反垄断法的豁免，从而巩固自身的自然垄断地位。它们得到了各州的协助，这些州授予它们土地征用权，让它们建造自己想要的输电线路。每个州都有一个监管机构，负责监督水、天然气和电力等公用事业的运营。正如凯琳和佩辛思发现的那样，一旦西弗吉尼亚州公共服务委员会（即该州的州监管机构）批准 PATH 项目为公用事业项目，PATH 便可获得征用权。

自 ISO 于 21 世纪初成立以来，美国大约 528 万平方公里的土地上的输电服务已经交由其管理。除了获得位于查尔斯顿的西弗吉尼亚州公共服务委员会的批准，PATH 项目的工作人员还希望 PJM 将这条线路批准为"可靠线路"（PJM 是包括西弗吉尼亚州在内的 13 个大西洋中部和中西部州部分地区的 ISO）。顾名思义，可靠线路是被认为有必要建设的输电线路，以确保电力的稳定供应。可靠线路会被公布在 ISO 的多年扩张计划中。一旦一条线路被批准为可靠线路，其成本将通过 ISO 被分摊到消费者身上，这意味着 PATH 项目将通过 PJM 超过 62 万平方公里土地上的 6100 万消费者支付的高额电费来获得资金。一旦建成，代表消费者购买电力的电力公司将向 PATH 项目支付固定的线路使用费，然后电力公司会将这些费用转嫁给消费者。[4]凯琳和佩辛思查看了她们的电费账单，并确定了费用明细中的输电费用相关条目。通常情况下，这部分费用每户每年不超过几美元，而电力公司能够以无风险的方式获得超过投资数百万美元的利润。佩辛思将 PJM 机制中的无风险盈利机制与"美国企

业界"的过度逐利行为联系在一起。她经常反问我，PJM 拥有
900 多家公司作为成员，所有"利益相关方"都能充分参与规划
会议，它怎么不算是一个卡特尔？

ISO 的成立强化了"大电网"的逻辑。越来越多的电力公
司希望加入 ISO 所覆盖的地区，以便有机会参与 ISO 运营的市
场，与现有的电力公司进行竞争，并接触更大的消费者群体。
自 2001 年成立以来，PJM 覆盖的土地已经增加了不止一倍。
PATH 项目正是这种地理扩张和套利逻辑的产物，其目的是将
廉价的煤电从西弗吉尼亚州的西部输送到马里兰州，然后通
过低压线路分配到东海岸的高需求中心。正如 StopPATH 的
许多成员所说，该项目本质上是在通过输电线路"以电缆输
送煤炭"，将资源匮乏但需求旺盛的东部枢纽与西部的廉价电
力市场连接起来。这种套利行为使 PJM 各地的节点价格（即
节点边际价格）更加接近；有了 PATH，西弗吉尼亚州的电价
预计会上涨，而与马里兰州相连的枢纽（如华盛顿特区）的
价格会下跌，但价格变化的幅度很小。这种价格的相对趋同
对 PJM 来说是有利的，因为 PJM 每年都会接受独立监督机构
（即"市场监督机构"）的审查，评估其是否基于新古典主义
经济学的原则——市场是一个假想的场域，在这个场域中，同
一种商品的价格应该相同，或者更现实地说，同一种商品的价
格应该尽可能接近（Swedberg 1994）——实现了有效竞争。这
也是那些希望在 PJM 电力市场获得更大份额的发电商和输电商
所期待的。

凯琳和佩辛思曾带我开车穿过杰斐逊县，我们在波托马克

河附近向查尔斯镇行驶，走的是一些鲜有人知的土路。两位女士说，在过去 5 年里，为了参加会议、分发传单、打断 PATH 项目的宣传活动，她们四处奔走，对自己所在社区的小路、县内道路，甚至整个州的道路都变得无比熟悉。我们在一个软冰淇淋摊前停了下来，她俩都向我保证当地冰淇淋的质量。在不同的冰淇淋摊尝试，并在长途驾驶中提升自己对软冰淇淋的鉴赏能力，也成为了她们的一个惯例。佩辛思一边吃着覆盆子冰淇淋，一边解释为什么她反对 PJM 所推行的市场逻辑。西弗吉尼亚州东部狭长地带的居民为了生活在那里做出了牺牲。那个地区没有丰富的文化活动和就业机会，这意味着大多数人的通勤时间很长。在其他地方，例如在 PATH 准备获取电力的煤厂附近，人们正在做出其他类型的牺牲，承担着煤炭给他们的环境带来的影响。为什么这些人要和住在华盛顿特区的人支付同样的电费？毕竟，他们从来没有在任何时候投票要求与华盛顿特区的居民或任何人同处于一个电力市场。

听了佩辛思的解释，我立刻想起了我在麻省理工学院上过的一堂电力市场课。其中一名教师展示了整个 PJM 的价格热力图，这是一张随机拍摄的快照，不同的颜色代表不同的价格区间，我经常研究这些价格，这是我在恩泰克公司工作内容的一部分。谈到价格色彩过渡的相对流畅性时，讲师感叹："你们不知道 PJM 走了多远才有了这样一张地图。"当我把这件事转述给她们时，凯琳立刻以其特有的热情抗议讲师的话："也许他应该出去和真实的人聊聊！"讲师的这句话也激怒了原本沉着冷静的佩辛思，她反问，为什么在人口分布和政治立场各不相同的地方，价格的同质性是可取的？她举了另一个专家无视公民关切的例子。她说，2013 年，新泽西州通过了一项为三家发电厂提供补贴的法律，以此来满足该州的发电需求。随后，两家参与 PJM 的电力公司起诉新泽西州绕过了 PJM 的市场机制。一家联邦法院认定新泽西州的法律违反了宪法，并撤销了该项法律。佩辛思对此感到非常愤怒，她说，PJM 不允许一个民选政府履行其职责。

PJM 和其他 ISO 一样，是一个具有排他性的专有机构，不向公众参与或观察开放。个人消费者无法真正接触它们，因为即便是访问 ISO 也需要提前几周通知，并且需要接受安全审查，最重要的是，需要提供能够被 PJM 代表会批准的访问理由。另一方面，用凯琳的话说，各州监管委员会及其聘请的消费者权益代表在 PJM 内部仅仅是"勉强被容忍"。凯琳和佩辛思对 PJM 没有任何正面评价，她们认为 PJM 是由电力公司运营的卡特尔，因为电力公司在规划机制中拥有多数投票权。这让凯琳和佩辛思开始寻找其他表达和抗议的途径。在 PATH 项目宣布改变线路之前，两人开始向当时的西弗吉尼亚州州长乔·曼钦（撰写本书时他是西弗吉尼亚州的美国参议员）施压，他当时正在竞选州长连任。她们选择向他施压，是因为州长有权任命查尔斯顿委员会的成员。刚起步的 StopPATH 在州长出席的活动中举行了首次公开示威："我们成了他无法摆脱的麻烦。"2008 年 11 月州长选举的两周前，PATH 项目决定改变线路，这可能与 StopPATH 的行动有关。PATH 项目可能期望以谢泼兹敦为中心的反对声浪会逐渐消退，但实际上并没有。

在与东海岸的其他地区联合起来后，StopPATH 开始向委员会施压。

查尔斯顿距离西弗吉尼亚东部狭长地带大约 5 个小时的车程，其不仅在地理上远离西弗吉尼亚州东部，二者在各方面的观点上也相差甚远。StopPATH 的前成员多次告诉我，在教育、政治选择和观点上，西弗吉尼亚东部狭长地带的居民认为他们与弗吉尼亚州和马里兰州的居民（而不是西弗吉尼亚州蓝领聚居区的居民）有更多的共同之处，并且有着对输电线路共同的不满情绪。凯琳和佩辛思见了这些州的一些团体，这些团体曾试图反对阿勒格尼电力公司（Allegheny Energy，AE）修建的另一条名为跨阿勒格尼州际线路（Trans-Allegheny Interstate Line，下文简称为 TrAIL）的输电线路，但没有成功。塞拉俱乐部、地球正义组织和弗吉尼亚州一个名为皮埃蒙特环境委员会的组织①正准备将注意力转移到 PATH 上，因为 PATH 也将穿过弗吉尼亚州。虽然 StopPATH 向弗吉尼亚州的监管机构施加了压力，但他们在西弗吉尼亚州委员会中并不受欢迎。StopPATH 的成员以个人干预者的身份参与了 PATH 项目的许可证申请案。当个人干预者的数量达到 150 人（其中约 60% 来自杰斐逊县）时，

---

① 塞拉俱乐部（Sierra Club）是美国历史最悠久、影响力最大的环境保护组织之一，成立于 1892 年，致力于推动可再生能源、减少污染、保护野生动植物栖息地等环保议题；地球正义组织（EarthJustice）是一个专注于环境法律事务的非营利组织，提供法律援助，以诉讼手段挑战污染企业和政府政策，保护生态环境和社区健康；皮埃蒙特环境委员会（Piedmont Environmental Council）是总部位于弗吉尼亚州的区域性环保组织，专注于保护弗吉尼亚皮埃蒙特地区的自然景观、农田和水资源，并推动可持续发展政策。——编注

该委员会将此案称为一场"闹剧"（"看来我们就是小丑了。"凯琳调侃道）。PATH 项目借鉴 TrAIL 项目的经验发起了一场公关攻势，以赢得三个州所有委员的支持。随后，StopPATH 专注于驳斥 PATH 输电线路项目的声明，使州官员和 PJM 难以为该线路背书。

PJM 以及州监管机构在一定程度上将消费者排除在外，因为讨论晦涩难懂的电力传输的复杂细节需要相当的知识储备。如果 PJM 宣称 PATH 输电线路项目是一种技术上的需要，那么像凯琳这样的高中学历者又如何反驳这一点呢？但是一个人并不需要有学位才能问"这条线路对谁来说是必要的"这样的问题。2008 年，凯琳正从她的"全职妈妈阶段"过渡到生活的另一个阶段，并开始了每天 8 小时的严格的互联网研究计划，以研究关于电力的一切。她开了一个博客分享她学到的东西，并让越来越多的 StopPATH 成员了解了情况。她研究了 PJM 和 FERC 晦涩难懂的规章制度，以及互联网上关于电力传输机制的文章。佩辛思当时从当地媒体的新闻工作中请了一年的假，做了同样的事情。

输电领域中的公民抗议并不常见，美国电力公司和阿勒格尼电力公司因此感到惊慌失措。StopPATH 成员养成了一种习惯——穿着 StopPATH 的 T 恤出现在每一个 PATH 项目的活动中，在室外摆摊，并在抗议活动中对该项目的工作人员发出质问。作为对 PATH 项目轻视杰斐逊县公民的回应，StopPATH 偶尔会特别针对个别工作人员，比如 PATH 项目的律师，他们会给他起绰号，看他发脾气。起先，律师拒绝回答一些问题，他向凯琳和佩辛思提出让她们向 PJM 提交她们的发现。最终，凯琳利用她获得的信息向 FERC 提交了三项申诉，在那时，律师对凯琳作为原告的资格提出质疑。他辩称，凯琳不是电力消费者，因为电费账单上没有她的名字，因此她不是案件的当事人，但这种说辞没有成功，因为她丈夫的名字在电费账单上。这种歧视性的失误激怒了凯琳，她和佩辛思继续制定新的策略。有一次，她发现 PATH 网站上的一个链接（上面写着"专家怎么说"）已经失效了，于是她买下了链接的域名，并建立了一个反对 PATH 的网站。还有几次，她们怀疑一些出席会议的支持 PATH 的公民团体的真实性。通过调查，凯琳发现他们没有注册接受捐赠，凯琳找到他们并询问他们的资金来源时，他们明显非常惊慌。

在采用各种富有创意的反对策略时，凯琳、佩辛思和其他人逐渐对他们所面临问题的根源形成了自己的观点。凯琳在 2012 年的一篇特别详细的博客中批评 PJM 运营着一个不尊重"真正的经济学"的"人为操控的市场"。她认为，按照"真正的经济学原则"，市场应当通过供需关系来决定新发电来源的建设。相反，PJM 不鼓励在需求中心附近创造新的发电来源，反而让越来越多的输电线路跨越区域，在不改变供需的情况下操控电价。如果 PJM 扩张背后的驱动力是经济因素，那么它也只是"人为的"，因为它并没有反映当地实际的供需状况。多项研究表明，美国东海岸的电力需求绝对值一直在下降，这要归功于智能电网计划所推动的需求侧管理，用电效率得到了提升。如果像 PJM 在其 2005 年的扩张计划中宣称的那样，即扩张的驱动力是"可靠性",那么它充其量只是一种误导,因为需求预计不会增加,而输电线路的巨额投资本可以投入到效率和需求侧管理项目中。我被凯琳对她所理解的供需逻辑的执着程度所打动,她认为现阶段的电力市场根本没有遵循这种逻辑。

进一步说,佩辛思对电网本身是否在物理上适合作为市场的载体表示了怀疑。她建议我读一篇题为"电网的问题在哪里?"(Lerner 2003)的论文。该文章认为,开放电网让数百名市场参与者持续交易,意味着迫使线路输送的电量过于接近其承载能力。文章指出,放宽监管阻碍了电力公司完成电力系统中必要但无利可图的工作,例如无功功率的生产——无功功率是维持电压所必需的电力,但不能用于为电器供电,因此不能出售以获取利润。特别是在输电线路距离较长的系统中,需要更多的无功功率,因此可供使用的电力就更少了,这会把输电线路的承载量推到极限。佩辛思一边吃着软冰淇淋一边解释说,PJM 坚持扩大输电范围以提高可靠性的论点是站不住脚的,因为从工程的角度来看,最可靠的电路应该是最短的。佩辛思对未来的设想包含了一幅不同的电力地理图景,在这幅图景中,供需输电线路更短,公民参与的路径也更便捷。

像 StopPATH 和 Block RICL 成员这样的输电线路反对者意识到,他们对未来电力系统的设想必然涉及环境议题,并反映出他们的环保立场。我一直热衷于观察他们如何在回应此类问题时进行协商,以及是如何提出自己的立场的。有一次,凯琳在她家为 StopPATH 的前成员举办聚会,让我有机会与他们深入交谈。一位女士开着她新买的电动车雪佛兰沃蓝达前来赴会。当她要离开时，大家都出来围观这辆车，并注意到它工作起来是多么的安静，轮廓线条是多么的流畅；大家都称赞它，并表示有兴趣在未来买一辆这样的车（包括开越野车的凯琳）。这位女士开玩笑说，她开这辆车时觉得自己"环保又时尚"，大家都笑了起来

交流彼此在环境问题上的立场也很重要，因为这关乎他们如何看待自己与更广泛的社会不公问题的关系。一天，在开车回家的路上，凯琳建议我们在租赁店前停下来，租一部《应许之地》。这是一部虚构电影，讲述了天然气行业在水力压裂方面为环保做出的令人怀疑的努力。凯琳以前看过这部电影，但她想再看一遍。在这部电影中，一位土地所有者在得到一家燃气公司的地产经纪人所承诺的未来收益后购买了一辆超出其财力的跑车。凯琳评论说，这是她在这部电影里最喜欢的部分，因为它揭示了公民是如何被燃气和电力公司玩弄于股掌之间的。当地产经纪人开车寻找新的交易时，镜头扫过风景，凯琳兴奋地指出镜头中格外醒目的输电线路。

第二天晚上，佩辛思和我们一起在凯琳的地下室看了纪录片《加斯兰》（Gasland）的第二部，该片当时刚上映，也涉及水力压裂问题。她们谈到了电力公司和天然气公司的地产经纪人所采用的策略的相似性，并指出她们生活在西弗吉尼亚州唯一没有页岩气开采的地方（即东部狭长地带）是多么的幸运。她们对在纪录片中看到的政客和公司总裁支持水力压裂的言论感到愤怒。当旁白里说到燃气公司以恐怖主义的指控追捕投诉

者时，她们假装恐慌地看着对方，（半开玩笑地）说自己一定也在某个地方的名单上。

反对输电线路建设的人们不断在探索和完善他们对未来电力的环保构想。例如，太阳能发电对佩辛思来说尤其吸引人，因为这不仅是对环境负责的选择，还给予了消费者生产电力的能力，从而改变了长期以来"大电网"发展过程中根深蒂固的权力结构（事实上，出于类似原因，伊利诺伊州的 Block RICL 成员也对太阳能电力充满期待）。然而，正如我们在 Block RICL 的案例中所看到的那样，输电线路反对者的环保理念既复杂又不固定。有一次，佩辛思对我说："凯琳在（成立 StopPATH）之前并没有称自己为环保主义者。"她转向凯琳，挑衅地补充道："她可能仍然不是环保主义者。"凯琳自我肯定地反驳道："我是有判断力的环保主义者。"PATH 项目在她看来就是说不通。

实际上，她们坚定不移的信念建立在私有财产及其不可侵犯性上。这一点在我们穿越东部狭长地带的漫长车程中变得非常清晰。其间，我们在 StopPATH 前支持者的房子前停下，谈论过去各种输电线路是如何对一块又一块土地造成影响的，偶尔也停下来欣赏维护精美的草坪。有一次，我们开车去了该反输电运动中最努力的成员之一的家（这场斗争主要由女性领导，他是其中为数不多的男性成员之一），他通过出售废金属筹集了抗议活动急需的资金。他们通过抗议活动相识，并且成为了非常亲密的朋友。他们爽朗地笑着对我说，他自称是一个"乡下人"。他的车库里散落着各种 StopPATH 的东西，看到这些，凯琳和佩辛思不禁回忆起往昔来。他们告诉我，他现在十几岁的儿子就是在抗议活动中长大的；他害羞地点头说："那段时间挺有趣。"如果我们忽略其他可能导致他们之间的分歧的政治问题，凯琳和佩辛思已经与这个男人及其家人建立了深厚的友谊。

在开车途径沿线地区时，凯琳和佩辛思指给我看一幢又一幢的房子，并向我讲述它们的故事。她们告诉我，有一幢房子里住着一位老人，他在 62 岁之后不得不回去工作，因为他准备卖掉的房子由于 PATH 项目即将在这块土地上施工而突然变得无人问津。[5] 还有一位 77 岁的老人，他的土地多年来被铁路、高速公路和输电线路分割，他不相信 StopPATH 能赢，却一直为其提供资助。正是通过这样的故事，他们建立了超越个人土地边界的纽带。佩辛思说："财产是你作为公民进行社会参与的方式。"在这里，财产主要指房地产——把在其他地方（比如华盛顿特区的办公室）的劳动转化为西弗吉尼亚州东部狭长地带的居住空间，让公民在当地扎根。对成长过程中随着父母的工作而在多个州之间搬家的凯琳来说，地产是一个理想的、坚实的基础——这正是她作为公民进行政治参与的动力所在。在我接下来讨论的伊利诺伊州的案例中，地产也是土地之上的劳动的体现——这种劳动构成了土地所有权以及保护土地的政治权利的基础。

在 StopPATH 成立之前，凯琳已经通过房地产所有权积极投身公民参与活动。当她所在社区的开发商过早地退出时，她成立了新的业主协会，现在她是该协会的董事会成员。当我提到房地产对参与 StopPATH 的每个人的重要性时，她向我证实，事实上，房地产对镇上居民的身份认同来说非常重要，尤其是对农民来说。"当你告诉他们，'那条线路要穿过你的农场'时，（农民们）会回答，'那条线路是要从**我**身上穿过去'。"她捶着胸口说。驾驶雪佛兰沃蓝达的那位女士来自华盛顿特区，她在西弗吉尼亚州的东部狭长地带已经务农 20 年，饲养山羊和鸡。她在凯琳的聚会上向我转述，地产经纪人会敲她的门，问她多少钱可以买她的房子。当她回答房子不卖时，他们会坚持问："但是，说真的，你想要多少？"她脸上带着义愤填膺的表情，并做了一个比较极端的比喻——这种问题无异于要求一个母亲给自己的孩子定价。她的父亲是一名来自华盛顿特区的开发商，也是一位"坚定的共和党人和资本家"，他曾预言，美国将是资本主义的终点。考虑到自己所经历的企业贪婪行为，她认为父亲可能是对的。

我们的谈话中交织着关于房地产价值的两种理解：一种是可量化的（例如房地产贬值），另一种是不可量化的（例如情感上的依恋）以及由财产被侵犯引发的反感。反对电力传输项目的论点与古典自由主义产生了很大的共鸣，后者可追溯至哲学家约翰·洛克的著作。洛克写道，持有财产是公民身份的基石；人们只有通过制定对所有人都有约束力的法律才能进入社会，以便在"和平与安全"中享有他们的财产（Locke 1690[1980]：69）。此外，土地是最典型的财产形式之一。在洛克对财富起源的历史重构中，只有当一个人不可能获得更多的土地，但同时仍然能够对其投入生产性劳动时，货币作为一种积累财富的方式才会显现出来。事实上，这是财产所有权资格的唯一标准；公民必须对土地加以利用，才能继续宣称对它的所有权。这也应该是财产纠纷仲裁的唯一标准；任何以他人的利益为代价扩大自己财产的人，不仅是"不道德的"，而且是"愚蠢的"（Locke 1690[1980]：28），因为他们是在进行一项缺乏生产力的投资。根据洛克的观点，尊重他人的财产就是尊重生产力的自然界限。

在 StopPATH 成员的思路中，我们可以找到洛克关于财富分配的观点的明显痕迹。他们对自己被排除在决策机制之外感到不满——按照洛克的逻辑，决策机制的存在正是为了确保安全与和平地享有权利。在强调 17 世纪英国哲学和 21 世纪基础设施政治之间的重叠时，我的目的并不是论证反对电力传输的活动人士利用了可供他们使用的自由主义价值观。这种论点无非会重新生产"自由主义共识"范式，而该范式主要关注古典自由主义在美国政治文化中的普遍性问题。

"自由主义共识"指的是一种假定的社会共识，即在美国的各个重要政治派别之间，关于政治可接受范围的某种普遍认同。政策制定者在第二次世界大战后反共产主义情绪高涨的背景下开始使用这个术语。一些历史学家则进一步强化了这一解释，认为自美国独立战争以来，美国人一直被个人成就、向上流动和物质获取的观念驱使，这排除了社会主义等意识形态在美国政治舞台上存在的可能（Hartz 1955，Hofstadter 1948）。另一些历史学家反对这种解释，认为它是美国例外论的一个版本，忽视了美国历史上的贵族制度和社会主义暗流（相关评论见 Foner

1984）。如果说自由主义"作为美国政治文化的主导话语取得了胜利"，那是因为反抗运动兴衰起落的特定历史，而不是美国人天生对它的接受（Foner1984：63）。

反对输电线路的行动不仅仅是美国人的自由主义的又一次体现，还展示了与这种意识形态产生共鸣的观点是如何通过关于基础设施的具体经验而形成的——在这里，这种经验指的是相对稳定的财产权和公平消费的期望受到阻碍。由此产生的批判强调财产视为政治的基础，并非是反资本主义的。PATH事件就是一个很好的例子。反对输电线路的人不一定反对电力行业的资本主义秩序，即由一个阶层掌握着电力生产方式，而另一个阶层只是电力的消费者。多米尼克能源公司是另一家在当地拥有输电线路的电力公司，它对关于PATH的争议越来越关注，因为（用StopPATH成员的话说）担心市民会彻底转向反对输电线路建设。2011年初，多米尼克公司建议升级一条现有的500千伏线路，以使得其热容量增加一半以上。这条线路建于20世纪60年代，穿越了一些StopPATH成员的土地。然而，StopPATH接受了这个提议，因为它实际上削弱了PATH项目的可靠性主张。当多米尼克公司开始重建项目时，凯琳和佩辛思参观了一个重建点，观察到维修人员在工作中对与他们一起工作的土地所有者非常友好。罗宾的土地被多米尼克公司的输电线路穿过，也受到PATH项目的威胁，他告诉我与多米尼克公司的合作经历非常愉快。当一些居民担心多米尼克公司的升级项目是另一个PATH项目时，凯琳安抚了他们。她曾打电话给多米尼克公司的代表，以其特有的幽默让他们知道自己已经厌倦了担任他们公司的公关代表。

　　2012 年 8 月 28 日，PJM 管理委员会与所有利益相关方召开会议，讨论了 PJM 工作人员建议撤回 PATH 项目的提案。会议结束时，PJM 发布了一份简短的公告，指出由于"分析报告显示该项目不再存在可靠性驱动因素"，PATH 项目已经从其扩展计划中被删除，除此以外没有进一步的解释。[6]凯琳和佩辛思猜测，相比之下，西弗吉尼亚公民发出的呼喊在弗吉尼亚州公司委员会（即弗吉尼亚州的州监管机构）更能引起共鸣。多米尼克公司宣布重建一条名为"暴风山—杜城"的输电线路是一个转折点，"这个时候即使是 PJM 也不能再支持 PATH 项目了"，凯琳说。她在家里为 PATH 举办了一场"葬礼派对"，但这并不意味着她把这场斗争抛在了脑后。她收到了许多来自美国各地公民的电子邮件，他们的社区正面临着输电线路的威胁，因此向她咨询意见，尽管她谨慎地不让自己卷入其他地方的斗争，只是提供建议——特别是在那些她不熟悉或没有地产的地方。从那以后，她一直在拓展自己博客的内容，寻找新的与电力相关的主题进行研究，例如电费分配率。她在网上写下的观点在电力活动人士中得到了广泛分享，从而为 Block RICL 提供了支持。

　　即使 PATH 输电线路项目已经被取消，但其仍然向消费者收取了项目申请过程中产生的费用，其中包括购买的房产——为的是将该项目作为一个既成事实呈现给州监管机构。凯琳和另一个叫阿里的小学女教师将此事提交给了 FERC。2013 年我拜访她们时，她们正在与 FERC 进行秘密的和解谈判。凯琳定期去华盛顿特区，在通过相关的安全步骤后与联邦监管机构坐下来进行对话。她发现，FERC 是美国在能源领域的最高权威，是最公平、最愿意倾听意见的地方，同时她也承认，不能指望一个普通消费者会阅读数千页的法律材料来质询企业律师。2017 年晚些时候，FERC 裁定，PATH 项目必须向 PJM 消费者退还因该被取消的项目而向他们收取的 600 万美元。换算下来，这意味着退还每户家庭 5 美分，这无疑是一次巨大的胜利。[7]

农田上的经济学

凯琳和佩辛思认为我也应该见见一个正处在斗争中的团体，那就是她们经常亲切谈论的 Block RICL，她们通过电子邮件把我介绍给该组织的核心人物玛丽。就在我离开西弗吉尼亚州去伊利诺伊州之前，凯琳给了我一本书——这是她送给玛丽的礼物。这本书讲述了 20 世纪 70 年代明尼苏达州农民对输电线路项目的抗议（Casper and Wellstone 1981）。对凯琳来说，阅读电力历史既是一种爱好，也是理解她自己行动的一种方式。

在路上读的这本书是我了解农民反对输电线路行动的开始。这本书记录了一条 692 公里长的直流电线路的历史，这条线路建于 20 世纪 70 年代，从北达科他州俾斯麦附近一家褐煤发电厂输送电力到明尼苏达州的双子城和圣保罗的郊区。这条线路是两次历史发展的产物。首先，农村电力管理局（Rural Electric Administration，REA）最初是罗斯福新政的产物，它向合作社提供贷款，以促进农村电气化，后来在尼克松政府时期被收编，其职能发生了改变，它被允许向由合作社和公用事业公司组成的合作项目提供贷款，而这些项目通常由私人公用事业公司主导。最初用于补贴农村电气化的联邦资金变成了私营项目的融资来源。这一变化部分是由 1973 年石油危机及其对石油进口的威胁推动的。其次，随着 1973 年石油危机威胁到石油进口，利用美国国内煤炭储备的项目变得特别受欢迎。在此背景下，明尼苏达州两家合作的电力公司于 1973 年获得了农村电力管理局历史上最大一笔贷款，用于在北达科他州一个褐煤矿附近建造一座发电厂——褐煤矿过去因其发电能力不强而很少受到推崇。这两个公司的顾问将北达科他州和明尼苏达州的地图分成由若干个正方形组成的网格，并为每个正方形分配一个优先级编号，从而制定了这条输电线路。为了尽可能减少这条线路对人们生活的影响，这条线路避开了高速公路、机场、自然保护区以及城市区域，却贯穿了明尼苏达州大量的优质农田。电力公司预计他们将会毫无障碍地获得县和州委员会的批准，就像明尼苏达州以往的项目一样。

"他们认为农民是阻力最小的途径。"玛丽后来告诉我他们与岩岛清洁电力线路（Rock Island Clean Line，下文简称为 RICL）之间的斗争时如此说道。然而，就像玛丽所在的土地所有者团体一样，明尼苏达州的农民组织起来，聘请了律师，在整体上使电力公司的工作更加难以进行。前州长鲁迪·佩皮奇（Rudy Perpich）曾表示，农民对该项目的抵制是他任期内最耗时的问题（Casper and Wellstone 1981：4）。这条线路于 1978 年建成后，农民开始破坏输电塔。同年，佩皮奇发动了明尼苏达州历史上最大规模的州警动员，以保卫这条 692 公里的输电线路。有时，农民和警察会发生暴力冲突。后来，农村电力管理局接管了这条线路，将所有破坏行为定性为联邦罪行。1976 年至 1978 年间，有 120 人因抗议活动被捕，其中 4 人被判有罪，1 人被控重罪（Casper and Wellstone 1981：286）。

一位明尼苏达州的农民解释说："人类关系（human relations）中的（一个）基本问题就是土地所有权。我说的不是你的律师朋友们谈论的经济层面的东西，而是土地道德（land morality）——农民是土地的守护者。他们承担了保护土地的责任，这可能是一代又一代的努力，也可能是数月的投入，取决于每个农民的具体情况。他们是土地的守护者，而外来者违背了土地道德，用这些庞然大物亵渎了土地。"（Casper and Wellstone 1981：46–47）这番话预示着 Block RICL 的苏珊后来对我说的话："这里的大多数农民，他们有坚韧不拔的精神。他们属于大地！"这种观点不应仅仅被视为感性的表达，它揭示了一种不同于输电公司对土地理解的价值结构。在输电公司看来，土地是一个受欧几里得几何学管理的空间，输电线路占据了一个可计算的、有限的空间，并且仅在总体土地价值中造成有限、可计算的损失。然而，在农民的理解中，土地具有洛克理论中所定义的品质——通过投入劳动来获得价值，这种劳动蕴含着道德意义。这片土地同样具有资本主义性质，因为其价值可能随着时间的推移而成倍地增长，而这一事实并没有被输电公司的一次性补偿方案考虑在内。

正如明尼苏达州的历史所表明的，美国中西部的土地所有者对于基础设施项目在他们土地上提出的通行权的要求并不陌生。斯科特是一名三十多岁的男性，他一直运营着一个关于RICL 的博客。他在一个被两条天然气管道贯穿的农场长大，最近又新增了一条由一家名为阿莫林的公司修建的输电线路。在伊利诺伊州门多塔的一家餐馆吃午饭时，他半开玩笑地告诉我，他预计在有生之年会再看到两条输电线路获得从他的土地上穿过的通行权。过去，他的家人并不反对这些要求，只是让自己的律师协商赔偿问题。2006 年，阿莫林公司提出了如今这条穿过他们土地的输电线路的计划，声称这条线路是为了满足芝加哥日益增长的电力需求。该公司最初提出了三条线路，所有线路最终都会穿过斯科特家的农场。他的家人认为参加线路选址的讨论意义不大。其他居民似乎也不太热衷于对线路提出异议。斯科特说，没人希望自己看起来像"邻避主义者"，阿莫林让居民们讨论到底选择哪条路线，而最终它总是赢家。"你会渐渐习惯的。"

他们在与阿莫林达成赔偿协议的两周后收到了 RICL 项目发来的通知。"当我们收到这些通知时，我们并不惊慌。"他笑着，并补充说，他的家人们都住在相邻的农场上，大家曾互相开玩笑说谁会最后收到通知。也许是因为他习惯了通行权要求，他能感觉到 RICL 项目缺乏经验。在他参加的开放日中，他观察到 RICL 项目的官员对这条线路将建在哪里没有明确的概念。斯科特觉得，这一次，这条线路是可以争取的。与此同时，他开始在他开车经过的农场看到"阻击岩岛清洁线"的标语。通过一番快速的网络搜索，他找到了 Block RICL 背后的力量——玛丽。

2013 年夏天，由于丈夫的工作原因，玛丽刚刚从国外长途跋涉回到家乡伊利诺伊州。作为一名专业的音乐家，玛丽期待着很快恢复她的音乐教师和教堂唱诗班指挥的工作。但最重要的是，她很高兴自己能及时回到家乡——在她父亲得知 RICL 项目的几个月后。她父亲拥有几个农场，其中一个农场在 RICL 的线路规划范围里有一条 800 米长的通道，如果这条线路建成，通道将无法使用。

RICL 是一个比 PATH 更神秘的项目。这条约 805 公里长的直流线路预计将从艾奥瓦州东北部的风力发电厂向芝加哥地区输送电力。但是，RICL 线路本应接入的风力发电厂还不存在。玛丽也很快通过线上自学发现，从技术上讲，一条线路不可能只输送风力产生的电力，因为风力的间歇性会使线路不稳定。此外，805 公里长的直流线路在美国是前所未有的。RICL 项目的工作人员指出，直流线路在长距离上不太容易发生电力损失，但他们回避了一点，即当直流电必须在线路末端转换为交流电时，电力损失会很大。由于这是一条直流线路，这意味着它不能在其 805 公里的沿途为附近电网提供支持。所以，就提高可靠性或降低批发价格而言，这条线路不会让艾奥瓦州和伊利诺伊州的用户受益。

最后，RICL 是作为"商业线路"被提出的，而不是作为像 PATH 那样被归类为"可靠性线路"。投资者提议承担该线路的所有成本，并仅出于经济利益来承担该项目。在美国，商业线路几乎不存在，这引发了关于 RICL 项目背后的科林蓝公司（Clean Line）希望如何从这条线路中获利这一问题的讨论。由于这条线路的成本没有分摊到人们身上，我们不清楚科林蓝何时（如果有那一天的话）能够扭亏为盈。该公司的总部位于德克萨斯州的休斯敦，其投资者是一家总部位于纽约的私募股权公司，这家公司定期投资石油，但不投资电力。由于科林蓝公司无论是地理上还是行业背景上都与中西部电力行业关系不深，当地居民对这个项目的未来充满戒备。他们猜测，科林蓝最终可能会向中部独立系统运营商（Midcontinent Independent System Operator，下文简称为 MISO）申请将 RICL 批准为一条可靠性线路，以便将成本转嫁给消费者，或者更激进地将他们获得的通行权用于完全不同的目的，例如建造一条石油管道。居民们认为，鉴于通行权可以转让，该项目可能只是一次纯粹的金融投资。

尽管存在诸多不确定性，居民们仍在很大程度上将他们的斗争视为 StopPATH 的斗争的延续，即反对不必要的、由市场驱动的电网扩张，因为这最终会威胁到他们依赖土地所有权以及农业经营方式所形成的经济模式。如果这条线路最终建成，即使没有经过 MISO 批准，由于 MISO 的可靠性线路已经有了先例，因此规模不会小。在运营方面，RICL 项目将向参与 MISO 的电力公司收费，从而将其牢牢嵌入中西部电力市场。

在我作为客人入住玛丽家的第二天，我们沿着 80 号州际公路开车去了一家律师事务所。放眼望去，沿着公路两侧是一望无际的玉米和大豆田，这是伊利诺伊州赖以为生的命脉。玛丽说，伊利诺伊州州长支持 RICL 项目，他曾在讨论 RICL 线路时提到 80 号州际公路。这条线路与 80 号州际公路平行，但它实际上离 80 号公路有 16 公里远。"这都是**科林蓝的话术**。"玛丽在提及 RICL 项目的相关说辞中的选择性遗漏时经常这样说。虽然使用有现成通行权的土地可以避免占用更多的土地，但她猜测，科林蓝公司之所以没有沿 80 号公路建设线路，是因为与农民打交道比与伊利诺伊州政府打交道成本更低。正是由于这种轻视，玛丽被吸引来领导这场斗争——特别是在一个项目经理轻蔑地称受影响的居民为"一群农民"的事件之后。

在律师事务所，玛丽和伊利诺伊州土地所有者联盟（Illinois Landowners Alliance，下文简称为 ILA）的其他成员举行了一次会议。2011 年 5 月，RICL 项目向伊利诺伊州商业委员会（Illinois Commerce Commission，下文简称为 ICC，也就是伊利诺伊州的州监管机构）提交了公用事业身份的申请。次年，ILA 作为一个全州范围的联盟成立，在 ICC 进行法律斗争。作为一个土地所有者的组织，ILA 开始介入 RICL 项目申请获得公用事业资格的过程，成为干预者。在律师事务所外，苏珊，一名热情洋溢的中年女性，把车开进停车场，从后备箱里拿出了她刚从印刷厂取回的 Block RICL 的横幅。"每条还不到 20 美元！"她兴奋地说道。当 ILA 成为公民反对 RICL 的合法代言人时，Block RICL 的苏珊肩负起组织土地所有者（包括许多未加入 ILA 的农民）的任务，同时以幽默感调动士气。玛丽指着苏珊后备箱里的一条旧横幅，上面有 Block RICL 的支持者的签名：
"当这一切都结束时，这条我要拿回家挂起来。"

　　我们在附近的一家餐馆里一起吃午饭。一起吃饭的还有
一位穿着西装的商人（之前参加过 ILA 会议的一位土地所有
者），他的外形与玛丽的父亲形成了鲜明对比。玛丽的父亲是一
名八十多岁的机智老头，刚刚加入我们；此外还有一位穿着舒
适服装的年轻农民。随后，大家就每个人的土地情况进行了热
烈讨论——关于他们是否对最近的降雨感到满意。在某个时刻，
玛丽的父亲结束了关于农场的谈话，转向我，很快就被我们所
谈论的输电线路吸引住了。他说："我不常离开农场，也不怎么
关注新闻。"有一天，他的嫂子说她收到了一份通知，并问他是
否也收到了。结果发现，他们的房产都在拟定的路线上，但他
没有收到通知。玛丽跳出来补充说，她阿姨只有约 1.6 万平方米
的土地，而她父亲的土地面积要大得多。

　　与其他土地所有者交谈后，玛丽意识到，拥有土地面积越
大的人，收到通知的可能性就越小。"（公司）这样做是为了减
少阻力。"她说。玛丽的父亲后来被拒绝参加 RICL 项目的某次
会议，对方告诉他该会议仅限于商业目的。"我告诉他们：'你们
认为务农不是生意吗？'"由于 RICL 项目最初的疏漏和不当行
为，玛丽的父亲和其他几位拥有较大土地面积的土地所有者都
更积极地组织起来准备抗议。他们知道选择斗争可能意味着挑
战科林蓝公司，并导致 RICL 的最终线路被明确划入他们的土地
所在的区域。"但是你有这群固执的老伙计。"玛丽说。他们请
玛丽把他们组织起来。曾经长期担任教堂唱诗班指挥的玛丽说：

"我知道，如果你有唱歌的天赋，你就去唱歌；如果你有天赋去把像我这样的人组织起来，你就去做。"2013 年夏天，三分之一的土地所有者已经成为 ILA 的成员，但玛丽想让所有的人都参与进来。

午餐期间，很明显能看出，公民活动家们对这条线路是否必要有许多疑问——也许是有太多的疑问了。这时，玛丽的策略规划能力显得尤为重要。她通常会赞同大家的怀疑和抱怨，但她会温和地提醒他们必须有所取舍，集中力量进行斗争。例如，土地所有者担心输电线路和输电塔的杂散电流会对他们的家庭和农作物的长期健康造成影响。玛丽转向我说，RICL 项目的一份文件引用了 1987 年的一篇文章来消除这种担忧。（"谁会引用 1987 年的一篇文章？"她反问道。）但她认为，这种担忧难以成为建立论据的强有力的支撑。她提醒大家必须坚持重点，突出这条线路没有必要的事实。伊利诺伊州不是一个电力出口的大州吗？最近难道不是刚因为需求减少而关闭了一座核电厂吗？既然需求已经在减少，为什么还需要艾奥瓦州的风力发电？那位西装革履的土地所有者对这个观点表示认同，并提出了一个反对可再生能源的观点。为什么他们需要来自可再生能源发电厂的不可靠电力，而不是来自州内大型企业的可靠的煤炭和核能发电？当我注意到一种对风能甚至更广义上的可再生能源的反感情绪围绕着 RICL 项目逐渐形成时，玛丽又加入了对话。她表示，太阳能发电不能与风力发电混为一谈，更重要的是，他们的关注必须集中于这样一个事实——RICL 项目是一场不必要的冒险，且其成本超过了收益。玛丽总是随身带着纸和笔，记下她认为有用的观点和短语，以便将来 ILA 在州委员会作证时使用。

玛丽和苏珊高兴地说，她们的关系就像凯琳和佩辛思的关系。玛丽是有"大局观"的人，负责提出论据和证词；苏珊负责处理与艾奥瓦州和其他州的外联工作，科林蓝公司在那些地方也开展了类似的项目。她们认为外联工作至关重要，当 RICL 项目的工作人员告诉一名土地所有者其他人都已经同意提供通行权或出售他们的房屋或土地时，玛丽和苏珊可以很容易地核实这些信息的真实性。这对搭档也确保了这一路上的乐趣。她们告诉我她们团队中有一位年长的女士，她陪同玛丽和苏珊参加了一个由科林蓝公司的高管主持的活动。这位女士在问答环节对他进行了提问。活动最后，他亲自找到她，询问当时日益增长的反对声浪。随后，他对 RICL 项目的员工未被邀请参加居民会议表示失望。（玛丽认为，讽刺的是，RICL 项目的相关人员只因为错过了一次 Block RICL 的活动就感到被冒犯，而居民们却被禁止参加 RICL 项目的任何活动。）但当时，这位年长的女士用柔和的语调对他开玩笑说，RICL 项目在他们县非常受人讨厌，所以如果他被邀请，会议主办方可无法保证他来去安全。

午餐结束时，玛丽的父亲向我道歉，担心自己抱怨得太多。"这对我们来说确实是一件私事"，他说，然后邀请我有机会去参观他的农场。在和玛丽开车回家的路上，我们经过了几十个悬挂着"阻击岩岛清洁线"标语的农场，很显然每一个都让玛丽感到自豪。她记得在斗争的头几个月里，当她第一次看

图 4-3 一位半挂车车主表示支持 Block RICL。玛丽说，农村地区许多上了年纪的土地所有者"不上网"。标语就通过非正式渠道（如上图所示的那样）传播开来

到自己在全州各地开车分发的标语时，她觉得这场斗争可能会赢。第一次 Block RICL 会议有 400 名土地所有者参加，而不是预期的 15 人。她说，农村地区上了年纪的土地所有者"不上网"，并将会议消息传播的速度归功于非正式渠道。看到这些标语后，一些人还以为"布洛克·里克尔"（Block RICL）是某位政治候选人的名字，于是在当地的餐厅里互相询问。不久之后，在伊利诺伊州有政治影响力的拉萨尔县要求科林蓝公司在获得州委员会批准之前不要再联系他们。这是阻止 RICL 项目的第一个重大胜利。然后，一个接一个，即使是最坚定的

持怀疑态度的土地所有者也逐渐加入了抗议的队伍。例如，午餐期间那位反对可再生能源的土地所有者起初只是对协商出一个好的补偿感兴趣。现在，除了撤销这条线路，其他任何结果都不能让他满意。

从经济角度来说，RICL 项目和 Block RICL 之间的冲突可以归结为双方对土地看法的根本差异。PATH 项目和 RICL 项目开放日中的地图展示了一个固定的、稳定的和有边界的实体（de Certeau 1984：117–18），却未能反映农民和其他土地所有者实际经验中的地形环境。例如，玛丽在一次开放日上被告知，RICL 线路的电线将通过单柱塔悬挂在空中。当 RICL 项目向州委员会提出申请时，提案中包含了框架塔。框架塔的四个支撑脚会使更大面积的土壤无法耕种。在 RICL 项目对土地的理解中，输电塔对农场的影响仅限于它们将占据的区域。影响是有限且可计算的，可以用金钱来补偿。因此，他们反复强调农民可以继续在输电塔周围耕作——例如使用飞机对农作物进行空中喷洒。玛丽和她家里的许多人一样，是一名有执照的私人飞行员，她不同意这个观点。要在如此接近输电塔和高压线的情况下驾驶飞机，"简直是在冒生命危险"。但如果没有空中喷洒，"全部农作物可能会颗粒无收"。为了帮助人们把握事关重大的输电塔变化，她在 Block RICL 的网站上挂出了一张对比图片：一座由 RICL 项目提议的输电塔，旁边是自由女神像，按实际比例进行对比。这些输电塔有约 61 米高，比自由女神像高出约 15 米。（这张图同时还激发了观看者的爱国情怀，算是意外的附加收获。）

在一个微风习习的星期日，玛丽的父亲欢迎我们来到他的农场，他人生大部分的时间都在那里度过。这里也是玛丽长大的地方。在她父亲独自居住的简朴的房子外，我们从树上摘下香甜的白色苹果。小时候，玛丽和两个姐妹一起住在那栋房子里，共用一间卧室。这连片的农田，是玛丽父母 40 多年来的辛苦积累而来的。

在工具棚里，我惊叹于农业工具的规模——光播种机就有六排，还有钻机和每辆可以运载一千蒲式耳的货车。玛丽告诉我，另一位伊利诺伊州土地所有者联盟成员的设备规模是她家的两倍大。我爬上一台三米高的拖拉机，坐在舒适的驾驶室里，玛丽的父亲坐在我旁边，向我介绍这台拖拉机上所有先进的数字化功能，包括 GPS 导航系统。然后，当我尝试驾驶这台拖拉机在房子周围转悠时，我意识到在狭窄处转弯不是它的强项。但驾驶困难并不是唯一的问题。他们告诉我，即使你能成功地在 14×14 平方米的输电塔周围操作喷雾器，当你倒车时，一部分作物不可避免地会被喷洒两次，而这几乎会杀死它们。此外，电线会下垂到拖拉机无法从下面穿过的程度——尤其是在夏天（由于炎热的缘故）。然而，如果线路和输电塔在耕作过程中受到任何损坏，责任将完全在于农民。

土地的规模和形状对农业的经济效益至关重要，而这正是让 RICL 项目的主管们难以理解的地方。农民们坚持一种基于农业技术条件的规模经济观念。玛丽父亲的农场又平坦又长，但不太宽，这就是它如此珍贵的原因，平坦的长条形土地被分成几排，便于机器穿行。当机器不得不以一定的角度（或者说所

图 4-4 玛丽父亲的工具棚

谓的"小转弯")被操作,这意味着部分土地无法得到充分利用。农田的连片扩张是一项宝贵的成就,所以土地被输电线路和高速公路分割是最令人担忧的结果。土地被高速公路横穿的农民在操作设备穿越公路时遇到了很多困难,大多数人最终放弃了他们土地中被分割的部分。至于玛丽的父亲,我感受到了他的矛盾心理。自从玛丽的母亲去世后,他一直独自管理着农场,他感到很疲倦。他在我们谈话的一开始说道:"如果他们穿过我的土地,我会放弃它,退休,把农场租出去。"然而,当天晚些时候,在长时间讨论了他为了维系这片土地所经历的艰辛之后,他看着我的眼睛说:"如果他们试图得到我的土地,我会和他们斗争。"

在微风中，我们沿着一排排甜玉米散步。玛丽的父亲让我摘一个麦穗，摸摸它的顶端。圆形的顶部意味着它可以被采摘了，所以我们把它放上了推车。他说，幸运的是，现在机器在做这个，但不是一直以来都这样。玛丽四年级的时候，全家搬到了这里，最初只有技术含量很低的设备。他们指了指他们的旧拖拉机，这台拖拉机还停放在工具棚里作为纪念。它很小，没有驾驶室，看起来和我刚刚开的那台完全不一样。玛丽的母亲一整天（尽管天气很寒冷）都开着这辆没有驾驶室的拖拉机去附近的谷仓——靠近谷仓也是他们的土地如此宝贵的另一个原因。在母亲去世前两年，他们买了第一台带驾驶室的拖拉机，她高兴得不得了。但是，玛丽说，尽管做了很多工作，运气也很好，但农场的经营在很长一段时间里仍然是一场赌博。她的父亲曾是一名美国联合航空公司的商业飞行员，他把每一分钱都用在农场上。高中时，玛丽像大多数同龄人一样，在德尔蒙特附近的蔬菜罐头厂工作了整整一个夏天。她最终供自己读完了大学。玛丽给我算了一笔设备、种子和种植费用的账，告诉我如果当时少几十万平方米的土地，就完全养活不了一家人。直到她上了大学，农场才开始出现转机。后来，美国联合航空公司在 2002 年申请破产，拖欠了员工的养老金。她父亲失去了养老金，农场成了他唯一的退休保障。

从这个角度看，土地不是一个"惰性体"（inert body）（de Certeau 1984：118），而是一个生成性的空间，它有可能产生比它目前所拥有的更高的价值。相反，一旦有障碍物建在其上，土地的损失可能远不止于被占用的那一部分土壤的价值。换句话说，输电塔不可能单纯地从土地的整体价值中安全提取一部分有限的价值，而不对其整体经济价值造成更大的影响。玛丽和苏珊用了另一个她们都引以为豪的巧妙类比，她们把农场称为"不可再生"资源，必须像对待不可再生能源的枯竭一样严肃地对待土地浪费。与我交谈过的农民指出了几个因素，这些因素削弱了农场的价值，浪费了农田，这些浪费甚至超过了因输电塔而损失的土地。例如，为了建造输电塔，公司必须造路，而施工中使用的车辆会造成土壤被永久压实。许多农民从经验中了解到，土壤压实是不可逆的。

"如果在你的土地下面发现了黄金，"玛丽反问我，"这会不会让你的土地变得不那么值钱，并受到征用？如果不是，那为什么输电线路经过的土地会变成这样？"输电线路的通行权（不同于风力涡轮机的情况）一经获取就是永久性的，无论是对通行权的补偿还是对买断土地的报价，都不能反映土地随着时间的推移可能获得的价值。反过来，随着时间的推移，土地可能增加的价值不能用利率来计算，它取决于一个人选择和能够投入的劳动。在玛丽父亲的农场里，我沿着一排排的大豆走，听到蜜蜂不停的嗡嗡声。蜜蜂为大豆授粉，增加产量。玛丽的父亲对我说，但如果农场被输电线路覆盖，它们可能就会离开作物。"这一切我们都无法预知。"他说。在回来的路上，我和玛丽开车经过一个又一个农场。她时不时地评论别人如何打理他们的农场，对一些农民让自己的农场被杂草占据表示不满。

在伊利诺伊州的最后一天，苏珊带我参加了门多塔甜玉米节，Block RICL 将在那里参加一个游行。我跟着 Block RICL 的车走了 45 分钟，一路上，我向排队的伊利诺伊州人分发传单。虽然有几次我确实被问到"布洛克·里克尔"是谁，他在竞选什么政治职位，但大多数人都知道这场运动，并且认为我是其中的一员，他们感谢我，并鼓励我继续坚持。我离开伊利诺伊州后，ILA 和 Block RICL 的斗争仍在继续。州委员会最初授予 RICL 项目公用事业地位（这将使其获得征用权），但该决定在 2017 年被上诉法院推翻，同年伊利诺伊州最高法院维持了这一决定，从而彻底终结了该项目。在此期间，Block RICL 广泛增加了外联活动，并鼓励在密苏里州、俄克拉何马州、堪萨斯州和其他地方成立其他团体，那些地方都有科林蓝公司的输电项目在进行。这场运动已经取得了许多胜利。例如，艾奥瓦州通过了一项法律，普遍禁止输电线路项目行使征用权。玛丽继续通过社交媒体组织活动，苏珊仍然时不时在州内外各地奔走。对她们而言，RICL 项目可以说开启了她们在电力领域发挥能动性的大门。

基础设施的前景与危机

尽管 StopPATH 和 Block RICL 这两个团体彼此大力支持，但二者在某些方面还是有所不同。StopPATH 对环境保护主义有一种整体上的积极倾向，而这一议程（至少是当以环境保护主义这样的表述方式出现的时候）对 Block RICL 的支持者来说处于次要地位。两个团体的领头人都避免提及政党或意识形态认同（就像玛丽在讨论中恳请大家围绕重点），尽管 StopPATH 来自一个主要为民主党投票的区域，而 Block RICL 来自一个主要为共和党投票的区域。他们知道彼此的这些情况，但不知何故，即使自我最初的田野调查以来美国的政治环境变得更加两极化，也没有影响他们对彼此的尊重。Block RICL 的成员对 StopPATH 表示绝对的赞赏，因为他们开拓了一条通往电力意识的道路。他们在网络上保持密切联系，分享和宣传彼此的故事。如何看待美国这种超越明显政治分歧的政治动员现象？

我一直认为，就像本书前面所探讨的专家群体一样，公民活动家的政治立场也是通过特定的经验建构起来的，而非简单地来自既存的意识形态或社会价值观。这一事实蕴含着某种可能性——一种新兴的、未定型的，甚至有时令人意想不到的政治形态的出现。人类学家汉娜·阿佩尔（Hannah Appel）、尼克希尔·阿南德和阿基尔·古普塔（Akhil Gupta）曾指出基础设施"长期以来为全世界人民带来现代化、发展、进步和自由"，但这种前景不可避免地受到基础设施的脆弱性的威胁。"基础设施的物质和政治生活经常破坏技术进步、自由平等和经济增长的叙事，揭示了人、物和管理或供给基础设施的机构之间脆弱且经常是暴力的关系。"（Appel，Anand and Gupta 2018：5）我想补充一点，这种前景在于打开一个空间，产生新的政治认知和看似不可能的联盟，而其中的危险在于这种政治认知的僵化以及重新落入既有的意识形态框架之中。

谈到 Block RICL 的能动性时，苏珊自豪地说这给了以前在治理问题上不太敢发声的女性一个表达自我的理由。当我在门多塔音乐节上遇到她的丈夫时，他正在帮助修理 Block RICL 的专用汽车，但看起来有点心不在焉。苏珊见状忍不住笑了，强调女性才是这场斗争中真正的主导力量。还有一次，苏珊给我讲了有关一位年长女士的故事——她是"农场妻子的缩影"，几十年前她曾为整个社区铺设排水管道，她的丈夫曾嘱咐她维护这些设施非常重要。当 RICL 项目计划土地上架设输电线时，她回忆起已故的丈夫，感到很悲痛。苏珊起草了她的故事，在这位女士确认了文章内容后，她们一起把它寄给了当地的报纸。苏珊告诉我这位女士对发表的文章感到非常自豪。"这些年她让男人处理一切，而现在，她有了自己的声音。"这正是基础设施建设带来的改变。

风力发电在该地区出现以及被接受的过程中存在一种危机。许多曾投身反对 RICL 的行动者逐渐对其计划输送的风电本身产生了抵触情绪。与 StopPATH 相比，他们的斗争与电力市场的关系更加间接，而他们对输电线路的批判或多或少适用于全州的风力涡轮机。为了了解这种态度是如何形成的，我们不妨回过来看看苏珊是如何开始从事公民活动家的工作的。在这一切开始之前，苏珊收到了一封关于 RICL 项目开放日的邮件。按照她自己的说法，她去的时候没有抱任何期望。一位苏珊以为是大学实习生的年轻女性在门口迎接她，满脸笑容地问她："你准备好成为清洁能源美好未来的一部分了吗？"苏珊记得自己当时想：

"大概吧。"会场里面有免费食物和输电线路图。当市民指出线路图上的任何问题时，员工们会夸张地感谢他们的关心，但似乎并没有把问题记下来。苏珊认为开放日是一个烟雾弹，但她不知道能做些什么。她听到一位邻居怒气冲冲地走出来，喊道："我要请律师！"这些被基础设施建设公司忽视的故事是我们谈话的一个重要部分。

苏珊和她的丈夫以及已成年的子女住在一个小农场里。她的土地正好紧挨着 RICL 项目拟定的线路，这意味着如果线路建成，她不会得到任何补偿。她对不得不生活在输电线路下和失去晴朗天空的视野而感到不满。RICL 项目拟建的输电塔很高，因此极有可能需要安装航空警示灯，以便空中交通可以看到。苏珊不喜欢输电塔可能会造成的"光污染"，也不喜欢风力涡轮机造成的光污染。她开着车带我到处跑，抱怨那些涡轮机的红色闪烁灯——在伊利诺伊州平坦的土地上，从几公里外就可以看到这些灯光。"到了晚上，它们就会同时亮起来。"她抱怨道。我问苏珊 RICL 项目是否在伊利诺伊州引起了反对风力发电的态度，她说 RICL 项目没有**引起**这种态度，它只是让人们**明白**了一个事实——风力发电场效率低下。谈到风力发电场从联邦政府那里获得的税收减免时，她指出，纳税人集体支付这些税收是不公平的。她表达了该运动中其他人的担忧，并补充说，风力发电场不是为了在伊利诺伊州维持就业"而设计的"。联邦政府对可再生能源的支持已经成为外来资本利用伊利诺伊州资源的一种方式，无论是像 RICL 项目这样的州外资本，还是其他人所担心的外国资本。

　　和其他许多州一样，伊利诺伊州在 2007 年颁布了《可再生能源组合标准法案》（Renewable Portfolio Standard，下文简称为 RPS 法案）。RPS 法案要求州电力公司从可再生能源发电厂购买一定比例的电力。在伊利诺伊州，这个比例被定为 25%。该法案使伊利诺伊州成为美国风能开发的主要中心之一，创造了苏珊现在厌恶的风力涡轮机景观。但近年来，该法案一再受到来自环保立场两端的质疑。该法案设立了伊利诺伊州电力管理局（Illinois Power Agency，下文简称为 IPA），这一机构将负责代表该州最大的两家电力公司——阿莫林和联邦爱迪生——从可再生能源发电厂购买电力。IPA 与可再生能源发电厂谈判达成的长期合同推高了阿莫林和联邦爱迪生公司消费者的电价。因此，许多伊利诺伊州的市政当局行使了另一项州法律赋予的权利，转向以更便宜的价格出售电力的其他电力公司来替代可再生能源发电厂。这些电力公司通过购买州外项目的可再生能源认证来满足 RPS 法案规定的要求。一方面，环保人士对该法案未能继续为可再生电力生产商提供启动昂贵的新项目所需的长期合同感到愤怒；另一方面，大型能源公司对于分配给风力发电场的补贴表示抗议。2015 年夏天，在艾索伦电力公司（Exelon）威胁要关闭其两三座核电站后，修订该法案的努力失败了。[8] 在与我的交谈中，许多公民指出他们更偏好核电站而不是风电场，因为前者能够提供更多州内就业机会，同时也能确保电力供应的稳定性。

　　斯科特在博客上大力反对伊利诺伊州的 RPS 法案。他对州政府支持风能产业，支持 RICL 项目以及游说 IPA 以确保可再生能源电厂获得长期购电合同持批评态度。这些合同虽推动了可再生能源在电力结构中的占比提升，但也推高了整体电价。斯科特在我们的谈话中对我说，政治因素才是问题所在。他认为，20 世纪 70 年代支持煤炭的总统们扩大了输电系统（这令明尼苏达州的农民感到沮丧），而现在支持风能的政府（当时是巴拉克·奥巴马政府）正在鼓励经济上不合理的风能项目。我追问斯科特，如果不应该是由政治因素推动，那电力决策应该由什么推动。他极其迅速地回答道："竞争性定价。"他兴致勃勃地补充道，太阳能发电可能很快就会变得"可行"，这已经让艾索伦电力公司这样的能源巨头感到害怕。他在提到美国能源信息署的一份报告时表示，只要允许不同的企业家通过竞争来降低电价，美国就不需要依赖电力消费的增长或输电网络的扩张来推动经济增长。

就像凯琳认为电力市场并未真正遵循供需原则一样，斯科特也推崇竞争性定价，但不认同现有的电力市场。他承认，一年前（2012 年）他才开始通过阅读凯琳的博客进行自学，在此之前他甚至没有听说过 PJM。"现在我知道它是一个卡特尔。"在斯科特看来，所有企业，包括太阳能和风能企业，都必须以能否生产出价格合理的电力为评判标准。起初，他对太阳能发电持怀疑态度，但在阅读了一篇来自西弗吉尼亚州的博主（这位博主也是一位农民，他为太阳能合作社工作）的文章后，他开始对太阳能发电产生兴趣。

斯科特关于健康经济的观点几乎未曾涉及气候变化。他向我透露了 Block RICL 的具体情况，这种具体情况可能使它有别于其他反输电团体。在威斯康星州的一次反输电会议上，斯科特见到了他非常尊敬的凯琳和佩辛思。他对在那里遇到来自其他州的活动人士感到很惊讶，他们关注水力压裂和硅砂厂对人类健康和环境的影响。他说，"我们这里也有很多这样的工厂"，但人们唯一一次抗议是在施工堵塞道路的时候。同样，当斯科特向我提及另一个旨在将电力从魁北克输送到马萨诸塞州的输电线路项目"通北"（North Pass）时，他几乎难以置信地说道，新英格兰抗议者反对该项目的理由，竟然是输电线路会破坏当地的自然景观。他明白其他活动人士对环境的担忧，但并不能和他们感同身受。他认为，"在我们中西部地区"，对人们来说唯一重要的是土壤。

当然，斯科特不能代表中西部所有人，甚至无法代表 Block RICL 的所有成员。和所有公民一样，Block RICL 的支持者关心的问题各不相同——正如前文讨论的，苏珊确实十分关注景观破坏问题。然而，在优先级排序上，斯科特的想法与 Block RICL 的其他支持者一致——对土地（尤其是耕地）的关切胜过一切。他们挑战的不是电力的资本主义秩序，而是反对当下这种将土地简单等同于金钱的机制——这一机制正是他们所抗争的输电线路项目的核心逻辑。事实上，他们主张以"真正的"市场供需逻辑来驱动电力产业——在他们看来，这样的市场秩序能更有效地利用资源，无论这些资源是用于发电还是农业生产。然而，斯科特对太阳能电力的认可并非源于抽象的市场理论，而是通过他在反输电斗争中的人际网络，以及对志同道合者观点的阅读和学习而逐步形成的。这正是基础设施带来的可能性。而其中的风险，则在于这种政治认知的僵化——像风力或电力这样的复杂问题可能成为其他政治对话的替身。

结论

"当这一切都结束时，我希望他们（科林蓝公司）记住，他们的项目是被一位教堂唱诗班的指挥阻止的。"玛丽曾这样对我说。她和苏珊笑着说，科林蓝公司曾在一篇新闻报道中把她们称为"激进分子"。电力公民无疑与激进政治毫无关系。StopPATH 和 Block RICL 的成员，以及他们在整个美国范围内激发的各种志同道合的团体，的确对管理电力市场及其监管制度有所不满，但他们始终相信法治。他们相信，用合法的方式来批评规章制度是道德的，他们希望通过改革和实施监管来纠正企业的错误行为。从另一个角度看，电力行业本身在其运作方式上也很难被真正指责为"激进主义"。尽管凯琳对电力行业非常不满，但她也曾经坦陈，如果她把矛头转向煤炭行业，"我恐怕早就'出事'了"。她比了个手势，给"出事"二字加上了引号。

对索韦坦的水力消费者来说，由于缺乏稳定的月收入，他们难以与公用事业公司建立一种典型的自由主义消费关系（von Schnitzler 2008），但这对电力公民来说却是触手可及的。我在这里讨论的群体主要由白人业主组成，尽管他们在收入、阶层和教育背景等方面有所不同。他们本身或许不具备法律知识、工程专业知识或参与决策的渠道，但他们知道如何向律师求助，而且至少这些运动的领头人有时间研究电网规则。毫无疑问，他们肯定不是美国唯一的电力消费者群体，但他们的独特之处在于，他们积极培养了人们作为电力消费者的意识，并且对电力经济进行了批判性思考。我认为，他们是迄今为止对这一经济体系进行了最深刻、最系统的批判的人。他们的批判是我在本书中所追踪的电力经济的最后一个组成部分——一个专家们无法回避的声音。

电力公民的案例展现了一种嵌套于资本主义体系内部的反市场组织形式。这是一个"经济想象力"（Appel 2014）焕发生机的案例——不仅仅发生在我之前描绘的专业人士群体中，也出现在那些批判这些专家的创造物并与之共同生活的普通人当中。技术经济学的影响范围不仅限于专业知识领域，还延伸到人们与基础设施的日常互动中。电力公民的想象力并不寻求彻底改变现有的经济体系——在这种经济体系中，电力早已被商品化，而非公共产品或基本权利。相反，这种想象力希望电力的流动能够在考虑公民的家园、土地和心声的基础上被合理管理。这种想象力想要的一些东西与我所称的日常优化市场有所重叠——活动家和智能电网工程师都对避免不必要的基础设施建设的效率措施感兴趣。但这些重叠仍然是有限的，就像电力公民和我的专家对谈者之间的对话一样。

在电力公民的想象力和他们在政治上重塑自我的能力中，蕴含着某种前景。在电力专家和他们之间缺乏沟通的情况下，潜藏着风险。如果这一前景在未来获得胜利，电力公民的想象力可能会以微妙的方式转化为电网的政治变革。例如，消费者慢慢获得电力生产能力，并启动与小规模典型电网相应的合作。这些转变将重新定义作为一位消费者、生产者和公民意味着什么。同时，人们在公共基础设施中生活时可能会发展出的新公民身份和归属感，对转瞬即逝的电流（即电力）而言，也意味着一种新的经济模式。

后 记

技术经济学

现在是下午两点：仍然是 ISO-NE 举办的电力市场培训的第一天，ISO-NE 是一家运营新英格兰电网和电力市场的非营利公司。参与培训的人有电力市场的交易员、分析师、会计、工程师、监管人员，还有我。大家在连续观看幻灯片和练习计算价格和电压的过程中感到烦躁和疲惫。大多数演讲者都描绘了一幅井然有序的画面——货币和电力在电网中平稳地流动。当我在休息时间和课程助手聊到我对经济知识和工程实践的交叉有多感兴趣时，他兴奋地说："那就是 ISO-NE！"他又开玩笑说，光是总结这一周的培训内容应该就足够我发表研究论文了。

在经历了这些乐观主义后，下午演讲者的冷嘲热讽让我的同学们感到耳目一新。拉里[1]的第一张幻灯片的标题是"经济学漫谈：宏观一瞥"。为了配合我们培训的目的，副标题包含了一个关乎本次培训核心的问题："为什么要用一个基于市场的系统来给电力定价？"拉里给了我们几秒钟来思考这个问题，然后点击幻灯片揭示了答案："微观经济学理论说这能提高效率！"与其说这是一个回答，不如说是一个玩笑。拉里明确表示这个玩笑是针对经济学的，因为他说他让自己团队中的一位经济学家帮他制作了这张幻灯片。看起来，他对说服我们接受电力市场存在的理由不太感兴趣。

我们了解到，他的淡然态度源于他在 ISO-NE 的资历。拉里在这家公司已经工作了 20 多年。他曾在多个团队中工作，现在加入了一个远离日常运营的小团队，专注于为公司探索未来的技术道路。在这份咨询类的、压力较小的工作中，他与 9 名工程学和经济学博士生一起合作。他干练地说："我的工作是为公司的其他人把团队成员说的话翻译成'非博士语言'。"20 世纪 90 年代，拉里见证了该公司在那时作为各大垄断性电力公司之间的自愿性电力调度联盟的时期。他看到它在 21 世纪初过渡到 ISO 的地位，并有了法定的市场运营权。他表示："我在这里的漫长岁月就是我现在工作的保障。公司想留住那些记得过去的人。"

与会者被拉里的嘲讽态度所鼓舞，他们纷纷举手，要求回到开场幻灯片中的问题上。市场起作用了吗？引入市场机制后，美国的整体成本和电价是否真的下降了？很明显，大家想回到这个开场问题完全是出于好奇，没有人会从这个问题的回答中得到什么对自己的职业发展有益处的内容。拉里也没有很努力地去回答这个问题。和经济学家理查德·施玛伦一样（我曾向他提出过同样的问题），拉里认为，美国的市场区域和非市场区域差异太大，无法通过比较来单独考虑市场的影响。像施玛伦塞一样，拉里谨慎地补充说，人们或许可以比较一下市场引入前后燃料来源结构发生的变化，但即便如此，这也是一个过于复杂的研究问题，无法给出明确答案。就这样，对于将市场机制引入电力交易到底是好是坏这一问题，只能被尴尬地搁置一边。我们无法回答这个我们共同关心的基本问题。无论是在电力领域还是其他领域，对于市场是否是最公平的交易组织者这个问题，在接下来这一周的培训时间里，想必不会再次被提起。

建立电力市场需要什么——如何将经济目标、工程专业知识和更日常的实践智慧结合起来，让诸如电力这样一度被普遍认为不适合市场的事物成为日常竞争性交易的对象？这正是这本书要探讨的问题。起先，我提及了一些业内专业人士已经对我重复了数百次的话：就商品而言，电力具有独一无二的特殊属性。除非是对贸易无关紧要的少量电力，它无法储存；除了少数昂贵而罕见的例外，电力不能运输至海外或从海外进口。其他市场的资本主义经验教训不能直接套用于电力市场。人们需要新的方法来结合不同种类的专业知识和技能，以实现电力领域的竞争。例如，正如电力市场最早的建设者之一所言，我们需要将基尔霍夫的电力传输定律和边际成本定价机制"粘合"在一起。由此，本书描绘了这种"粘合"在过去和现在的电力交易中的具体形式，以及这种"粘合"解体的实例。

但是，电力可能并没有专家认为的那么独特。事实上，每种商品都有其技术上的特殊性是很平常的。也就是说，每种商品都需要适应才能进入市场流通。例如，橙子的存储需要在过程中动态调节温度，以保持其酸度和风味；天然气可以通过海洋进行运输，尽管必须在低温下通过专门的船只和港口进行运输。由此，本书探讨了资本主义时代市场的形成和维系这一更大的问题，电力的案例只是其中一个答案。在经济领域，市场参与者是怀着怎样的雄心壮志开始规划这些对象的？他们如何围绕这些对象建立市场这一结构化和持续竞争的机制？他们如何尊重这些对象的差异，从而提出规则、条例和算法，并期望它们能够在尽量不发生例外情况的前提下正常工作？同样重要的是，这些市场参与者是谁？他们为什么要做这些事情——为什么要在以前没有市场的日常生活领域创造市场？

就电力而言，我发现需要多个群体深耕于特定的工作文化，来创造、维护、改造电力经济，使电力成为一种可交易的商品——它的交易活动可以在社会层面和技术层面相对稳定地进行常规运作。我这里所说的"相对稳定"是指，例如，输电线路是否能够承载某个价格点下的所有需求，而不需要每天重新计算需求。事实上，市场是一个充满数据的电子化过程，它将交易常规化，并最大限度地减少物理层面的错误或其他异常。电力经济正继续由以下群体塑造：与经济学家对话的电气工程师、数据工作者、设计未来智能电网的具有优化意识的电网工程师，以及由日常消费者转变而来的批评者。

不同的工作文化背景可能会导致不同群体之间的语言障碍。所以那时，拉里语调轻松地评论着自己的工作，将其工作定义为不同群体间用语的翻译。本书的大部分内容是在不需要翻译的环境中进行的——工作文化有时是封闭的，成员往往长时间只与自己熟悉的圈子互动，而无须进行过多的跨界交流。以"时间"这一概念为例。当第二章中的数据工作者使用"实时"这个说法时，他们指的不是一个抽象概念，而是由 ISO 运行的实时市场。当第三章中的电网工程师使用同样的术语时，他们指的是一个理想化的时间窗口——比现有电网所记录的时间窗口要短得多——在这个时间窗口中，消费者的微小消费行为也被考虑在内。第四章中的公民批评家在更长的时间尺度上——几代人的时间跨度——进行思考，比如通过代际传承所积累的房产权益或连片农田。另一方面，市场培训课程这样的场合将来自不同工作文化的人聚集在一起，使这种理解和表达上的差异暴露无遗。在这种情况下，许多市场参与者意识到自己其实是在使用特定的经济用语，他们有时沉浸在几乎无法被他人理解的议题中。例如，以优化为核心思维方式的电网工程师经常跟我开玩笑，说他们的职业习惯让他们不自觉地将生活中的一切问题都当作一个"优化"难题来处理。

这种自我调侃式的评论不仅体现了他们对某种工作文化的深度沉浸，也展现了他们具有走出这种工作文化并对自己的沉浸进行反思的能力。这不仅是一种幽默感，更是一种态度，表明他们愿意在特定时刻超越自身的专业话语，去设想不同的可能性，甚至对自身所从事的工作——比如电力市场的运作方式——提出本质性的疑问。公民批评家经常强调，那些掌控市场规则、影响他们生活的专家应该"和真实的人聊聊"。他们已经为这样的对峙做好准备，因为他们已经掌握了对方的话语体系，并决心用专家自己的语言向他们证明电力市场的低效之处。同样，市场培训课程的参与者也曾短暂地放下他们日常关心的"数据匹配"或"盈利模式"问题，开始思考电力市场所取得的成就。正如本书所揭示的，人们在日常工作中——无论是维护电子表格、运行电网场景以优化算法，还是在输电线路下耕种——都会发展出自己独特的经济推理。然而，他们也会花一些时间（无论多么短暂）来考虑自己的经济推理之外的东西。工作文化不是一成不变的，正如社会学家安·斯威德勒指出的，我们可以使用的日常工具包赋予我们一系列行动模式与惯例（Swidler 1986），但它们不一定会把我们永远锁在特定的经济视野中。我们有可能从工作中抽身出来，看一看办公室窗外，就像我在恩泰克公司经常做的那样。即便身处在电力经济中，也有可能看到电力经济之外的景象。

这就是我想强调的技术经济学这一丰富领域——这个领域既包含沉浸于工作文化时的视角，也包括跳脱出工作文化时产生的视角。技术经济学关注经济与技术之间的相互作用——特定工作文化提供的工具包如何塑造人们可以采取的经济行动的范围。技术经济学与技术政治学有相似之处——后者研究技术官僚、技术人员和各种专家是如何在看似非政治化的表象下，推动深具政治性的项目的（Barry 2002，Mitchell 2002）。从这个意义上说，技术经济学是对我们周围许多经济项目的研究，它们与政治经济或意识形态的公开议程联系有限，甚至毫无联系。它们涉及技术基础设施的建设、维护和使用，因而需要那些不直接从属于经济理论或政治议程范畴的行动者来完成。事实上，技术经济学的实践者就在我们周围建立、维护和重塑着我们赖以生存的经济形态。

在美国，技术经济领域的实证研究非常盛行，因为在这里，明显且不容易被归结于意识形态的政治形式往往在技术工作空间中孕育并扎根。例如，一些对硅谷科技企业家的观念进行观察的批评者提到了某种"技术自由主义"，它指的是一种将技术创新视为社会进步的核心动力，同时假定社会本质上不存在深层冲突的政治观（Kelkar 2018，Kelty 2014，Malaby 2012）。尽管这些企业家的投票模式大致一致（Ferenstein 2015），但他们的政治理念具有鲜明的独特性，难以被简单地归入某个党派或传统的意识形态框架。要理解当代日常工作和生活空间中各种经济与政治实践的存在形态——换句话说，探讨这些领域是由什么样的技术教育体系和工具包支撑的——还有很多工作要做，无论在美国还是其他地方都是如此。同样，我们还要把批判性眼光扩展到那些通常不被视为专业技术领域的工作空间，如家庭管理、土地所有权管理和农业生产活动，并重新认识它们作为技术与经济的生成性空间的意义。人类学对技术经济学的研究能够以民族志的呈现方式，在社会生活中原本全然不同的节点之间建立及时的联系，如专业知识与电线、法律与钢铁，以及经济与电力之间的关联。

在技术经济学的研究中，也有人类学研究的一部分责任。在研究像电网这样庞大的对象时，人们会注意到不同节点之间的脱节。这种脱节不仅源于专业领域的语言壁垒，还与日常工作和生活的紧迫性息息相关。例如，电力市场的专家往往难以抽身，去像公民批评家所呼吁的那样"和真实的人聊聊"。那么，人类学家的任务之一，就是在民族志的表述中将不同节点进行连接。此外，人类学家也有责任去捕捉那些在跨领域沟通中出现的转瞬即逝的问题。在市场培训课程中，这类问题——市场（无论是当前形态还是未来形态）是否是最公平或最有效的交易方式——只是短暂地被提出。毕竟，正如一位会计自己说的，她只是来学习如何匹配数据的，而高管只是来学习公司是如何盈利的。尽管大多数人在场的理由都十分务实，但在那短暂的瞬间，我能感受到这些问题为这个房间带来的令人振奋的能量。我看到人们是如何不自觉地直起了身子，甚至连那个一直盯着手机的交易员也终于抬起了头。但这些问题就像一阵微风，稍纵即逝，毕竟现实的琐碎事务总是迫使人们回归日常。然而，对人类学来说，这是一个记录下这些问题并将其进一步推进的机会。

在我的研究过程中，我试图通过在不同节点之间传递我的田野调查发现来建立这种联系，无论是在正式的报告中还是在聊天中。例如，我注意到，我的许多专家访谈对象对公民活动家的艰辛表示同情（毕竟，这些专家本身也是日常电力消费者）。但除了倾听，我还观察到他们难以将自己的工作与公民活动家关注的问题视为同一个领域的议题。换言之，他们的同理心被工具包所提供的行动范围所限制。这就是为什么人类学家在收集和延续访谈对象的问题之外，还有很多工作要做。如果经济形态是在技术经济领域中塑造的，那么这对改变它们的方法意味着什么？如何建立不同的、更好的经济形态——一个更好、更公正的经济世界？

　　答案其实并不会和我的访谈对象——工程师、数据工作者、优化专家、心理学家和公民活动家——的答案有本质性的不同。关键在于建构新的技术经济文化，并且需要有助于重新分配资源的工具包。建构这样的技术经济文化需要接受并深入技术环境，以及特定的技术工具包支持，并积极与这些环境中流行的日常经济话语进行互动，而不是单纯地从拒绝或抵制的立场出发。那么，什么样的干预措施能更有效地促进特定群体内的资源或财富再分配？什么样的工具包最能支持我们对未来的经济愿景？为了构建更好的经济秩序，我们需要怎样的经济学想象力？这些都是我们在当前的经济体系中必须面对的关键问题——无论是在电力领域还是在其他领域。

注　释 ①

引言

1. 尽管本书以美国的全面电气化为背景，但根据世界银行的最新数据，估计仍有 11 亿人无法获取电力供应。在本书追踪的 217 个国家和地区中，有 95 个国家和地区的电气化率仍未达到 100%（见 data.worldbank.org）。即便是在已实现电气化的地区，电力对日常消费者来说仍远远不是理所当然的——相反，它往往是人道主义援助的对象，是技术创新或解决用电需求的临时应变的产物（Cross 2013，Degani 2018）。

2. 2013 年 5 月 23 日对理查德·施玛伦塞的采访。

3. 在托马斯·爱迪生和乔治·威斯汀豪斯之间的"电流之战"之后，交流电在 19 世纪末成为了美国的行业标准。当时，托马斯·爱迪生在纽约州建立了直流电网，乔治·威斯汀豪斯在尼古拉·特斯拉的帮助下在美国中西部建立了交流电网（T. Hughes 1993）。与直流电相比，通过交流电输送电力在运输过程中造成的损失更少。尽管世界上大多数输电线路都是交流线路，但直流线路仍然在使用，例如被用来在其他独立电网之间建立仅用于紧急情况的弱连接。这是因为与交流线路不同，直流线路不在它连接的电网之间建立或要求同步。

4. 根据《牛津英语词典》，"网格"（grid）一词被用于许多包含线条和相连物体的集合体。该词典引用了 20 世纪 20 年代和 30 年代美国和英国的出版物，其中提到了"电网"（electric grid）——大致是在这一时期，两国的各个电力节点之间或电力生产商之间的联系开始增加，最终促成了"互联电网"（interconnected grids）的出现（见 oed.com）。

---

① 本部分一些网站已失效，为保持资料完整性，故予以保留。——编注

5. 参见 https://www.iso-ne.com/about/key-stats/。

6. "恩泰克"（EnTech）及本书中使用的恩泰克员工姓名皆为化名。恩泰克公司慷慨地允许我以实习生的身份参与绘图项目，通过亲身实践了解公司的运营方式，并在本书中对此进行描述。

第一章　监管

1. 本章内容基于三次访谈：理查德·施玛伦塞（2013 年 5 月 23 日）、理查德·塔伯斯（2015 年 1 月 22 日）和伊格纳西奥·佩雷斯-阿里亚加（2013 年 5 月 9 日）。

2. "自由派"一词在美国语境下通常指代"左翼"立场。

3. 尽管美国民众习惯于当前选举地图的颜色编码，即用红色和蓝色分别代表共和党和民主党，但这种配色方案的历史并不悠久，最早只能追溯到 2000 年的总统选举（Battaglio 2016）。

4. 在期货交易中，价格是为将来某一固定日期的商品交换而确定的，而与期货交易相反，在现货交易中，交易后立即进行结算，"立即"的含义取决于具体市场。"现货价格"的含义因商品而异，但对施韦普及其团队来说，使用该术语的基本目的是将其与监管价格区分开来——监管价格由电力公司制定，并由州监管机构进行审查，审查的频率并不高，通常一年一两次。施韦普及其合著者经常在书中把这个术语定义为"每小时的现货价格"。当今电力市场采用的节点边际价格是现货定价的一种形式。

5. 施韦普写道："今天，用户和电力公司之间的关系就像是主人和仆从。用户是'主人'，向电力公司索取电力，后者被期望在主人需要的任何时候提供尽可能多的电力。电网控制系统的设计反映了这种关系，其目标是帮助'仆从'尽一切可能满足'主人'的需求。当控制系统将'仆从'压迫到超过承载极限时，'仆从'就会崩溃，而'主人'就只能靠自己了。"（Schweppe 1978：44）必须指出的是，采用如此令人不安的类比并非个例。在不同种类的工程领域，主人与仆从的比喻一直被沿用至 21 世纪，用来表示某些系统中一个组件跟随另一个组件的信号的安排，如同步时钟（Eglash 2007）。施韦普之所以使用这一说法，可能受到工程学界普遍采用此类术语的影响。这个比喻在 20 世纪 60 年代流行起来——此时美国奴隶制早已被废除。这可能是具有仆从性质但相对自主的机制（如机器人系统）出现的结果（Eglash 2007）。根据罗恩·埃格拉什（Ron Eglash）的说法，这一比喻令人不安的普及，除了被解释为恶意，可能还有很多原因。也许是"因为（这个比喻）缓解了对更自主的机器的渴望和保持人类掌控权之间的紧张关系。通过在技术设备中使用主从关系的比喻，专业人士可以宽慰自己，他们仍然是机器的主人。"（Eglash 2007：366）施韦普似乎用这个悲哀的比喻来反驳这种专业界的控制欲望，并强调他对"和谐电网"的设想。

6. 塔伯斯提及的贡献者太多，在此就不一一列举了。其中包括麻省理工学院教授詹姆斯·科特利（James Kirtley），南威尔士大学教授休·奥德雷德（Hugh Outhred），以及当时还是麻省理工学院研究生的弗雷德里克·皮克尔（Frederick Pickel），他后来成为洛杉矶水电部门的首席监管员。1980 年的那篇文章中没有提到的罗杰·博恩（Roger Bohn）和迈克尔·卡拉马尼斯（Michael Caramanis）是塔伯斯和施韦普之外的两个成员，后来合著了《电力的现货定价》。

7. 具备本国公民身份通常是在欧洲电力监管委员会任职的必要条件，但偶尔也会有独立成员的例外情况。佩雷斯-阿里亚加（没有爱尔兰公民身份）曾在爱尔兰电力监管委员会中作为独立成员参与其中。

8. "安然交易员录音曝光"，哥伦比亚广播公司新闻，2004 年 6 月 1 日，http://www.cbsnews.com/news/enron-traders-caught-on-tape/。

第二章 表征

1. 谷歌地球是一个计算机程序，利用卫星图以三维方式展示地球。

2. 就规模而言，美国 7 个 ISO 之一的 PJM 的报告称，2018 年，兆瓦 / 小时的平均价格在 35 美元至 40 美元之间，每小时有超过 90000 兆瓦时的电量被出售。更新的统计数据见 pjm.com。

3. 天气是电力需求的一个关键因素。雇用气象学家到公司内部，而不是依赖外部天气报告，是恩泰克公司提高"粒度"的雄心的一个例子。

4. 在本章中，我使用的"数据"（data）一词的单数形式，这与我的访谈对象的普遍做法一致（关于"数据"一词的语法和标点的讨论，见 Boellstroff 2013，Gitelman and Jackson 2013）。

5. 正如汤姆·伯尔斯特罗夫（Tom Boellstroff）指出的，"刮"（scrape）一词是对"生"（rawness）的接受的延伸，因为它表示"从骨头上刮肉"——一种人类之间相互接触之前的生存方式（2013）。

6. OASIS 的建立是 FERC 的一项关键举措，使电力市场的日常竞争得以实现。在解除监管之前，在划定的区域中拥有独家经营权的垄断企业无须相互交流，因为它们不共享输电基础设施，也不需要像 OASIS 这样的共享信息平台。

第三章　优化

1. 计算机革命后，学术界的电气工程通过与计算机科学进行默契的分工，为自己找到了新的目标。后者专注于算法的研究，前者则设计驱动这些算法的电路——换句话说，电子工程将提供数字计算革命的硬件，而计算机科学将提供软件（Ceruzzi 1996）。虽然电子学成为电气工程领域吸引人才的子领域，但在更大的电气工程领域中，电网工程师仍然是一个受人尊敬的群体，尽管在我的访谈对象看来，这是一个相对孤立的小群体。

2. 在这一章中，没有姓的名字皆为化名。

3. 这一愿景不一定排除与 ISO 的合作，反而将其纳入其中。该团体的需求侧管理专家朱智英认为，ISO 发挥了关键作用。它们首先通过传递价格信息来启动一个螺旋式的对话，基于这些价格，电力公司将解决自身的优化问题，终端用户也将解决他们自己的优化问题，这时互动的方向将会反转，循环会持续进行，直到供需之间的不匹配下降到某个预设水平以下，价格会在这个时候被确定。正如朱智英所说，这种方法将复杂性内部处理了，使 ISO 从了解所有关于升压和降压时间的相关细节的负担中解脱出来，同时电力公司也不必侵犯用户隐私来计算其最优用电方案。关于具体的操作方法，朱智英写道："它只需要来本地企业的基本信息来解决全球系统问题。"（2013：45）

4. 根据第二章，我们知道电力批发价格每天都在变化，这对想把电网变成日常优化市场的优化工程师来说，时间间隔还是太长了。

5. 女性主义学者普遍认为"经济人"是一个"男性"形象，带有"男性中心主义偏见"的人物（综述见 Ferber and Nelson 1993）。社会学家保拉·英格兰（Paula England）认为，经济学学科把选择放在优先位置的倾向促进了一种"人性的分离模型"，在这种模型下，人类及其决策被设定为"从根本上脱离了身体和社会约束"（1993：32），"自主而不受社会影响，并且彼此之间缺乏足够的情感联系，进而无法产生共情"（1993：37）。

第四章 抗议

1. 本章中仅使用名，不使用全名。

2. 一个不担心电费的消费者不能代表所有美国人的用电体验。在美国，较贫穷的家庭比收入较高的家庭在电费上花销更多。由于各种各样的因素——比如节能措施对房东和那些有经济能力的人来说更容易实施——贫困家庭每平方米的电费也更高（Spector 2016）。

3. 感谢安塔娜·冯·施尼茨勒在单独交流中让我注意到这一点。

4. 在我参加 ISO-NE 市场培训期间，我常常听闻许多投资者产生的成本被转嫁到消费者的账单上。当我们讨论各种定价机制时，参与者通常会想知道一些辅助项目的成本是如何被支付的。讲师们经常回答"负载支付"（即"消费者支付"），这句话被重复得太多，以至于成了一个笑谈，参与者在一周内时不时喊出"负载支付"，引得众人发笑。这句玩笑背后却反映了一种共同的无奈——毕竟，房间里的所有专业人士本身也是电力消费者。

5. 在西弗吉尼亚州，当房产出售时，房产所有者需要披露其房产中现有的或即将生效的通行权安排。

6. 该公告可在 PJM 的网站上找到，见 https://www.pjm.com/~/me- dia/committees-groups/committees/teac/20120913/20120913-srh-letter-to-teac-re-mapp-and-path.ashx。

7. 然而，在 2020 年，新的委员推翻了前任委员的决定，并命令 PATH 项目收回之前对消费者的退款。此后，凯琳和阿里就这一决定向美国上诉法院哥伦比亚特区巡回法庭提出上诉。

8. 关于这一问题的报道，见托尼·里德（Tony Reid），"伊利诺伊州核电站关闭受到威胁"，《先驱报－评论》，2015 年 2 月 1 日，http://herald-review.com/news/local/illinois-nuclear- shutdown-threatened/article_79b16ed2-b365-5f6f-9512-fdd1d40c4bc3.html。

后记

1. 化名。

参考文献

Almklov, Petter. 2008. "Standardized Data and Singular Situations." *Social Studies of Science* 38 (6): 873–97.

Anand, Nikhil. 2011. "Pressure: The Polytechnics of Water Supply in Mumbai." *Cultural Anthropology* 26 (4): 542–64.

Appel, Hannah. 2012. "Offshore Work: Oil, Modularity, and the How of Capitalism in Equatorial Guinea." *American Ethnologist* 39 (4): 692–709.

———. 2014. "Occupy Wall Street and the Economic Imagination." *Cultural Anthropology* 29 (2): 602–25.

Appel, Hannah, Nikhil Anand, and Akhil Gupta. 2018. "Introduction: Temporality, Politics, and the Promise of Infrastructure." In *The Promise of Infrastructure*, edited by Hannah Appel, Nikhil Anand, and Akhil Gupta, 41–61. Durham, NC: Duke University Press.

Austin, J. L. 1962. *How to Do Things with Words*. Oxford: Clarendon Press.

Barad, Karen. 2007. *Meeting the Universe Halfway: Quantum Physics and the Entanglement of Matter and Meaning*. Durham, NC: Duke University Press.

Barnes, Jessica. 2016. "Uncertainty in the Signal: Modelling Egypt's Water Futures." *Journal of the Royal Anthropological Institute* 22 (S1): 46–66.

Barnet, Belinda. 2013. *Memory Machines: The Evolution of Hypertext*. New York: Anthem Press.

Barry, Andrew. 2002. "The Anti-Political Economy." *Economy and Society* 31 (2): 268–84.

Bateson, Gregory. 1971. "The Cybernetics of 'Self': A Theory of Alcoholism." *Psychiatry* 34 (1): 1–18.

———. 2000. *Steps to an Ecology of Mind*. Chicago: University of Chicago Press.

Battaglio, Stephen. 2016. "When Red Meant Democratic and Blue Was Republican: A Brief History of TV Electoral Maps." *Los Angeles Times*, 3 November 2016. *https://www.latimes.com/entertainment/tv/la-et-st-electoral-map-20161102-htmlstory.html*.

Baudrillard, Jean. 1988. *Simulacra and Simulation.* Stanford, CA: Stanford University Press.

Bell, Genevieve. 2015. "The Secret Life of Big Data." In *Data: Now Bigger and Better!*, edited by Tom Boellstorff and Bill Maurer, 7–26. Chicago: Prickly Paradigm Press.

Bernstein, Sebastian, and Renato Agurto. 1992. "Use of Outage Cost for Electricity Pricing in Chile." Special issue, *Utilities Policy* 2 (4): 299–302.

Besky, Sarah. 2014. *The Darjeeling Distinction: Labor and Justice on Fair-Trade Tea Plantations in India.* Berkeley: University of California Press.

Bestor, Theodor. 2004. *Tsukiji: The Fish Market at the Center of the World.* Berkeley: University of California Press.

Beunza, Daniel, and David Stark. 2004. "Tools of the Trade: The Socio-Technology of Arbitrage in a Wall Street Trading Room." *Industrial and Corporate Change* 13 (2): 369–400.

Biglaiser, Glen. 2002. "The Internationalization of Chicago's Economics in Latin America." *Economic Development and Cultural Change* 50 (2): 269–86.

Blanchette, Alex. 2020. *Porkopolis: American Animality, Standardized Life, and the Factory Farm.* Durham, NC: Duke University Press.

Bockman, Johanna. 2011. *Markets in the Name of Socialism: The Left-Wing Origins of Neoliberalism.* Stanford, CA: Stanford University Press.

Boellstroff, Tom. 2013. "Making Big Data, in Theory." *First Monday* 18 (10). *https://firstmonday.org/ojs/index.php/fm/article/view/4869/3750.*

Bohannan, Paul. 1959. "The Impact of Money on an African Subsistence Economy." *Journal of Economic History* 19 (14): 491–503.

Borges, Jorge Luis. 1999 [1946]. "On Exactitude in Science." In *Collected Fictions*, translated by Andrew Hurley, 325. New York: Penguin.

Boucher, Marie-Pier, Stefan Helmreich, Leila W. Kinney, Skylar Tibbits, Rebecca Uchill, and Evan Zeporyn. 2019. "Being Material: An Introduction." In *Being Material*, edited by Marie-Pier Boucher, Stefan Helmreich, Leila W. Kinney, Skylar Tibbits, Rebecca Uchill, and Evan Zeporyn, 11–12. Cambridge, MA: MIT Press.

Bowker, Geoffrey. 1993. "How to Be Universal: Some Cybernetic Strategies, 1943–70." *Social Studies of Science* 23 (1): 107–27.

———. 2005. *Memory Practices in the Sciences.* Cambridge, MA: MIT Press.

Bowker, Geoffrey, and Susan Leigh Star. 2000. *Sorting Things Out: Classification and Its Consequences.* Cambridge, MA: MIT Press.

Boyer, Dominic. 2008. "Thinking Through the Anthropology of Experts." *Anthropology in Action* 15 (2): 38–46.

———. 2013. *The Life Informatic: Newsmaking in the Digital Era.* Ithaca, NY: Cornell

University Press.

———. 2014. "Energopower: An Introduction." *Anthropological Quarterly* 87 (2): 309–33.

Çalışkan, Koray. 2010. *Market Threads: How Cotton Farmers and Traders Create a Global Commodity*. Princeton, NJ: Princeton University Press.

Çalışkan, Koray, and Michel Callon. 2010. "Economization, Part 1: Shifting Attention from the Economy Towards Processes of Economization." *Economy and Society* 38 (3): 369–98.

Callon, Michel. 1998. *The Laws of the Markets*. Malden, MA: John Wiley.

———. 2005. "Why Virtualism Paves the Way to Political Impotence: A Reply to Daniel Miller's Critique of 'The Laws of the Market,'" *Economic Sociology: European Electronic Newsletter* 6 (2): 3–20.

Carr, Summerson. 2010. "Enactments of Expertise." *Annual Review of Anthropology* 39:17–32.

Carse, Ashley. 2012. "Nature as Infrastructure: Making and Managing the Panama Canal Watershed." *Social Studies of Science* 42 (4): 539–63.

Casper, Barry, and Paul D. Wellstone. 1981. *Powerline: The First Battle of America's Energy War*. Amherst: University of Massachusetts Press.

Cattelino, Jessica. 2008. *High Stakes: Florida Seminole Gaming and Sovereignty*. Durham, NC: Duke University Press.

Ceruzzi, Paul. 1996. "From Scientific Instrument to Everyday Appliance: The Emergence of Personal Computers, 1970–77." *History and Technology* 13 (1): 1–31.

Chandler, Alfred. 1977. *The Visible Hand: The Managerial Revolution in American Business*. Cambridge, MA: Belknap Press.

Clifford, James. 1988. *The Predicament of Culture: Twentieth-Century Ethnography, Literature, and Art*. Cambridge, MA: Harvard University Press.

Collier, Stephen. 2011. *Post-Soviet Social: Neoliberalism, Social Modernity, Biopolitics*. Princeton, NJ: Princeton University Press.

Collins, Harry. 1985. *Changing Order: Replication and Induction in Scientific Practice*. London: Sage.

Conover, Pamela Johnston, and Stanley Feldman. 1981. "The Origins and Meaning of Liberal/Conservative Self-Identifications." *American Journal of Political Science* 25 (4): 617–45.

Cowan, Ruth Schwartz. 1983. *More Work for Mother: The Ironies of Household Technology from the Open Hearth to the Microwave*. New York: Basic Books.

Cowen, Deborah. 2014. *The Deadly Life of Logistics: Mapping Violence in Global Trade*. St. Paul: University of Minnesota Press.

Cross, Jamie. 2013. "The 100th Object: Solar Lighting Technology and Humanitarian Goods." *Journal of Material Culture* 18 (4): 367–87.

Dalton, George. 1965. "Primitive Money." *American Anthropologist* 67 (1): 44–65.

Das, Veena. 2006. *Life and Words: Violence and the Descent into the Ordinary*. Berkeley: University of California Press.

De Certeau, Michel. 1984. *The Practice of Everyday Life*. Berkeley: University of California Press.

Degani, Michael. 2018. "Shock Humor: Zaniness and the Freedom of Permanent Improvisation in Urban Tanzania." *Cultural Anthropology* 33 (3): 473–98.

Deshmukh Towery, Nathaniel. 2014. "Changed Climate: Networking, Professionalization, and Grassroots Organizing in U.S. Environmental Organizations." PhD diss., Massachusetts Institute of Technology.

Dudley, Susan. 2011. "Remembering Kahn, 1917–2010: The Father of Airlines Deregulation." *Regulation Magazine*, Spring 2011. *http://object.cato.org/sites/cato.org/files/serials/files/regulation/2011/4/regv34n1-2.pdf*.

Edwards, Paul, Matthew Mayernik, Archer Batcheller, Geoffrey Bowker, and Christine Borgman. 2011. "Science Friction: Data, Metadata, and Collaboration." *Social Studies of Science* 41 (5): 667–90.

Eglash, Ron. 2007. "Broken Metaphor: The Master-Slave Analogy in Technical Literature." *Technology and Culture* 48 (2): 360–69.

England, Paula. 1993. "The Separative Self: Androcentric Bias in Neoclassical Assumptions." In *Feminist Economics Today: Beyond Economic Man*, edited by Marianne Ferber and Julie Nelson, 37–50. Chicago: University of Chicago Press.

Eriksen, Thomas, James Laidlaw, Jonathan Mair, Keer Martin, and Soumhya Venkatesan. 2015. "The Concept of Neoliberalism Has Become an Obstacle to the Anthropological Understanding of the Twenty-First Century." *Journal of the Royal Anthropological Institute* 21 (4): 911–23.

Eriksson, Maria. 2103. "Close Reading Big Data: The Echo Nest and the Production of (Rotten) Music Metadata." *First Monday* 21 (7). *https://firstmonday.org/ojs/index.php/fm/article/view/6303*.

Espeland, Wendy, and Mitchell Stevens. 1998. "Commensuration as a Social Process." *Annual Review of Sociology* 24 (1): 313–43.

Ferber, Marianne, and Julie Nelson, eds. 1993. *Feminist Economics Today: Beyond Economic Man*. Chicago: University of Chicago Press.

Ferenstein, Gregory. 2015. "The Unusual Politics of Silicon Valley, Explained." *Vox*, 6 November 2015. *https://www.vox.com/2015/9/29/9411117/silicon-valley-politics-charts*.

Fischer, Michael M. J. 2007. "Culture and Cultural Analysis as Experimental Systems." *Cultural Anthropology* 22 (1): 1–65.

Fleming, Peter. 2017. "The Human Capital Hoax: Work, Debt and Insecurity in the Era of Uberization." *Organization Studies* 39 (5): 691–709.

Floridi, Luciano. 2004. "Open Problems in the Philosophy of Information." *Metaphilosophy* 35 (4): 554–82.

Foner, Eric. 1984. "Why Is There No Socialism in America?" *History Workshop* 17:57–80.

Fraser, Nancy. 2017. "From Progressive Neoliberalism to Trump—and Beyond." *American Affairs*, 1 (4): 46–64.

Galison, Peter. 1994. "The Ontology of the Enemy: Norbert Wiener and the Cybernetic Vision." *Critical Inquiry* 21 (1): 228–66.

———. 1997. *Image and Logic: A Material Culture of Metaphysics*. Chicago: University of Chicago Press.

Ganti, Tejaswini. 2014. "Neoliberalism." *Annual Review of Anthropology* 43: 89–104.

Gasland. Dir. Josh Fox. 2010.

Gitelman, Lisa, and Virginia Jackson. 2013. "Introduction." In *Raw Data Is an Oxymoron*, edited by Lisa Gitelman, 1–14. Cambridge, MA: MIT Press.

Glabau, Danya. 2019. "Food Allergies and the Hygienic Sublime." *Catalyst* 5 (2): 1–26.

Goldstein, Carolyn. 1997. "From Service to Sales: Home Economics in Light and Power, 1920–1940." *Technology and Culture* 38 (1): 121–52.

Granovetter, Mark. 1985. "Economic Action and Social Structure: The Problem of Embeddedness." *American Journal of Sociology* 91 (3): 481–510.

Granovetter, Mark, and Patrick McGuire. 1998. "The Making of an Industry: Electricity in the United States." *Sociological Review* 46 (1_suppl): 147–73.

Hall, Jonathan, and Alan Krueger. 2018. "An Analysis of the Labor Market for Uber's Driver Partners in the United States." *ILR Review* 71 (3): 705–32.

Halperin, Rhoda. 1977. "Introduction: The Substantive Economy in Peasant Societies." In *Peasant Livelihood: Studies in Economic Anthropology and Cultural Ecology*, edited by Rhoda Halperin and James Dow, 1–16. New York: St. Martin's Press.

Harcourt, Bernard. 2011. *The Illusion of Free Markets: Punishment and the Myth of the Natural Order*. Cambridge, MA: Harvard University Press.

Hartz, Louis. 1955. *The Liberal Tradition in America: An Interpretation of American Political Thought Since the Revolution*. New York: Harcourt.

Harvey, David. 2005. *A Brief History of Neoliberalism*. Oxford, UK: Oxford University Press.

Hayek, Friedrich. 1945. "The Use of Knowledge in Society." *American Economic Review*

35 (4): 519–30.

———. 1948. "The Meaning of Competition." *Individualism and Economic Order* 13 (2): 360–72.

Hershey, Robert, Jr. 2010. "Alfred Kahn, Chief Architect of Airline Deregulation, Dies at 93." *New York Times*, 29 December 2010. *https://www.nytimes.com/2010/12/29/business/29kahn.html*.

Hirschman, Daniel, and Elizabeth Popp Berman. 2014. "Do Economists Make Policies? On the Political Effect of Economics." *Socio-Economic Review* 12:779–811.

Ho, Karen. 2009. "Disciplining Investment Bankers, Disciplining the Economy: Wall Street's Institutional Culture of Crisis and the Downsizing of 'Corporate America.'" *American Anthropologist* 111 (2): 177–89.

———. 2012. "Finance and Morality." In *A Companion to Moral Anthropology*, edited by Didier Fassin, 413–32. Hoboken, NJ: Blackwell.

Hofstadter, Richard. 1948. *The American Political Tradition and the Men Who Made It*. New York: A. A. Knopf.

Hogan, Bill. 1995. "Electricity Transmission and Emerging Competition." *Public Utilities Fortnightly* 133 (13): 32–36.

Horan, Hubert. 2019. "Uber's Path of Destruction." *American Affairs Journal* 3 (2): 108–33. *https://americanaffairsjournal.org/2019/05/ubers-path-of-destruction/*.

Hughes, David McDermott. 2017. *Energy Without Conscience: Oil, Climate Change, and Complicity*. Durham, NC: Duke University Press.

Hughes, Thomas. 1993. *Networks of Power: Electrification in Western Society, 1880–1930*. Baltimore: Johns Hopkins University Press.

Ilić, Marija, Francisco Galiana, and Lester Fink, eds. 1993. *Power Systems Restructuring: Engineering and Economics*. New York: Springer.

Ilić, Marija, Le Xie, and Qixing Liu, eds. 2013. *Engineering It-Enabled Sustainable Electricity Services: The Tale of Two Low-Cost Green Azores Islands*. New York: Springer.

Irani, Lilly. 2015. "Justice for 'Data Janitors.'" *Public Books*, 15 January 2015. *https://www.publicbooks.org/justice-for-data-janitors/*.

Isaacson, Walter. 2004. *Benjamin Franklin: An American Life*. New York: Simon and Schuster.

Jones, Christopher. 2016. "Petromyopia: Oil and the Energy Humanities." *Humanities* 5 (2): 1–10.

Joo, Jhi-Young. 2013. "Adaptive Load Management: Multi-layered and Multi-temporal Optimization of the Demand Side in Electric Energy Systems." PhD diss., Carnegie Mellon University.

Joskow, Paul, and Richard Schmalensee. 1983. *Markets for Power: An Analysis of Electric*

Utility Deregulation. Cambridge, MA: MIT Press.

Kahn, Alfred. 1988. *The Economics of Regulation: Principles and Institutions*. Cambridge, MA: MIT Press.

Kearney, Joseph, and Thomas Merrill. 1998. "The Great Transformation of Regulated Industries Law." *Columbia Law Review* 98 (6): 1323–409.

Kelkar, Shreeharsh. 2018. "Engineering a Platform: The Construction of Interfaces, Users, Organizational Roles and the Division of Labor." *New Media and Society* 20 (7): 2629–46.

Kelty, Chris. 2014. "The Fog of Freedom." In *Media Technologies: Essays on Communication, Materiality, and Society*, edited by Tarleton Gillespie, Pablo Boczkowski, and Kirsten Foot, 195–220. Cambridge, MA: MIT Press.

Khan, Shamus Rahman. 2012. *Privilege: The Making of an Adolescent Elite at St. Paul's School*. Princeton, NJ: Princeton University Press.

Kirzner, Israel. 1960. *The Economic Point of View: An Essay in the History of Economic Thought*. New York: New York University Press.

Knafo, Samuel, Sahil Jai Dutta, Richard Lane, and Steffan Wyn-Jones. 2019. "The Managerial Lineages of Neoliberalism." *New Political Economy* 24 (2): 235–51.

Krippner, Greta. 2001. "The Elusive Market: Embeddedness and the Paradigm of Economic Sociology." *Theory and Society* 30 (6): 775–810.

Landsberger, Henry. 1958. *Hawthorne Revisited*. Ithaca, NY: Cornell University Press.

Larkin, Brian. 2008. *Signal and Noise: Media, Infrastructure, and Urban Culture in Nigeria*. Durham, NC: Duke University Press.

———. 2013. "The Politics and Poetics of Infrastructure." *Annual Review of Anthropology* 42:327–43.

Latour, Bruno. 1990. "Drawing Things Together." In *Representation in Scientific Practice*, edited by Michael Lynch and Steve Woolgar, 19–68. Cambridge, MA: MIT Press.

Law, John. 1987. "Technology and Heterogeneous Engineering: The Case of Portuguese Expansion." In *The Social Construction of Technological Systems: New Directions in the Sociology and History of Technology*, edited by Wiebe Bijker, Thomas Hughes, and Trevor Pinch, 111–34. Cambridge, MA: MIT Press.

Lépinay, Vincent. 2011. *Codes of Finance: Engineering Derivatives in a Global Bank*. Princeton, NJ: Princeton University Press.

Lerner, Eric. 2003. "What's Wrong with the Electric Grid?" *Industrial Physicist* 9 (5): 8–13.

Lévi-Strauss, Claude. 1969. *The Raw and the Cooked*. Chicago: University of Chicago Press.

———. 1997. "The Culinary Triangle." In *Food and Culture: A Reader*, edited by Carole

Counihan and Penny Van Esterik, 28–35. London: Routledge.

Lippert, Ingmar. 2015. "Environment as Datascape: Enacting Emission Realities in Corporate Carbon Accounting." *Geoforum* 66:126–35.

Locke, John. 1690 [1980]. *Second Treatise of Government*. Indianapolis: Hackett.

MacKenzie, Donald. 2006. *An Engine Not a Camera: How Financial Models Shape Markets*. Cambridge, MA: MIT Press.

MacKenzie, Donald, Fabian Muniesa, and Lucia Siu, eds. 2008. *Do Economists Make Markets? On the Performativity of Economics*. Princeton, NJ: Princeton University Press.

Malaby, Thomas. 2012. "Digital Gaming, Game Design, and Its Precursors." In *Digital Anthropology*, edited by Heather Horst and Daniel Miller, 288–305. New York: Bloomsbury.

Malm, Andreas. 2016. *Fossil Capital*. New York: Verso.

Marcus, George. 1995. "Ethnography in/of the World System." *Annual Review of Anthropology* 24: 95–127.

Marcus, George, and Michael M. J. Fischer. 1986. *Anthropology and Cultural Critique: An Experimental Moment in the Human Sciences*. Chicago: University of Chicago Press.

Marks, Gary, and Detlof von Winterfeldt. 1984. "Not in My Backyard: Influence of Motivational Concerns on Judgments About a Risky Technology." *Journal of Applied Psychology* 69 (3): 408–15.

Marshall, Alfred. 1890. *The Principles of Economics: Volume One*. New York: MacMillan.

Martin, Emily. 1994. *Flexible Bodies: The Role of Immunity in American Culture from the Days of Polio to the Age of AIDS*. Boston: Beacon Press.

Martinez-Gallardo, Cecilia, and Maria Victoria Murillo. 2011. "Agency under Constraint: Ideological Preferences and the Politics of Electricity Regulation in Latin America." *Regulation & Governance* 5 (3): 350–67.

Marx, Karl. 1977 [1867]. *Capital*. Vol. 1. New York: Random House.

Maurer, Bill. 2006a. "The Anthropology of Money." *Annual Review of Anthropology* 35 (1): 15–36.

———. 2006b. *Pious Property: Islamic Mortgages in the United States*. New York: Russell Sage Foundation.

Mayer-Schönberger, Viktor, and Kenneth Cukier. 2013. *Big Data: A Revolution That Will Transform How We Live, Work, and Think*. New York: Houghton Mifflin Harcourt.

McCloskey, Deirdre. 1998. *The Rhetoric of Economics*. Madison: University of Wisconsin Press.

McConnell, C. R. 1960. *Elements of Economic Analysis*. New York: McGraw-Hill.

McDonald, Forrest. 1958. "Samuel Insull and the Movement for State Regulatory Commissions." *Business History Review* 32 (3): 241–54.

McLean, Bethany, and Paul Elkind. 2004. *The Smartest Guys in the Room: The Amazing Rise and Scandalous Fall of Enron*. New York: Penguin Books.

McMahon, Michal. 1984. *The Making of a Profession: A Century of Electrical Engineering in America*. New York: IEEE Press.

Medina, Eden. 2011. *Cybernetic Revolutionaries: Technology and Politics in Allende's Chile*. Cambridge, MA: MIT Press.

Miller, Daniel. 2005a. *Materiality*. Durham, NC: Duke University Press.

———. 2005b. "Reply to Michel Callon." *Economic Sociology: European Electronic Newsletter* 6 (3): 3–13.

Mindell, David. 2004. *Between Human and Machine: Feedback, Control, and Computing Before Cybernetics*. Baltimore: Johns Hopkins University Press.

Mirowski, Philip. 1989. *More Heat Than Light: Economics as Social Physics, Physics as Nature's Economics*. Cambridge, UK: Cambridge University Press.

———. 2002. *Machine Dreams: Economics Becomes a Cyborg Science*. New York: Cambridge University Press.

Mitchell, Timothy. 2002. *Rule of Experts: Egypt, Techno-Politics, Modernity*. Berkeley: University of California Press.

———. 2008. "Rethinking Economy." *Geoforum* 39 (3): 1116–21.

———. 2011. *Carbon Democracy: Political Power in the Age of Oil*. London: Verso.

Miyazaki, Hirokazu. 2003. "The Temporalities of the Market." *American Anthropologist* 105 (2): 255–65.

Monticelli, A. 2000. "Electric Power System State Estimation." *Proceedings of the IEEE* 88 (2): 262–82.

Mosca, Manuela. 2008. "On the Origins of the Concept of Natural Monopoly: Economies of Scale and Competition." *European Journal of the History of Economic Thought* 15 (2): 317–53.

Negroponte, Nicholas. 1995. *Being Digital*. New York: Vintage.

Nye, David. 1992. *Electrifying America: Social Meanings of a New Technology: 1880–1940*. Cambridge, MA: MIT Press.

———. 2010. *When the Lights Went Out: A History of Blackouts in America*. Cambridge, MA: MIT Press.

Oka, Rahul, and Ian Kujit. 2014. "Introducing an Inquiry into the Social Economies of Greed and Excess." *Economic Anthropology* 1:1–16.

Ostrom, Elinor. 2009. "A General Framework for Analyzing Sustainability of Social-Ecological Systems." *Science* 325 (5939): 419–22.

Özden-Schilling, Canay. 2015. "Economy Electric." *Cultural Anthropology* 30 (4): 578–88.

———. 2018. "Why the Lights Went Out in Puerto Rico." *Public Books*, 20 September 2018. *http://www.publicbooks.org/why-the-lights-went-out-in-puerto-rico/*.

———. 2019a. "Big Grid: The Computing Beast That Preceded Big Data." In *Current Thinking: Electricity and Anthropology*, edited by Simone Abram, Brit Ross Winthereik, and Thomas Yarrow, 161–99. New York: Bloomsbury Press.

———. 2019b. "Grid Country." *Journal of North American Anthropology* 22 (2): 118–20.

Patterson, Scott. 2012. *Dark Pools: High-Speed Traders, AI Bandits, and the Threat to the Global Financial System*. New York: Crown.

Paxson, Heather. 2008. "Post-pasteurian cultures: The Microbiopolitics of Raw-Milk Cheese in the United States." *Cultural Anthropology* 23 (1): 15–47.

Persky, Joseph. 1995. "Retrospectives: The Ethology of Homo Economicus." *Journal of Economic Perspectives* 9 (2): 221–31.

Pickering, Andrew. 1995. "Cyborg History and the World War 2 Regime." *Perspectives on Science* 3 (1): 1–48.

Plehwe, Dieter. 2009. "Introduction." In *The Road from Mont Pelerin: The Making of the Neoliberal Thought Collective*, edited by Philip Mirowski and Dieter Plehwe, 1–44. Cambridge, MA: Harvard University Press.

Polanyi, Karl. 1944. *The Great Transformation: The Political and Economic Origins of Our Time*. Boston: Beacon Press.

———. 1947. "Our Obsolete Market Mentality" *Commentary* 3 (1): 109–17.

Polanyi, Michael. 1966. *The Tacit Dimension*. Chicago: University of Chicago Press.

Promised Land. Dir. Gus van Sant. 2012.

Puchta, Susann. 1996. "On the Role of Mathematics and Mathematical Knowledge in the Invention of Vannevar Bush's Early Analog Computers." *IEEE Annals of the History of Computing* 18 (4): 49–59.

Rampell, Catherine. 2012. "Elinor Ostrom, Winner of Nobel in Economics, Dies at 78." *New York Times*, 12 June 2012. *https://www.latimes.com/local/obituaries/la-xpm-2012-jun-13-la-me-elinor-ostrom-20120613-story.html*.

Riles, Annelise. 2004. "Real Time: Unwinding Technocratic and Anthropological Knowledge." *American Ethnologist* 31 (3): 392–405.

Rodolfo, Kelvin. 2000. "What is Homeostasis?" *Scientific American* 282.

Rosenberg, Daniel. 2013. "Data Before the Fact." In *Raw Data is an Oxymoron*, edited by Lisa Gitelman, 15–40. Cambridge, MA: MIT Press.

Roth, Alvin. 1986. "On the Allocation of Residents to Rural Hospitals: A General Property of Two-Sided Matching Markets." *Econometrica* 54 (2): 425–27.

Rudolph, Richard, and Scott Ridley. 1986. *Power Struggle: The Hundred-Year War over Electricity*. New York: Harper and Row.

Samuelson, Paul. 1958. *Economics: An Introductory Analysis*. New York: McGraw-Hill.

Schwartz, Daniel, Baruch Fischhoff, Tamar Krishnamurti, and Fallaw Sowell. 2013. "The Hawthorne Effect and Energy Awareness." *Proceedings of the National Academy of Sciences* 110 (38): 15242–46.

Schweppe, Fred. 1969. "Power System Static State Estimation, Part III: Implementation." *Power Apparatus and Systems* 89 (1): 130–35.

———. 1978. "Power Systems 2000: Hierarchical Control Strategies." *IEEE Spectrum* 15 (7): 42–47.

Schweppe, Fred, Michael C. Caramanis, Richard D. Tabors, and Roger E. Bohn. 1988. *Spot Pricing of Electricity*. New York: Springer.

Schweppe, Fred, Richard Tabors, and James Kirtley. 1982. "Homeostatic Control for Electric Power Usage." *IEEE Spectrum* 19 (7): 44–48.

Schweppe, Fred, Richard Tabors, James Kirtley, Hugh Outhred, Frederick Pickel, and Alan Cox. 1980. "Homeostatic Utility Control." *IEEE Transactions on Power Apparatus and Systems* 99 (3): 1151–63.

Seavoy, Richard. 2006. *An Economic History of the United States: From 1607 to Present*. New York: Routledge.

Shurkin, Joel. 1996. *Engines of the Mind: The Evolution of the Computer from Mainframes to Microprocessors*. New York: W. W Norton.

Simmel, George. 1907. *The Philosophy of Money*. New York: Routledge.

Simon, Herbert. 2004. *Models of Man: Essays in Memory of Herbert A. Simon*. Edited by Mie Augier and James March. Cambridge, MA: MIT Press.

Smith, Adam. 2003 [1776]. *The Wealth of Nations*. New York: Oxford University Press.

Spector, Julian (and the City Lab). 2016. "Why Poor Americans Have Some of the Highest Electricity Bills." *Atlantic*, 18 April 2016. https://www.theatlantic.com/business/archive/2016/04/why-poor-americans-have-some-of-the-highest-electricity-bills/478551/.

Star, Susan Leigh. 1999. "The Ethnography of Infrastructure." *American Behavioral Scientist* 43 (3): 377–91.

Stigler, George. 1971. "The Theory of Regulation." *Bell Journal of Economics and Management* 2:3–21.

Stigler, George, and Claire Friedland. 1962. "What Can Regulators Regulate? The Case of Electricity." *Journal of Law and Economics* 5:1–16.

Strathern, Marilyn. 1992. *Reproducing the Future: Anthropology, Kinship, and the New Reproductive Technologies*. Manchester, UK: Manchester University Press.

Swedberg, Richard. 1994. "Markets as Social Structures." In *Handbook of Economic Sociology*, edited by Neil Smelser and Richard Swedberg, 255–82. Princeton, NJ: Princeton University Press.

Swidler, Ann. 1986. "Culture in Action: Symbols and Strategies." *American Sociological Review* 51:273–86.

Taussig, Michael. 1980. *The Devil and Commodity Fetishism in South America*. Chapel Hill: University of North Carolina Press.

Tett, Gillian. 2009. *Fool's Gold: The Inside Story of J. P. Morgan and How Wall St. Greed Corrupted Its Bold Dream and Created a Financial Catastrophe*. New York: Free Press.

Ulbrich, Holley. 1991. "Natural Monopoly in Principles Textbooks: A Pedagogical Note." *Journal of Economic Education* 22 (2): 179–82.

Von Schnitzler, Antina. 2008. "Citizenship Pre-paid: Water, Calculability, and Politics in South Africa." *Journal of South African Studies* 34 (4): 899–917.

Walford, Antonia. 2017. "Raw Data: Making Relations Matter." *Social Analysis* 61 (2): 65–80.

Walley, Christine. 2013. *Exit Zero: Family and Class in Postindustrial Chicago*. Chicago: University of Chicago Press.

Weiser, Marc. 1993. "Some Computer Science Issues in Ubiquitous Computing." *Communications of the ACM* 36 (7): 75–84.

Welles, Orson, and Peter Bogdanovich. 1998. *This is Orson Welles*. New York: Da Capo Press.

Wexler, Marc. 1996. "A Sociological Framing of the NIMBY (Not-In-My-Backyard) Syndrome." *International Review of Modern Sociology* 26 (1): 91–110.

Wiener, Norbert. 1948. *Cybernetics or Control and Communication in the Animal and the Machine*. New York: Wiley.

Winner, Langdon. 1980. "Do Artifacts Have Politics?" *Daedalus* 109 (1): 121–36.

Wylie, Sara. 2018. *Fracktivism: Corporate Bodies and Chemical Bonds*. Durham, NC: Duke University Press.

Zaloom, Caitlin. 2003. "Ambiguous Numbers: Trading Technologies and Interpretation in Financial Markets." *American Ethnologist* 30 (2): 258–72.

———. 2006. *Out of the Pits: Traders and Technology from Chicago to London*. Chicago: University of Chicago Press.

———. 2012. "Traders and Market Morality." In *The Oxford Handbook of the Sociology of Finance*, edited by Karin Knorr Cetina and Alex Preda, 169–86. Oxford, UK: Oxford University Press.

薄荷
think as
the natives
实验

MINT LAB　　薄荷实验·已出书目

"薄荷实验"是华东师范大学出版社旗下的社科学术出版品牌，主张"像土著一样思考"（Think as the Natives），以期更好地理解自我、他人与世界。该品牌聚焦于社会学、人类学方向，探索这个时代面临的重要议题。相信一个好的故事可以更加深刻地改变现实，为此，我们无限唤醒民族志的魔力。

《人行道王国》

米切尔·邓奈尔 著 马景超、王一凡、刘冉 译

《清算：华尔街的日常生活》

何柔宛 著 翟宇航等 译

《看上去很美：整形美容手术在中国》

文华 著 刘月 译

《找工作：关系人与职业生涯的研究》

马克·格兰诺维特 著 张文宏译

《道德与市场：美国人寿保险的发展》

维维安娜·泽利泽 著 姚泽麟等 译

《末日松茸：资本主义废墟上的生活可能》

罗安清 著 张晓佳 译

《母乳与牛奶：近代中国母亲角色的重塑（1895–1937）》

卢淑樱 著

《生老病死的生意：文化与中国人寿保险市场的形成》

陈纯菁 著 魏海涛、符隆文 译

《病毒博物馆：中国观鸟者、病毒猎人和生命边界上的健康哨兵》

弗雷德雷克·凯克 著 钱楚 译

《感情研究指南：情感史的框架》

威廉·雷迪 著 周娜 译

《培养好孩子：道德与儿童发展》

许晶 著 祝宇清 译

《拯救婴儿？新生儿基因筛查之谜》

斯蒂芬·蒂默曼斯、玛拉·布赫宾德 著　高璐 译

《金钱的社会意义：私房钱、工资、救济金等货币》

维维安娜·泽利泽 著　姚泽麟等 译

《成为三文鱼：水产养殖与鱼的驯养》

玛丽安娜·伊丽莎白·利恩 著　张雯 译

《生命使用手册》

迪杰·法桑 著　边和 译

《不安之街：财富的焦虑》

瑞秋·谢尔曼 著　黄炎宁 译

《寻找门卫：一个隐蔽的社交世界》

彼得·比尔曼 著　王佳鹏 译

《依海之人：马达加斯加的维佐人，一本横跨南岛与
非洲的民族志》

丽塔·阿斯图蒂 著　宋祺 译

《风险的接受：社会科学的视角》

玛丽·道格拉斯 著　熊畅 译

《人类学家如何写作：民族志阅读指南》

帕洛玛·盖伊·布拉斯科、胡安·瓦德尔 著　刘月 译

《亲密的分离：当代日本的独立浪漫史》

艾莉森·阿列克西 著　徐翔宁、彭馨妍 译

《亨丽埃塔与那场将人类学送上审判席的谋杀案》

吉尔·施梅勒 著　黄若婷 译

《实验室生活：科学事实的建构过程》

布鲁诺·拉图尔、史蒂夫·伍尔加 著　修丁 译

《德国电梯社会：一个欧洲心脏地区的危机》

　奥利弗·纳赫特威 著 黄琬 译

《封面之下：一本小说的创作、生产与接受》

　克莱顿·柴尔德斯 著 张志强、王翡 译

《离开学术界：实用指南》

　克里斯托弗·卡特林 著 何啸风 译

《事实与虚构：论边界》

　弗朗索瓦丝·拉沃卡 著 曹丹红 译

《影子母亲：保姆、换工与育儿中的微观政治》

　卡梅隆·林·麦克唐纳 著 杨可 译

《诊所在别处：成瘾人类学和药物依赖下的青少年》

　托德·迈耶斯 著 姚雨萌 译

《特殊待遇：来自亚洲一流医院的医学生》

　安娜·鲁多克 著 于茗骞 译

《生活在写作之中：与契诃夫一同磨砺民族志技艺》

　基伦·纳拉扬 著 淡豹 译

《修复世界：保罗·法默博士与下一代医生的对话》

　保罗·法默 著 张晶 译

《金门：美国住房之战》

　康纳·多尔蒂 著 相欣奕 张美华 译

《拍电影的人类学家：先驱让·鲁什的田野与民族志研究》

　保罗·斯托勒 著 杨德睿 译

《寻找正确的单词：一个关于文学、悲伤和大脑的

故事》

辛迪·温斯坦、布鲁斯·米勒 著　鲍伟奇 译

《VIP世界》

阿什利·米尔斯 著　时川萌 译

《游戏直播简史：重塑游戏、电竞与情感经济》

T. L. 泰勒 著　曹书乐 何威 译

《电力消费社会》

佳内·厄兹登－席林 著　袁俊 译

薄荷实验·中文原创

《生熟有道：普洱茶的山林、市井和江湖》

张静红 著

《过渡劳动：平台经济下的外卖骑手》

孙萍 著

《薄暮时分：在养老院做田野》（暂名）

吴心越 著